GUOJI JINRONG SHIWU

国际金融实务

主编◎孟庆海

副主编◎李晓红　赵海荣

中国金融出版社

责任编辑：张菊香
责任校对：刘　明
责任印制：赵燕红

图书在版编目（CIP）数据

国际金融实务/孟庆海主编 . —北京：中国金融出版社，2018.3
高职高专金融类创新型"十三五"规划系列教材
ISBN 978 – 7 – 5049 – 9354 – 0

Ⅰ . ①国… 　Ⅱ . ①孟… 　Ⅲ . ①国际金融—高等职业教育—教材 　Ⅳ . ①F831

中国版本图书馆 CIP 数据核字（2017）第 309602 号

国际金融实务
GUOJI JINRONG SHIWU
出版
发行　**中国金融出版社**
社址　北京市丰台区益泽路 2 号
市场开发部　（010）66024766，63805472，63439533（传真）
网 上 书 店　http://www.chinafph.com
　　　　　　　（010）66024766，63372837（传真）
读者服务部　（010）66070833，62568380
邮编　100071
经销　新华书店
印刷　北京市松源印刷有限公司
尺寸　185 毫米×260 毫米
印张　11.5
字数　268 千
版次　2018 年 3 月第 1 版
印次　2020 年 9 月第 2 次印刷
定价　32.00 元
ISBN 978 – 7 – 5049 – 9354 – 0
如出现印装错误本社负责调换　联系电话（010）63263947

辽宁省职业教育改革发展
示范校建设成果系列教材编审委员会

前　言

时间进入 2018 年，国际金融形势发生了巨大的变化。10 年前，发生了影响全球的国际金融危机，美联储随即推出了量化宽松货币政策，对全球的流动性产生了巨大的影响，同时世界各主要货币对美元汇率发生了剧烈的波动。2014 年美联储正式退出量化宽松政策，国际金融危机以来史无前例的宽松货币"盛宴"落幕，时至今日我们已经看到了这种变化对世界资本流动和经济产生的巨大影响，也看到了国际金融对一国的重要性。

在过去的十年中，我们经历了危机，经历了变革，但不变的趋势是整个经济的全球化和金融化。世界各主要金融市场随着这一趋势产生越来越紧密的联系，中国金融市场进一步开放，人民币正伴随着国家"一带一路"战略加速走向国际化。在这样的背景下，国内外金融机构和越来越多的企业的运营活动与国际金融市场联系会越来越紧密，中国居民的对外经济活动会随着个人持有的外汇资产种类和数量日益增多而增加。因此，对于应用型技术技能金融人才的需求会随之不断增加，对人才的金融业务素质的要求会越来越高。

在新的形势下，高职院校也通过课程项目化教学改革，来适应社会对应用型技术技能金融人才培养的需要。本教材正是基于项目化教学改革而编写的。教材内容框架以教学中的项目和任务为核心，努力将专业基础课程与可能涉及的岗位所必需的核心能力和素质相结合，突出任务驱动和应用能力培养。一方面，立足于培养高等职业人才的需要，立足于传统商业银行的国际业务，开拓学生的国际视野，在教材中加入知识链接、拓展思考、技能训练等，坚持把培养高等职业人才的需要放在第一位，保证理论知识够用、突出技能培养；另一方面，努力体现综合素质教育理念，每个项目的最后都安排了实训题，不仅可以强化学生的实践技能，同时也培养学生的综合素质、团队合作，锻炼学生搜集整理资料的能力、写作能力、口头表达能力、沟通能力等。

本教材共分为四个项目：项目一，外汇与汇率；项目二，外汇交易；项目三，外汇风险管理；项目四，宏观经济分析。项目一由赵海荣编写，项目二由蔡璐编写，项目三由李晓红编写，项目四由孟庆海编写。

为了本书的出版，出版社的各位编辑加班加点进行审校，在此特别表示感谢。在本书的撰写过程中，参阅了许多国内外教材、著作和网上资料，在此谨向有关作者、编者、出版社致谢。由于作者水平有限，问题和错误在所难免，望各位同行批评指正。

编者

2018 年 1 月

1

目 录

项目一
外汇与汇率

【能力目标】

能够识别目前国际上主要的外汇货币及其标准代码；能够识别汇率的标价方法；能够读懂外汇牌价表，并进行结售汇业务的核算；能够进行汇率的套算。

【知识目标】

掌握汇率的种类及汇率的套算方法；掌握外汇牌价相关知识；掌握不同国际货币制度下汇率的形成机制；掌握影响汇率波动的主要因素。

【素质目标】

能够正确使用外汇和汇率的专业术语与银行柜员进行准确沟通和交流；团队合作意识，认真刻苦的工作精神；能够根据相关的资料和数据，对汇率走势进行简要分析，并形成书面分析报告。

【项目导入】

大唐贸易有限公司是一家进出口贸易公司，主营业务为铁矿石，常年有外汇的收支业务。其开户银行为中国银行，外汇的收支都通过开户行进行。2017年1月，经理欲与国外客户签订出口合同，让业务员向中国银行查询 USD/CNY 汇率。业务员经询问得知，人民币兑美元中间价为6.9234。公司与国外客户签订了100万美元的出口合同，三个月后交货。三个月后，大唐公司收到国外客户汇来的100万美元，到银行办理结汇业务，发现外汇牌价上美元汇率比签约时有所下跌，使得这笔合同利润减少。银行柜员认为如果汇率波动较大，应通过远期交易等手段保值，并对今后公司的进出口交易提出了建议。2017年受美联储加息预期的影响，美元可能还会走强，可以考虑采用人民币跨境贸易结算，或者利用远期交易对外汇收支进行保值。

☞ **启发**：为什么在国际贸易中要采用美元结算呢？人民币兑美元的汇率为何会出现波动，这对一国经济会产生什么影响？作为进出口企业，在对外贸易中的美元收支如何折算成本币核算呢？

任务1-1　查询外汇牌价

【案例引入】

张小姐打算出国旅行，需要兑换一定数量的美元。她选择了建行推出的网上银行结

售汇业务。客户可通过网上银行即时查询外汇牌价详情,选择更有利的时间和优惠兑换价格办理业务。目前国家外汇管理局对个人结售汇实行年度总额管理,结汇和购汇年度总额目前分别为每人每年等值5万美元。

案例中提到的外汇牌价是指什么?

【学习任务】

一、外汇基础知识

1. 什么是外汇。外汇(Foreign Exchange,Forex)的概念有动态和静态之分。

动态意义上的外汇,是指人们将一种货币兑换成另一种货币,用以清偿国际间债权债务关系的一种专门性的经营活动。动态意义的外汇是国际汇兑的简称,这里"兑"是指把一种货币兑换成另一种货币;"汇"是指把资金从一个国家转移至另外一个国家。

例如,一家进口企业需向美国的出口企业支付10万美元,该企业需要用人民币向银行购买美元,然后再将美元汇至国外出口企业指定的银行账户中。在一国境内结算债权债务关系时,只是异地划转资金,一般不涉及不同货币之间的兑换,这也是国际结算与国内结算最大的不同点之一。

静态意义上的外汇指的是以外国货币表示的,为各国普遍接受的,可用于国际间债权债务结算的各种支付手段。我国于2008年8月1日修订通过的《中华人民共和国外汇管理条例》第三条规定:"外汇是指下列以外币表示的可以用作国际清偿的支付手段和资产:(1)外币现钞,包括纸币、铸币;(2)外币支付凭证或者支付工具,包括票据、银行存款凭证、银行卡等;(3)外币有价证券,包括债券、股票等;(4)特别提款权;(5)其他外汇资产。"

我们通常所说的外汇是就外汇的静态意义而言。

2. 外汇的特点。作为国际支付手段的外汇必须具备三个特点:

(1)必须是以外国货币表示的资产。如果是用本币表示的信用工具和有价证券则不能被视为外汇。例如,美元是国际结算中普遍使用的计价和支付手段,但对美国的居民来说,美元是本国货币,只有对于美国以外的居民来说,美元才算是外汇。

(2)必须是在国际支付中能够得到偿还的债权。例如,美元面值的支票对于中国居民来说属于外汇,但是如果是空头支票的话,这种债权无法获得,也就不能用于国际支付,因此不能算作外汇。

(3)必须是可以自由兑换为其他支付手段的外币资产。一国货币只有能够不受限制地兑换成其他国家货币,才能在国际市场上具有普遍接受性,才能算作外汇。例如,美元可以不受限制地兑换成欧元、日元、英镑等其他货币;而人民币虽然实现了经常项目下可兑换,但资本项目仍然受到一定的管制,人民币现在还不能自由兑换成其他货币,因此目前来看人民币对其他国家或地区的居民来说不能算作外汇,但人民币国际化的步伐正在稳步推进。

二、认识主要的外国货币

1. 世界主要货币名称及符号。表1-1列出了当今世界上主要货币的名称及国际标准化组织（ISO）的货币代码。每种货币代码都用三个字母表示，其中前两个字母是国别或地区代码，最后一个字母是货币代码。例如，美元是 USD，其中 US 表示美国（United States），D 表示元（Dollar）。依此类推，日元是 JPY（Japanese Yen），英镑是 GBP（Great British Pound），港元是 HKD（Hong Kong Dollar）等。只有欧元例外，其货币代码是 EUR（Euro）。

表1-1 世界主要货币的名称及 ISO 货币代码

国家或地区	货币名称	ISO 货币代码
中国	人民币元（Chinese Yuan）	CNY
美国	美元（United States Dollar）	USD
欧元区	欧元（Euro）	EUR
日本	日元（Japanese Yen）	JPY
英国	英镑（Great British Pound）	GBP
瑞士	瑞士法郎（Swiss Franc）	CHF
澳大利亚	澳元（Australian Dollar）	AUD
加拿大	加元（Canadian Dollar）	CAD
中国香港	港元（Hong Kong Dollar）	HKD
韩国	韩元（Korean Won）	KRW
泰国	泰铢（Thai Baht）	THB
新加坡	新加坡元（Singapore Dollar）	SGD
马来西亚	林吉特（Malaysian Ringgit）	MYR

2. 世界主要货币介绍

（1）美元。美元的发行权属于美国财政部，办理具体发行事务的是美国联邦储备银行。目前流通的纸币面额有 100、50、20、10、5、2、1 元等 7 种，另有 1 元等于 100 分（Cents）。美国目前流通的钞票是 1928、1934、1935、1950、1953、1963、1966、1969、

图1-1 100 美元纸币

3

1974、1977、1981、1985、1996 等各年版。钞票尺寸不分面额均为 15.6 厘米×6.6 厘米。每张钞票正面印有券类名称、美国国名、美国国库印记、财政部官员的签名。美钞正面人像是美国历史上的知名人物，背面是图画。另有 500 元和 500 元以上面额，背面画面上没有图画，流通量极有限。1963 年起以后的各版，背面画面的上方或下方又加印一行字"IN GOD WE TRUST（我们信仰上帝）"。1996 年美国开始发行一种具有新型防伪特征的纸币，第一次发行的为 100 元券。美国钞票图样中的中心字母或阿拉伯数字分别代表美国 12 家联邦储备银行的名称。

（2）欧元。欧元是欧盟中 17 个国家的货币，这 17 个国家是奥地利、比利时、芬兰、法国、德国、希腊、爱尔兰、意大利、卢森堡、荷兰、葡萄牙、斯洛文尼亚、西班牙、马耳他、塞浦路斯、斯洛伐克、爱沙尼亚，合称为欧元区。所有的欧元硬币的正面都是相同的，标有硬币的面值，称为"共同面"，而硬币背面的图案则是由发行国自行设计的。君主立宪制国家常常使用他们君主的头像，其他的国家通常采用本国的象征。所有不同的硬币都可以在欧元区国家的所有地区使用，比如铸有西班牙国王头像的硬币在除了西班牙以外的其他欧元区国家也是法定货币。欧元硬币一共有 8 种：2 欧元、1 欧元、50 欧分、20 欧分、10 欧分、5 欧分、2 欧分和 1 欧分。虽然 1 欧分和 2 欧分的硬币一般不在芬兰和荷兰使用，但仍然是其法定货币。

每种面额的欧元纸币的设计在各国都是一样的。欧元纸币一共有 7 种：500 欧元、200 欧元、100 欧元、50 欧元、20 欧元、10 欧元和 5 欧元。尽管大面额的纸币在某些国家并不发行，但仍然是其法定货币。

图 1-2　500 欧元纸币

（3）日元。其纸币称为日本银行券，是日本的官方货币，于 1871 年制定。流通的纸币面额有 500、1 000、5 000、10 000 元，硬币面额有 1、5、10、50、100、500 元等，纸币由日本银行发行，硬币由日本政府发行。

（4）英镑。英镑是英国国家货币和货币单位名称。英国虽然是欧盟的成员国，但尚未加入欧元区，故仍然使用英镑。英镑主要由英格兰银行发行，但也有其他发行机构。除了英国，英国海外领地的货币也以镑作为单位，与英镑的汇率固定为 1:1。

图 1-3 日元纸币

在英国，女王是最尊贵的象征，所以所有英镑的正面都是英国女王伊丽莎白二世，背面的图案则根据钱币的面值各有不同。5 镑背面是英国 19 世纪慈善家伊丽莎白·弗雷的肖像，左侧是她参加慈善活动的图案；10 镑背面是英国 19 世纪生物学家查尔斯·达尔文的肖像；新版英镑 20 镑背面是著有《国富论》的经济学家亚当·斯密的肖像；50 镑背面是英格兰银行第一任总裁约翰·霍布伦的肖像，左侧是银行的看门人，后面是他的住所。

图 1-4 50 英镑纸币

（5）港元。港元是中华人民共和国香港特别行政区的法定流通货币。按照香港基本法和中英联合声明，香港的自治权包括自行发行货币的权力。港元的纸币绝大部分是在香港金融管理局监管下，由三家发钞银行发行的。三家发钞行包括汇丰银行、渣打银行和中国银行，另有少部分新款十元钞票，由香港金融管理局自行发行。硬币则由香港金融管理局负责发行。自 1983 年起，香港建立了港元发行与美元挂钩的联系汇率制度。发钞银行在发行任何数量的港元时，必须按 7.80 港元兑 1 美元的兑换汇率向金融管理局交出美元，记入外汇基金账目，在领取了负债证明书后才可印钞。这样，外汇基金所持的美元就为港元纸币的稳定提供支持。港元钞票面额分为 10、20、50、100、500、1 000 元。铸币（硬币）包括 10 元、5 元、2 元、1 元、50 分、10 分、5 分。

（6）瑞士法郎。瑞士法郎是瑞士和列支敦士登的法定货币，由瑞士的中央银行发行。瑞士法郎在 20 世纪一直是最稳定的货币，并在相当长的时间内被视为避风港货币，因为在瑞士几乎总是零通胀，并且货币依托有 40% 的黄金储备。目前中央银行发行的是第七套纸币，面额为 10、20、50、100、200 和 1 000 法郎。瑞士纸币有众多的防拷贝技术的特点，是极其困难甚至可能是无法仿制的。10 法郎纸币上为瑞士出生的建筑师勒·柯布西耶的头像，虽然他的重要建筑活动多发生在瑞士以外。100 法郎纸币上为雕塑家吉柯梅蒂和他的作品。1 000 法郎纸币上为文化历史学家雅各·布克哈特的肖像。

（7）澳元。澳元是澳大利亚联邦的法定货币，由澳大利亚联邦储备银行发行，目前澳大利亚流通的有 5、10、20、50、100 元面额的纸币，另有 5、10、20、50 分硬币，其进位是 1 澳元等于 100 仙（Cents）。

【任务小结】

外汇是用于清偿国际间债权债务关系的一种资产，具有普遍接受性和可自由兑换的特点。每个国家都有本国发行使用的法定货币，在进行国际经济贸易交往时，一般要使用可自由兑换货币，而且国际标准化组织给每个国家的货币都设定了由三个字母表示的标准代码。

【案例阅读】

人民币跨境结算业务

人民币跨境结算业务是指人民币在跨境贸易中执行计价和结算的货币职能，即进出口企业在开展跨境贸易中以人民币计价并进行对外收付时，商业银行为其提供的采用人民币作为跨境结算货币的国际结算业务。除了贸易领域，商业银行在跨境投融资、同业账户融资与清算、投资银行、政策咨询等业务领域也形成了综合化的跨境人民币金融服务系列产品。

质押品的企业信用评级要求限制，外商投资企业较难在境内获得融资。某家大型跨国集团境内企业因扩大生产规模需要大量人民币资金支持。银行专门为其量身定做了一项集境外人民币投行业务＋跨境人民币融资＋跨境汇款等项服务为一体的综合金融服务方案，建议其利用境外母公司的信用资源，在境外人民币市场以发债形式筹集人民币资金。这种跨境人民币投融资金融业务，较好地满足了具备海外融资平台的企业实现最优融资的需求，而且在为企业提供服务的同时，也扩大了银行中间业务收入渠道。

【思考题】

所有的外国货币都是外汇吗？

【知识链接】

人民币加入 SDR 货币篮子

国际货币基金组织（IMF）宣布纳入人民币的特别提款权（SDR）新货币篮子于2016 年 10 月 1 日正式生效。新的 SDR 货币篮子包含美元、欧元、人民币、日元和英镑5 种货币，权重分别为 41.73%、30.93%、10.92%、8.33% 和 8.09%。国际货币基金组织总裁拉加德发表声明称，这反映了人民币在国际货币体系中不断上升的地位，有利于建立一个更强劲的国际货币金融体系。

人民币加入 SDR，是人民币国际化的非常重要的里程碑。从贸易融资、支付到各渠道各产品的投资工具，人民币现在已作为国际上非常重要的经营储备货币之一，已经成为第二大的贸易融资货币，在各产业、各领域的地位与日俱增。人民币加入 SDR，短期内可增强世界对人民币、中国金融市场和中国经济的信心，促使各国官方机构在其储备构成中考虑增加人民币比重；长期来看，还有助于加快中国金融市场改革。人民币的加入还将使 SDR 货币篮子更客观地反映世界贸易和金融体系中主要货币的地位和重要性。

人民币加入 SDR 可以增加国际市场对人民币的信心，使中国老百姓手中的人民币更加坚挺，同时也有利于企业跨境投资，在海外购买资源、技术和劳务等。从个人消费层面来说，随着越来越多的国家认可人民币、愿意接受人民币，未来人民币与外币的兑换将更加便捷，出国旅游和购物时频繁使用人民币并非遥不可及。人民币加入 SDR 还有助于拓宽国内居民的海外投资渠道。今后中国人可以更方便地到国外投资不动产、股票和债券。国外投资者也可更多地参与中国国内股票、基金、国债、P2P 等投资理财。

【专业词汇】

外汇（Foreign Exchange）　人民币元（Chinese Yuan）　美元（United States Dollar）
欧元（Euro）　日元（Japanese Yen）　英镑（Great British Pound）

任务1-2　结售汇业务核算

【案例引入】

大唐贸易有限公司与国外客户签订了出口 100 万美元的合同，约定三个月后交货。三个月后，大唐贸易公司收到国外客户汇来的 100 万美元，业务人员遂到银行办理结汇业务。业务人员看到中国银行当天的外汇牌价上标明：美元现钞买入价 681.11，现汇买入价 686.75，卖出价 689.51，中间价 688.06。业务人员开始思考，100 万美元折算成人民币后应该给企业入账多少呢？

案例中提到的外汇牌价是指什么？为什么美元会有四个不同价格？出口结汇应该使用哪个价格核算呢？

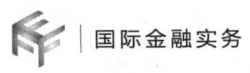

【学习任务】

一、汇率的标价方法

1. 汇率的概念。汇率（Exchange rate）也称"外汇行市或汇价"，是一国货币兑换另一国货币的比率，是以一种货币表示另一种货币的价格。由于世界各国货币的名称不同，币值不一，所以一国货币对其他国家的货币要规定一个兑换率，即汇率。例如，一件价值 100 英镑的商品，如果英镑兑美元的汇率为 1.5540，则这件商品在美国的价格就是 155.40 美元。如果英镑兑美元汇率变成 1.5460，也就是说 1 英镑只能兑换到更少的美元，意味着英镑贬值，美元升值。此时用更少的美元就可以购买此商品，这件商品在美国的价格就是 154.60 美元。反之，如果英镑兑美元汇率变成 1.5620，也就是说 1 英镑能兑换到更多的美元，意味着英镑升值，美元贬值。此时需用更多的美元购买此商品，这件商品在美国的价格就是 156.20 美元。

汇率通常有以下几种表示方式：

GBP100 = USD155.40

GBP1 = USD1.5540

GBP/USD = 1.5540

在这里，写在前面的货币 GBP 被称为基准货币，写在后面的货币被称为报价货币。在国际外汇市场上，通常以 1 单位美元作为基准报出汇率，汇率一般是五位有效数字，最后一位数字为 0 时，也必须写出来。

2. 汇率的标价方法。由于汇率是两种货币的兑换比率，所以两种货币可以互相表示，既可以用 B 货币表示 A 货币（A/B），也可以用 A 货币表示 B 货币（B/A）。这就涉及两种不同的标价方法。

（1）直接标价法（Direct Quotation）。直接标价法，又叫应付标价法，是以一定单位的外国货币为标准来计算应付出多少单位本国货币，就相当于计算购买一定单位外币应付多少本币，所以叫应付标价法。在国际外汇市场上，包括中国在内的世界上绝大多数国家目前都采用直接标价法。例如日元兑美元汇率为 77.9060（USD/JPY = 77.9060），即 1 美元兑 77.9060 日元。对于日本来说，以外币 USD 为基准，折算成 77.9060JPY，用日元购买 1USD 需付出 77.9060JPY。

在直接标价法下，若一定单位的外币折合的本币数额多于前期，则说明外币币值上升或本币币值下跌，叫作外汇汇率上升；反之，则说明外币币值下跌或本币币值上升，叫作外汇汇率下跌，即外币的价值与汇率的涨跌成正比。例如，日元兑美元汇率为 USD/JPY = 77.9060，三个月后汇率变成 USD/JPY = 78.5020，这说明 1 单位 USD 可兑换到更多的 JPY，即 USD 升值，JPY 贬值。

（2）间接标价法（Indirect Quotation）。间接标价法又称应收标价法，它是以一定单位的本国货币为标准，来计算应收若干单位的外国货币，相当于计算卖出一定单位本币应收多少外币，所以叫应收标价法。在国际外汇市场上，欧元、英镑、澳元等均采用间接标价法。例如，欧元兑美元汇率为 1.3004（EUR/USD = 1.3004），即 1 欧元兑 1.3004 美元。对于欧元区国家来说，以本币 EUR 为基准，折算成 1.3004USD，卖出 1EUR 应收入1.3004USD。

在间接标价法下，如果一定数额的本币能兑换的外币数额比前期少，这表明外币币值上升，本币币值下降，即外汇汇率上升；反之，如果一定数额的本币能兑换的外币数额比前期多，则说明外币币值下降，本币币值上升，即外汇汇率下跌，即外汇的价值和汇率的升跌成反比。因此，间接标价法与直接标价法相反。例如，欧元兑美元汇率为EUR/USD=1.3004，一个月后汇率变成EUR/USD=1.3050，这说明1单位EUR可兑换到更多的USD，即EUR升值，USD贬值。

（3）美元标价法。美元标价法是以一定单位的美元为标准来计算应兑换多少其他货币的汇率表示方法。美元标价法又称纽约标价法，在美元标价法下，各国均以美元为基准来衡量各国货币的价值，而非美元货币买卖时，则是根据各自对美元的汇率套算出买卖双方货币的汇价。美元标价法由美国在1978年9月1日制定并执行，目前除英镑、欧元、澳元和新西兰元外，美元标价法基本已在国际外汇市场上通行。

二、汇率的种类

1. 基本汇率和套算汇率。按制定汇率的方法划分，汇率分为基本汇率和套算汇率。

（1）基本汇率。各国在制定汇率时必须选择某一国货币作为主要对比对象，这种货币称为关键货币，本国货币与关键货币之间的汇率就是基本汇率。所谓关键货币是指在国际经济、国际结算、国际储备中居于主导地位的货币。从二战后的布雷顿森林体系开始，美元一直在国际货币制度中占有重要地位，因此各国都把美元当作制定汇率的主要货币，常把对美元的汇率作为基本汇率。中国的基本汇率也是采用人民币兑美元的汇率。

（2）套算汇率（Cross-Rate）。又称为交叉汇率，是在基础汇率的基础上套算出来的本币与非关键货币之间的汇率。国际外汇市场一般只公布按美元标价计算的外汇汇率，不能直接反映其他货币之间的汇率。要换算出其他各种货币的汇率，就要用各种货币兑美元的汇率进行套算。一个国家制定出基本汇率后，对其他国家货币的汇率，可以按基本汇率套算出来。例如，美元兑日元汇率为USD/JPY=77.9060，美元兑人民币汇率为USD/CNY=6.3351，则日元兑人民币汇率为JPY/CNY=0.0814。

在双向报价法下，计算套算汇率时遵循的规则是：同边相乘，交叉相除。

例如，已知USD/HKD=7.7834/65，EUR/USD=1.3004/30，则

EUR/HKD=（7.7834×1.3004）／（7.7865×1.3030）=10.1216/1458

例如，已知EUR/USD=1.3004/15，GBP/USD=1.5540/50，则

EUR/GBP=（1.3004÷1.5550）／（1.3015÷1.5540）=0.8363/76

2. 买入价、卖出价和中间价。按银行买卖外汇的角度划分，汇率可分为买入价、卖出价和中间价。

买入价，即银行向同业或客户买入外汇时所使用的汇率。卖出价，即银行向同业或客户卖出外汇时所使用的汇率。买入价和卖出价之间有个差价，这个差价是银行买卖外汇的收益，或者说银行在进行外汇买卖时是低买高卖的。一般来说，银行同业之间买卖外汇时的差价要小于银行同客户之间买卖外汇的差价。

在国际外汇市场上，银行通常采用双向报价法。客户在向银行询价时，银行会同时

报出买入价和卖出价。在直接标价法下，前面的价格是外汇的买入价，后面的价格是外汇的卖出价。例如，USD/JPY = 77.9060/78.0125，前面为 USD 的买入价，即银行从客户手里买入 1USD 会支付给客户 77.9060 日元；后面的为 USD 的卖出价，即银行卖给客户 1USD 要收取客户 78.0125JPY。在间接标价法下正好相反，前面的价格是外汇的卖出价，后面的价格是外汇的买入价。

中间价是买入价与卖出价的平均数。西方报刊在涉及汇率价格时常采用中间价，套算汇率也用有关货币的中间汇率套算得出。2005 年 7 月 21 日人民币汇率形成机制改革后，中国人民银行于每个工作日闭市后公布当日银行间外汇市场美元等交易货币对人民币汇率的收盘价，作为下一个工作日该货币对人民币交易的中间价。自 2006 年 1 月 4 日起，中国人民银行授权中国外汇交易中心于每个工作日上午 9 时 15 分对外公布当日人民币对美元、欧元、日元和港元汇率的中间价，作为当日银行间即期外汇市场以及银行柜台交易汇率的中间价。商业银行在制定外汇牌价时，一般是在中间价的基础上上浮一定幅度制定出卖出价，下浮一定幅度制定出买入价。各商业银行的浮动幅度会有些差别，但一般不超过 3‰。

当我们看商业银行的外汇牌价时，会发现每种货币的买入价分为两种——现钞买入价和现汇买入价。那么，现钞和现汇有什么区别呢？

现钞主要指的是由境外携入或个人持有的可自由兑换的外国货币，简单地说就是指个人所持有的外国钞票，如美元、日元、英镑等。现汇是指由国外汇入或由境外携入、寄入的外币票据和凭证。在我们日常生活中能够经常接触到的主要有境外汇款和旅行支票等。

由于人民币是我国的法定货币，外币现钞在我国境内不能作为支付手段，只有在境外才能成为流通货币，因此银行需要把收入的外币现钞押运到境外，存入境外的银行才能生息。银行在押钞出境的过程中需要支付包装、运输、保险等费用，这个费用银行会转嫁给储户。而现汇作为账面上的外汇，它的转移出境只需进行账面上的划拨就可以了，银行无须支付额外的费用。因此，在银行公布的外汇牌价中现钞与现汇并不等值，现钞的买入价要低于现汇的买入价。

三、结售汇业务

1. 认识银行的外汇牌价。表 1-2 是某日某国内商业银行公布的外汇牌价。

表 1-2　　　　　　　　　　　银行外汇牌价

货币名称	交易单位	现汇买入价	现钞买入价	卖出价	中行折算价
美元	100	660.76	655.33	663.41	662.18
日元	100	5.814	5.6329	5.8549	5.8498
欧元	100	776.29	752.11	781.74	779.41
英镑	100	884.57	857.02	890.78	891.99
澳大利亚元	100	495.27	479.84	498.75	497.25
港元	100	84.65	83.97	84.97	84.80
韩国元	100	0.6033	0.5821	0.6081	0.6053

续表

货币名称	交易单位	现汇买入价	现钞买入价	卖出价	中行折算价
加拿大元	100	513.41	497.16	517.02	514.99
新加坡元	100	487.79	472.73	491.21	489.85
瑞士法郎	100	664.29	643.79	668.95	665.67
新西兰元	100	451.26	437.33	454.42	452.08

资料来源：中国银行。

通过观察银行的外汇牌价，我们发现有以下几个特点：

（1）人民币兑外币的汇率都是采用直接标价法表示，即以 100 单位的外币为基准，折算成若干单位的人民币。

（2）每种外币的汇率一般都有四个价格，即中间价、现汇买入价、现钞买入价和卖出价。这四个价格从低到高的顺序为：现钞买入价 < 现汇买入价 < 中间价 < 现汇卖出价。

（3）汇率一般保留五位有效数字，最后一位为零时，也要写出来。

2. 结售汇业务核算。在外汇牌价上，每种外币一般都有四个价格，但我们在办理每笔外汇业务时，这四个价格不能同时使用，一般只会用到 1 ~ 2 个价格。那么，我们如何判断某种外汇业务应使用哪个价格呢（以下例题使用的汇率均参考表 1 - 2 中的外汇牌价）？

（1）结汇业务。结汇是指银行从客户手里买入现汇，或客户将现汇卖给银行换成人民币的业务。例如，一出口企业出口一批货物，收入外汇 10 000 美元，到银行办理结汇，银行应付给企业多少人民币？在这笔业务中，企业把收入的现汇卖给银行，或者说银行从客户手里买入现汇，因此应使用现汇买入价。银行应付给客户 10 000 × 660.76/100 = 68 646 元人民币。

（2）售汇业务。售汇是指银行将外汇卖给客户，或客户用人民币从银行买入一定量外汇的业务。例如，某企业需向境外支付展览费 6 000 港元，用人民币向银行购汇，则银行应收其多少人民币？在这笔业务中，企业用人民币向银行购买外汇，因此应使用卖出价。银行应收客户 6 000 × 84.97/100 = 5 098.2 元人民币。

（3）外币兑换。外币兑换业务是指客户用持有的国际间可自由兑换的外币（现钞），兑换成人民币或其他可自由兑换的外币。例如，王先生出国旅游回来剩下 500 欧元，想向银行兑换成人民币，则银行应为其兑换多少人民币？在这笔业务中，银行从客户手里买入欧元现钞，支付人民币，应使用欧元的现钞买入价。银行应付给客户 500 × 704.57/100 = 3 522.85 元人民币。

（4）不同币种间的折算。有时企业在银行开立了美元账户，但实际对外支付时需要支付其他币种的货币，这就需要按照外汇牌价，现将美元折算成一定量的人民币，然后再将人民币折算成相应数量的其他币种。例如，某外资企业在中国银行开立美元账户，现需向日本客户支付 100 万 JPY，则应从其美元账户中支付多少 USD 呢？这笔业务中，银行先从客户手里买入现汇 USD，再向客户卖出 JPY 现汇，因此应使用 USD 现汇买入价和 JPY 卖出价。银行应从其账户中支出 USD：

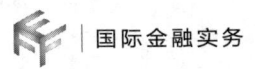

$$1\ 000\ 000 \times 5.8549/660.76 = 8\ 860.86 USD$$

【任务小结】

汇率是不同货币的兑换比率，用本币表示外币价格就是直接标价法，用外币表示本币价格就是间接标价法。我国的基础汇率是人民币兑美元的汇率，其他交易货币的汇率是根据基础汇率和交易货币兑美元汇率套算出来的。企业在做结售汇业务时，要根据银行外汇牌价上的价格来核算本币收支情况，不同的交易会使用相应的买入价和卖出价。

【案例阅读】

成龙集团是一家涉及进出口贸易、加工生产、金融等领域的综合性企业。该企业在2017年3月发生了如下几笔对外交易：

(1) 以人民币购汇300万美元，用于在境外设立全资子公司；

(2) 出口美国特种钢，价值100万美元，收汇后到银行办理结汇；

(3) 总经理出国考察，需要从企业美元账户中提出8 000美元（现钞）；

(4) 企业要去德国参加博览会，需要从美元账户中支付展览费用10 000欧元。

请思考，上述几笔结售汇业务应如何核算？

【思考题】

在法兰克福，某天汇率为EUR/USD 1.2876。一个月后汇率变为EUR/USD 1.2896。问此为何种标价法？USD升值还是贬值？

【知识链接】

美元对人民币汇率中间价是如何形成的？

美元对人民币汇率中间价是即期银行间外汇交易市场和银行挂牌汇价的最重要参考指标，也是衡量一国货币价值的重要指标。汇率中间价 = （现汇买入价 + 现汇/现钞卖出价）/2。一般来说，汇率中间价是一个时时变动的数据，由中国人民银行授权中国外汇交易中心于每个工作日闭市后公布当日银行间外汇市场美元等交易货币对人民币的收盘价，作为下一个工作日该货币对人民币交易的中间价。

人民币对美元汇率中间价的形成方式是：中国外汇交易中心于每日银行间外汇市场开盘前向所有银行间外汇市场做市商询价，并将全部做市商报价作为人民币对美元汇率中间价的计算样本，去掉最高和最低报价后，将剩余做市商报价经过加权平均等一系列的复杂运算后，得到当日人民币对美元汇率中间价，权重由中国外汇交易中心根据报价方在银行间外汇市场的交易量及报价情况等指标综合确定。

人民币对欧元、日元、港元、英镑、澳大利亚元、新西兰元、新加坡元、瑞士法郎、加拿大元、林吉特、俄罗斯卢布、南非兰特、韩元等汇率中间价由中国外汇交易中心分别根据当日人民币对美元汇率中间价与上午9时国际外汇市场欧元、日元、港元、英镑、澳大利亚元、新西兰元、新加坡元、瑞士法郎、加拿大元、林吉特、俄罗斯卢布、南非兰特、韩元等对美元汇率套算确定。

【专业词汇】

汇率（Exchange Rate）　　　　直接标价法（Direct Quotation）

间接标价法（Indirect Quotation）　套算汇率（Cross – Rate）

任务1-3　判断汇率趋势

【案例引入】

大唐贸易有限公司正在跟澳大利亚客户洽谈一笔合同，涉及金额300万美元，从澳大利亚进口铁矿石，合同约定6个月后支付款项。经理找到业务人员商议，鉴于近期美元兑人民币汇率波动较大，走势不明朗，应如何应对。业务人员认为，特朗普（Donald Trump）当选美国总统后，美元未来会继续波动。特朗普推进积极的财政政策，可能会带来经济增长和通胀，为此美联储加息预期会进一步强化，这会抬高美元汇率。此外，特朗普可能会推行贸易保护主义政策，这会减少美国国际收支赤字，从而促使美元升值。鉴于升值的压力较大，应提前采取措施规避风险，如采用人民币跨境贸易结算，远期结售汇等手段。

案例中分析了美元汇率未来走势会对企业进口造成影响，那么究竟有哪些因素会影响汇率波动呢？当汇率升值或贬值时对一国经济或企业又会造成哪些影响呢？

【学习任务】

一、汇率的形成机制

1. 国际金本位制下汇率的形成机制。汇率作为两种货币之间的交换比率，汇率水平是如何确定的呢？在不同货币制度下，货币发行基础、货币的种类和形态各异，因而决定汇率的基础也很不一样。下面就按照不同的货币制度，分别介绍汇率的决定基础。

（1）铸币平价是汇率的决定基础。在金本位制下，两国金铸币含金量之比叫铸币平价，铸币平价是金本位时期决定汇率的基础。公式表示如下：

1单位甲币＝甲币含金量÷乙币含金量＝X单位乙币

金币本位制是典型的金本位货币制度。在金币本位制下，各国使用黄金为币材，并规定了单位金铸币的含金量，同时规定金币可以自由铸造、自由熔化、自由兑换银行券、黄金可以自由流出流入国界。由于币材相同，使不同货币之间存在比较的基础。金币含金量是固定的，各国的金币虽然形状、大小各不相同，但可以用含金量体现出它们所具有的价值，因此两种货币之间的汇率就是它们的含金量之比。在金本位制下，两种金铸币含金量之比叫铸币平价，所以铸币平价是金本位制时期汇率的决定基础。例如，在金本位时期，每1英镑铸币的含金量为113.0016格令，而当时每1美元金铸币的含金量为23.22格令，因此英镑与美元的铸币平价为：1英镑＝113.0016÷23.22＝4.8665美元，即1英镑＝4.8665美元。可以看出，在金本位制时期，各国实行的是一种固定汇率制度。

（2）汇率波动的幅度是黄金输送点。在国际金本位制下，汇率以铸币平价为中心，在一定幅度内上下波动，波动幅度的界限是黄金输送点。

在金本位时期，各国虽然在法律上认定两国货币的汇率是铸币平价，但铸币平价并不是外汇市场上的实际汇率，而是决定汇率的基础。由于当时已开始使用以外汇为支付手段的非现金结算方式，外汇买卖已很普遍，因此各国货币间的实际汇率是在外汇市场的供求机制下形成的。当市场上某种外汇供过于求时，其汇率就会跌到铸币平价以下；反之，当某种外汇供不应求时，其汇率就会涨到铸币平价以上。然而在金本位制下，汇率的下跌或上升并不是无限制的，而是以铸币平价为中心，在一定幅度内上下波动，波动幅度的界限就是黄金输送点。

黄金输送点是指金币本位制下，由于汇率涨跌引起黄金输出输入国境的界限，它等于铸币平价加（减）运送黄金的费用。在直接标价法下：

黄金输出点 = 铸币平价 + 黄金运杂费

黄金输入点 = 铸币平价 – 黄金运杂费

例如，在第一次世界大战之前，把 1 英镑黄金由英国运往美国的运杂费为 0.03 美元，对美国来说英镑汇率的波动界限为黄金输送点，即在英镑与美元的铸币平价的基础上加（减）0.03 美元，也就是说黄金输出点为 1 英镑 = 4.8665 + 0.03 = 4.8965 美元，黄金输入点为 1 英镑 = 4.8665 – 0.03 = 4.8365 美元。这意味着，英镑与美元汇率的波动界限在 4.8365 ~ 4.8965 之间。假定美国对英国有国际收支逆差，则对英镑需求增加，英镑汇率上浮。当英镑汇率上升到 4.8965 美元以上时，美国进口商就会停止用美元购买英镑支付给英国，而是用美元购买黄金运往英国偿还债务，这会导致黄金从美国输出到英国，因此叫作黄金输出点。反之，当美国对英国有国际收支顺差时，英镑的供给增加，英镑汇率下跌。当英镑汇率下跌到 4.8365 美元以下时，美国的出口商就会停止出售英镑换取美元，而是用英镑在英国购买黄金运回美国，这会导致黄金从英国输入到美国，因此叫作黄金输入点。

因此，在国际金本位制下，汇率的决定基础是铸币平价，汇率波动的界限是黄金输送点。

2. 布雷顿森林体系下汇率的形成机制。1944 年 7 月 1 日，44 个国家和政府的经济特使在美国新罕布什尔州的布雷顿森林召开了国际货币金融会议（简称布雷顿森林会议）。经过 3 周的讨论，会议通过了以"怀特计划"为基础制定的《国际货币基金协定》和《国际复兴开发银行协定》，确立了以美元为中心的国际货币体系，即布雷顿森林体系。布雷顿森林体系采取"双挂钩"原则，美元跟黄金挂钩，维持 1 盎司黄金 35 美元的官价，各国货币跟美元保持一个固定的比价。在以美元为中心的布雷顿森林体系下，各国政府都参照历史上金属货币的含金量，用立法形式规定了本国单位货币的法定黄金含量。两种货币的法定黄金含量之比，即黄金平价，成为布雷顿森林体系下汇率的决定基础，并确立汇率波动幅度为 ±1%。当市场汇率变动幅度超过规定的幅度时，美国以外的其他国家应干预外汇市场，维持汇率稳定。而美国则承担随时向其他国家按官价用美元兑换黄金的义务。

例如，1 英镑的法定含金量为 3.58134 克，1 美元的法定含金量为 0.888671 克。英镑与美元的黄金平价为 3.58134/0.888671 = 4.03，即 GBP1 = USD4.03，这就是英镑与美元汇率的决定基础。

布雷顿森林体系下，两国货币的实际汇率同样随外汇供求状况围绕着黄金平价上下波动，但其波动幅度很小。在1971年底之前，国际货币基金组织规定了各种货币的波动界限只能在黄金平价的±1%以内。该波动界限主要是通过各国中央银行在外汇市场上的干预来实现的。当一国处于国际收支逆差，对外汇需求增加，外汇汇率上涨并超过上限干预点时，该国就要动用外汇储备，在外汇市场上抛售外汇购进本币，以抑制汇率的过度上涨。同理，若一国国际收支出现顺差，对外汇需求相对减少，外汇汇率下跌并跌至下限干预点时，该国的中央银行则应在外汇市场上购进外汇抛出本币，以促使外汇汇率回升。

3. 牙买加体系下汇率的形成机制。1976年1月，国际货币基金组织理事会"国际货币制度临时委员会"在牙买加首都金斯敦举行会议，讨论国际货币基金协定的条款。经过激烈的争论，成员国签订了"牙买加协议"。同年4月，国际货币基金组织理事会通过了《IMF协定第二修正案》，从而形成了新的国际货币体系，即牙买加体系。牙买加协议正式确认了浮动汇率制的合法化，承认固定汇率制与浮动汇率制并存的局面，成员国可自由选择汇率制度。同时IMF继续对各国货币汇率政策实行严格监督，并协调成员国的经济政策，促进金融稳定，缩小汇率波动范围。

在浮动汇率制下，各国货币基本与黄金脱钩，货币不再有含金量，因此各国货币间的汇率应当由各国纸币所代表的实际价值决定。在实际经济生活中，单位纸币的实际价值通常表现为一定数量的商品。我们把单位纸币所代表的一定量的商品叫作纸币的购买力，它实际上是商品价格的倒数。在牙买加体系下，各国货币间的汇率就是两国货币购买力之比，叫作购买力平价。

绝对购买力平价理论也叫作一价定律。一价定律可简单表述为：当贸易开放且交易费用为零时，同样的货物无论在何地销售，其价格都相同。这揭示了国内商品价格和汇率之间的一个基本联系。例如，当1美元=6.8元人民币时，在美国卖1美元一件的商品在中国就应该卖6.8元人民币一件，即美元价格也应该是1美元一件。在这个例子中，无论是在中国还是在美国该件商品被高估或低估，都会引起该商品在两个市场间的运动，直到两个市场上的价格完全一致为止。在计算购买力平价时，我们通常是按一篮子商品的价格（一般采用价格指数）计算，而不是某一种商品的价格。例如，一辆汽车在美国售价20 000美元，在中国售价200 000元人民币，则美元兑人民币的汇率为1美元=10元人民币。如果在中国理发花费10元人民币，而在美国理发花费2美元，则美元兑人民币的汇率为1美元=5元人民币。这样我们用不同的商品价格计算就会得到不同的购买力平价。因此，不能按单——种商品价格来计算汇率，而应按一篮子商品价格计算。

【小故事】

更聪明和更勤奋的故事

首先假设，上帝是公平的，在这个世界创造了两个国家，一个叫乌托邦，一个叫桃花源。两个国家是一模一样的，比如人口数量相同、资源相同。

混沌初开第一年年初，两个国家的GDP都是100元，且两个国家发行的货币也都是

100元，乌托邦的货币叫乌托币，桃花源的货币叫桃源币。此时，两个国家的人民拿着自己国家的货币到对方买东西，价格都是一样的：1元钱的货币，就可以买到1元钱的GDP，两个国家的汇率之比是1:1。

人生来就与他人有差异。乌托邦的人民偏向保守，且不太愿意动脑筋费神思考，到了混沌元年年末，乌托邦的GDP还是100元；但桃花源的人民爱折腾，喜欢各种创业，各种加班，混沌元年年末，桃花源的GDP增长了1倍，达到200元桃源币。由于桃花源人民手里只有100元货币，此时1元桃源币可以买到2元的GDP。

如果乌托邦人民想要买桃花源的产品，就先得将乌托币换成桃源币。聪明的桃花源人民要算一笔账：这个时候再1换1显然不划算，因为1元乌托币到乌托邦只能买到1元的GDP，要换就只能2元乌托币换1元桃源币。对乌托邦人民而言，也愿意接受2元乌托币换1元桃源币，因为1元桃源币可以在桃花源买到2元的GDP，这和自己在国内消费没什么区别。

这时候，桃源币和乌托币的汇率变为1:2，乌托币贬值50%，而桃源币升值100%。

在汇率决定理论中，有一种理论叫购买力平价理论（Purchasing Power Parity），这种理论认为，一国货币的价值（汇率）取决于拿到这些货币后所能买到的商品或服务的价值。上述例子，即是这一理论最为简化的模型。

二、影响汇率波动的因素

购买力平价决定的汇率是一个基础汇率，实际汇率会随着外汇市场供求的变化而波动。影响汇率变动的因素主要有以下几个方面。

1. 国际收支状况。国际收支状况是影响汇率变动最主要、最直接的因素。当一国国际收支处于顺差时，在外汇市场上表现为外汇（币）的供给增加，或对本国货币的需求增加，因而本国货币汇率上升，外国货币汇率下降；反之，当一国出现国际收支逆差时，在外汇市场上表现为外汇（币）的需求增加，或本国货币的供给增加，因而本国货币汇率下降，外国货币汇率上升。一般而言，国际收支顺差会使本币面临升值的压力，国际收支逆差会使本币贬值。

2. 通货膨胀率的差异。通货膨胀是指在一定时期内，一国物价水平普遍、持续地上涨。当一国出现通货膨胀时，原材料价格、工资等上涨，使得商品生产成本加大，出口商品以外币表示的价格必然上涨，该商品在国际市场上的竞争力就会削弱，引起出口减少。同时，由于国内价格水平普遍上涨，使得进口商品的相对价格变得便宜，从而提高外国商品在本国市场上的竞争力，造成进口增加，引起经常账户顺差减少或出现逆差。此外，通货膨胀率差异还会通过影响人们对汇率的预期，作用于资本与金融账户收支。如果一国出现高通货膨胀率，在名义利率不变的情况下，实际利率下降，导致短期资金外流，恶化资本项目，使得本币贬值。同时，人们可能会预期本币汇率将下跌，将手中持有的本币资产转化为外币资产，从而造成本币汇率在外汇市场上的实际下跌。总之，一国通货膨胀率高于他国时，该国货币在外汇市场上会趋于贬值；反之，会趋于升值。

3. 利率差异。利率是金融市场的价格，利率的变动会直接影响一国的资本项目。当一国的利率水平高于其他国家时，会吸引国外资金流入，或本国资金流出减少，使得外汇市场上外汇供应增加，造成外汇汇率下跌，本币升值；反之，当一国利率水平低于其他国家时，会引起本国资金流出，恶化资本项目，导致本币贬值；另外，利率也会间接影响经常项目。如果一国利率水平提高，则意味着本国居民消费减少，国内投资需求降低，使得国内有效需求水平下降，相应地也会减少对进口商品和服务的需求，造成进口减少，经常项目改善，从而本币汇率升值。

4. 经济增长率。若一国的经济增长率高，国民收入增长快，该国就会增加对进口商品和服务的需求，从而对外汇的需求增加，造成外汇升值，本币贬值。但是，对于出口导向型的国家来说，经济增长率高是由于出口强劲推动的，这意味着该国会有较大的经常项目顺差，从而推动本币汇率升值。一般来讲，高经济增长率在短期内不利于本国货币在外汇市场上的行市，但从长期看，却有力支持着本币的强劲势头。

5. 财政收支状况。当一国出现财政赤字时，汇率的变动取决于政府所采取的弥补财政赤字的措施。如果政府采用的是货币筹资方式，即由央行增发货币为财政赤字融资，那么就会造成该国货币供给增加，通货膨胀率提高，使得该国货币在外汇市场上贬值。如果政府采取的是提高税收、减少公共支出的方式，一般会引起国内有效需求水平下降，国民收入减少，从而减少对进口商品和服务的需求，使得经常项目改善，本币汇率趋于升值。如果政府采用债务筹资的方式，即发行国债，一般不会引起通货膨胀率提高，只是把资金从社会公众手里转移到政府手里。但大规模发行国债通常会减少商业银行可贷资金，引起存贷款利差拉大，市场利率提高，从而作用于资本和金融账户收支。

6. 预期因素。对汇率的心理预期正日益成为影响短期汇率变动的重要因素之一，但心理因素只有在一定的市场条件下才会产生并起作用。如果外汇交易者预期某国或地区通货膨胀率高，该国货币会贬值，那么外汇市场上可能出现大规模抛售该国货币的情况。即使实际情况并非如此，但外汇交易者的预期使得他们大量抛售该国货币，从而造成该国货币实际贬值；反之，如果外汇交易者预期某国或地区经济增长强劲，该国货币坚挺，则外汇市场上可能出现大规模买进该国货币的情况，使得该国货币的需求增加，汇率升值。

7. 中央银行对外汇市场的干预。目前，大多数国家实行的是有管理的浮动汇率制度。为了稳定外汇市场，避免汇率剧烈波动，中央银行有时需要对外汇市场进行直接干预。根据1983年凡尔赛工业国家高峰会议发表的《杰根森报告》，干预外汇市场是指"货币当局在外汇市场上的任何外汇买卖，以影响本国货币的汇率"。例如，当央行买入外汇，卖出本币时，会造成外汇需求增加和本币供给增加，从而外汇升值，本币汇率下跌；反之，当央行卖出外汇，买入本币时，会使得本币汇率升值。

除了直接干预外汇市场外，还可以通过调整国内货币政策、在国际范围内发表言论来影响市场心理、与其他国家央行联手干预外汇市场等方式对汇率施加影响。虽然，中央银行的干预不能改变汇率的长期趋势，但它对汇率的短期波动确实有很大的影响。

【小故事】

有节操和没节操的故事

混沌3年元旦，乌托邦领导人对于本国人民不太上进的风气非常担忧，对于经济的停滞颇为不满，为了安抚本国选民进而保住自己的地位，乌托邦领导人下达了一个决

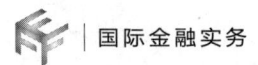

定：让该国央行直接给老百姓发钱，发钱总量为100元乌托币。

尽管乌托邦领导人赢得了不明真相群众的欢迎，但很快该国物价水平就增长了1倍，2元乌托币只能买到以前1元的商品。这样，乌托币将再度贬值50%，而桃源币将升值1倍，此时的汇率水平变为1:4。

案例分析：货币发行过量将推高物价，降低本币的购买力（即对内贬值），造成通货膨胀。本币对内贬值也通常会导致本币对外贬值，即本币汇率下跌。在实际经济运行过程中，这样饮鸩止渴的方式却屡见不鲜。

三、汇率变动对经济的影响

汇率是连接国内外商品市场和金融市场的一条重要纽带。一方面，汇率的变动受到一系列经济因素的影响；另一方面，汇率的变动也会对一国国内经济和国际经济产生广泛的影响。这就促使很多国家和地区通过制定适当的汇率政策，调整经济变量，以实现宏观经济调控的内部目标和外部目标。本国货币汇率的变动有两个方向，升值和贬值，或上浮和下浮。下面就以本币汇率贬值（下浮）为例，来介绍汇率变动对经济的影响。

1. 汇率变动对国际收支的影响

（1）汇率变动对贸易收支的影响。一国货币的汇率发生变动，会影响该国进出口商品的价格，从而刺激或抑制国内外居民对进出口商品的需求。当一国货币对外贬值时，以外币表示的本国出口商品的价格下降，增加国外对出口商品的需求，从而出口收入增多。同时，本币贬值使得以本币表示的进口商品价格上升，抑制本国居民对进口商品的需求，从而进口支出减少，贸易收支改善。

例如，美元兑英镑的汇率为 GBP1 = USD1.5，则标价为1.5美元的美国出口商品对于英国人来说需花费1英镑购买。当美元对英镑汇率贬值到 GBP1 = USD2 时，同样的标价为1.5美元的美国出口商品对于英国人来说只需花费0.75英镑购买，美国的出口商品对于英国来说变得更便宜，因此会增加对美国出口商品的需求。同理，当美元对英镑贬值时，同样1英镑的进口商品对于美国人来说需要支付2美元购买，而原来只需1.5美元。也就是说，进口商品变得更贵了，因此会减少美国对英国进口商品的需求。

汇率与进出口的这种关系使汇率成为各国政府调节经济的一种手段。但是，其效果取决于下列两个条件：

① 马歇尔—勒纳条件（Marshall – Lerner Condition）。一国货币贬值能否改善贸易收支，关键取决于进出口商品的需求弹性。出口商品的需求弹性只有在足够大时，贬值才能引起更大需求。进口商品的需求弹性越大，汇率下跌对进口的抑制作用也就越强。当进出口商品的需求弹性之和的绝对值大于1时，汇率下调就能改善贸易收支，否则就会出现相反情况。用公式表示如下：

$$|E_x| + |E_m| > 1$$

在上式中，E_x 为某国出口需求弹性，E_m 为某国进口需求弹性，如果 $|E_x| + |E_m| > 1$，则本币贬值会使外汇收入增加；如果 $|E_x| + |E_m| < 1$，则本币贬值反而会使外汇收入减少。

②J曲线效应。本国货币贬值后，最初发生的情况往往正好相反，经常项目收支状况反而会比原先恶化，进口增加而出口减少。这一变化被称为"J曲线效应"。J曲线效应产生的原因在于，本币贬值最初的一段时期内，由于消费和生产行为的"黏性作用"，进口和出口的贸易量并不会发生明显的变化。比如，出口需求增加了，但出口商需要一段时间调整才能扩大产能、增加产量；虽然进口商品价格提高了，但进口商原来签订的进口合同仍需执行，所以进口量不一定会立刻减少。但由于汇率的改变，以外国货币计价的出口收入相对减少，以本国货币计价的进口支出相对增加，从而造成经常项目收支逆差增加或是顺差减少。经过一段时间后，这一状况开始发生改变，进口商品逐渐减少，出口商品逐渐增加，使贸易收支向有利的方向发展，先是抵消原先的不利影响，然后使贸易收支状况得到根本性的改善。这一变化过程可能会维持数月甚至一两年，根据各国不同情况而定。因此汇率变化对贸易状况的影响是具有"时滞"效应的。

（2）汇率变动对非贸易收支的影响。一般来说，本币贬值使一定金额的外币折合成的本币数量增加，对于外国人来说，本国的服务会变得更加便宜（如旅游），从而吸引外国居民购买本国的服务。同时，本币贬值意味着一定金额的本币只能兑换更少的外币，使得外国的服务变得更加昂贵，从而抑制本国居民购买外国的服务，因此非贸易收支改善。

（3）汇率变动对资本流动的影响。一方面，本币贬值会引起货币替换和资本外逃。货币替换是经济发展过程中因本国货币币值不稳，或对本币丧失信心，或本币资产收益率相对较低时，发生的货币兑换现象。大规模的货币兑换容易引起资本外流，导致国内经济秩序不稳定，削弱政府运用货币政策的能力。货币替换的一个重要前提是货币能够自由兑换。当国内通货膨胀率或预期通货膨胀率提高，而本国货币资产的相对利息收益不足以抵补通货膨胀的损失时，货币替换就会产生。如果货币不能自由兑换，货币替换只能在黑市上进行，其规模和影响要小得多。

另一方面，本币贬值可使同样数量的外币兑换到更多的本币，购买到更多的生产资料或劳动，从而吸引更多的国外直接投资，为国内经济结构调整，后期经济增长创造良好条件。但是，在利润既定的条件下，本币贬值使得外商汇回到自己国内的利润减少，因而外商会有不愿追加投资或抽回投资的可能。总之，一国汇率的变动是否有利于资本流动，关键取决于外商投资结构、汇率下跌前后获利的大小等因素。

2. 汇率变动对国内经济的影响

（1）对国内物价水平的影响。一般来说，本币贬值或本币汇率下浮，会造成国内物价上涨。从产品成本价格方面看，本币贬值会刺激出口需求增加，当国内资源不足无法扩大产量时，导致出口产品价格上升。同时，本币贬值，以本币表示的进口价格上升。如果该国进口的是原材料、中间产品、能源等，则会引起商品生产成本提高，价格上涨。如果该国进口的是消费品，则会推动消费市场物价上涨，并带动国内同类商品价格上升。

（2）对国民收入和就业的影响。一国货币贬值时，出口增加，贸易收支的改善会产生一种导向作用，引导国内进行相应的结构调整，动员闲置资源，扩大国内生产，带动国内经济增长，实现充分就业。但是，这一影响是以该国存在闲置资源为前提的。如果该国已经实现了充分就业，则本币贬值只会加剧供需矛盾，造成物价上涨，但国民收入水平不会提高。

一国货币贬值，无论从理论上还是实践上都可以看成是一种财政或税赋行为，它表现为对出口的补贴和对进口的增税。本国货币汇率下浮通过进口商品价格的提高来削弱进口商品的竞争力，为本国进口替代产品和行业留下了生存和发展的空间，因此货币汇率下浮一定程度上起着保护本国民族工业的作用。但是在保护本国民族工业的同时也一定程度地保护了落后，它不利于企业竞争力的提高，不利于社会资源的优化配置。

（3）对利率的影响。从货币供应量的角度来看，本国货币汇率贬值，会增加出口收入，当央行买入外汇时会增加本币投放。同时，由于进口减少，外汇需求减少，央行回笼的基础货币减少。因此，本币贬值会增加国内货币供应量，导致利率水平下降。从现金需求的角度来看，本币贬值会造成国内物价水平上涨，使得国内居民手中持有的现金的实际价值下跌，因此需要增加现金的持有量才能维持原先的实际需要水平。这样整个社会的储蓄水平就会下降，导致国内利率水平趋于上升。

3. 汇率变动对世界经济的影响

（1）加深西方国家争夺销售市场的斗争，影响国际贸易的正常发展。某些发达国家利用货币贬值，扩大出口，争夺市场份额，这会引起其他贸易伙伴国采取报复性措施，如实行货币贬值，或采取保护性贸易措施，从而引发贸易战和汇率战，破坏国际贸易的正常秩序，不利于国际经济走上良性循环的发展道路。

（2）影响某些储备货币的地位和作用，促进国际储备货币多元化的形成。如果储备货币的发行国（如美国）国际收支恶化，本币汇率不断下跌，则会动摇其他国家对储备货币的信心，影响其储备货币的地位和作用；如果某个国家由于国际收支持续顺差，黄金外汇储备充裕，汇率稳中有升，则其货币在国际结算领域中的地位和作用会日益加强。因此，汇率的变动促进了国际储备货币多元化的形成。

（3）加剧投机和国际金融市场的动荡，促进国际金融业务的不断创新

由于外汇市场上汇率经常变动，引起外汇投机的盛行，造成国际金融市场的动荡与混乱。与此同时，汇率的频繁波动也加剧了国际贸易与金融的汇率风险，又进一步促进期货、期权、货币互换等金融衍生产品交易的出现，使国际金融业务形式与市场机制不断地创新。

【任务小结】

在不同的国际货币制度下，汇率的形成机制是不同的。国际金本位制和布雷顿森林体系下实行的是严格的固定汇率制，取决于各国货币的实际或名义含金量。在牙买加体系下，大多数国家实行的是有管理的浮动汇率制，决定汇率的是各国货币的购买力。最有代表性的是巨无霸指数。但实际市场汇率会受到诸如国际收支、利率、通胀、心理预期等各种因素的影响，围绕购买力平价上下波动。最直接、最主要的因素就是国际收支状况。反过来，当一国货币汇率变动时，也会对一国国际收支状况、宏观经济指标以及对外交往的企业产生一定的影响。

【案例阅读】

G7 联合干预日元汇率

北京时间 2011 年 3 月 18 日早间，在日经指数高开 1.4% 站上 9 000 点大关后，代表发达国家的七国集团（G7）本周五发布声明称，为了响应日本的请求，其将对外汇市场进行联合干预。随后美元兑日元飙升。截至北京时间 8 时 22 分，美元兑日元报 81.11，比昨日上涨近 200 点。

根据 G7 此次发布的声明，美国、英国、加拿大及欧洲中央银行将连同日本对外汇市场进行干预。此前一周，日本遭受了大地震及海啸的严重冲击，随后又出现核泄漏危机，这使得日元成为投机者攻击的主要目标。在大地震发生之后，日元汇率出现大幅攀升，并且一度创下对美元汇率的历史新高。在这种情况下，市场普遍预期政府将对外汇市场进行干预。日本央行在本周五表示，其强烈预期 G7 成员国对外汇市场的联合干预将有助于外汇市场趋于稳定。

日本央行在其声明中表示："日本央行将采取有力的货币宽松政策并同时确保金融市场的稳定，为此我们将继续向市场注入大量的流动性。"

受此消息影响，日本股市出现大幅攀升。截至发稿时止，日经指数报 9 186.50 点，涨幅为 2.5%。另外，美元对日元汇率大幅上升，由消息公布前的 1 美元兑 79.08 日元上涨至 1 美元兑 80.73 日元。同时，日本主营出口业务的上市公司股价大幅攀升。其中，本田汽车股价上涨了 3.4%，东芝公司股价上涨了 7.2%。

此次干预是 G7 自 2000 年联合干预欧元汇率后首次联合干预外汇市场。当时欧元兑美元汇率创历史最低 0.8，干预后逐步走强。

资料来源：腾讯财经。

在上述案例中，由于 G7 集团的央行联手干预外汇市场，并影响了外汇市场的预期，使得日元在短期内迅速贬值，缓解了前期由于地震和核泄漏引起日元升值对日本经济造成的不利影响。这说明央行对外汇市场的干预可以有效地影响汇率走势。

【思考题】

1. 在日本发生大地震后，为什么日元汇率会大幅度攀升？
2. 人民币升值对中国的国际收支有什么影响？

【知识链接】

巨无霸指数

巨无霸指数，就是假设全世界的麦当劳巨无霸汉堡包的价格都是一样的，然后将各地的巨无霸当地价格，通过汇率换算成美元售价，就可以比较出各个国家的购买力水平差异。《经济学人》创立的巨无霸指数，用以计算货币相对美元的汇率是否合理。指数根据购买力平价理论出发，1 美元在全球各地的购买力都应相同，若某地的巨无霸售价比美国低，就表示其货币相对美元的汇率被低估，相反则是高估。至于选择巨无霸的原因，是由于全球 120 个国家及地区均有售，而且制作规格相同，具有一定的参考值。

举例来说，假设一个巨无霸在美国的售价为 2.50 美元，在英国的售价为 2.00 英镑，购买力平价汇率就是 2.50 ÷ 2.00 = 1.25。要是 1 美元能买入 0.55 英镑（或 GBP1 = USD1.82），则表示就两国巨无霸的售价而言，英镑兑美元的汇价被高估了 45.6% [（1.82 − 1.25）÷ 1.25 × 100% = 45.6%]。

用汉堡包测量购买力平价是不完全准确的。因为各国税收、商业竞争力及汉堡包材料的价格等都不同，可能无法代表该国的整体经济状况。在许多国家，像麦当劳这样的国际快餐店要比当地餐馆贵，而且不同国家对巨无霸的需求也不一样。例如在美国，低收入的家庭可能会每周数次在麦当劳进餐，但在马来西亚，低收入者可能从来就不会去吃巨无霸。尽管如此，巨无霸指数仍广为经济学家引述，作为购买力平价的一个参考数据。

资料来源：百度百科。

资料来源：图片来自 www.juwai.com。

图 1 - 5　购买力平价

【专业词汇】

购买力平价理论（purchasing power parity）
国际货币基金组织（International Monetary Fund，IMF）
金本位制（gold standard）　　布雷顿森林体系（Bretton Woods Monetary System）
牙买加体系（Jamaica System）

【项目测试题】

一、单项选择题

1. 国际标准 ISO - 4217 货币代码中澳元的标准写法为（　　　）。
A. AUD　　　　　　B. CAD　　　　　　C. NZD　　　　　　D. CHF
2. 国际标准 ISO - 4217 货币代码中人民币的标准写法为（　　　）。
A. KRW　　　　　　B. CNY　　　　　　C. RMB　　　　　　D. JPY

3. 国际标准 ISO – 4217 货币代码中，前两个字母表示（ ）。

A. 货币名称　　　　　B. 中央银行　　　　　C. 国家或地区　　　　　D. 城市

4. 国际标准 ISO – 4217 货币代码中，表示"法郎"的字母是（ ）。

A. D　　　　　B. P　　　　　C. Y　　　　　D. F

5. 外汇是（ ）的简称。

A. 外国货币　　　　　B. 外币汇率　　　　　C. 国际汇兑　　　　　D. 外国汇票

6. 外汇是（ ）表示的支付手段。

A. 外币　　　　　B. 本币　　　　　C. 黄金　　　　　D. SDRs

7. 在外汇市场上，银行报价采用双向报价方式，在直接标价法下，前一数字表示（ ）。

A. 客户买入外币的汇价　　　　　B. 客户卖出本币的汇价

C. 银行买入外币的汇价　　　　　D. 银行卖出外币的汇价

8. 下列采用间接标价法的交易货币是（ ）。

A. 日元　　　　　B. 加拿大元　　　　　C. 新西兰元　　　　　D. 瑞士法郎

9. 一个出口企业从国际贸易中收入 50 000 美元，到银行办理结汇手续，则银行应该按哪个价格计算人民币支付给企业（ ）。

A. 中间价　　　　　B. 现钞买入价　　　　　C. 现汇买入价　　　　　D. 卖出价

10. 李女士从边境贸易中收到 8 000 美元的现钞，向银行兑换成一定金额的人民币，则银行应按哪个价格计算（ ）。

A. 中间价　　　　　B. 现钞买入价　　　　　C. 现汇买入价　　　　　D. 卖出价

11. 下列汇率中，属于直接标价法的有（ ）。

A. 纽约市场 1USD = 87.68JPY　　　　　B. 纽约市场 1GBP = 1.5173USD

C. 伦敦市场 1GBP = 1.5173USD　　　　　D. 法兰克福市场 1EUR = 1.3030USD

12. 二战以后，大多数国家都把（ ）当作关键货币。

A. 英镑　　　　　B. 瑞士法郎　　　　　C. 德国马克　　　　　D. 美元

13. 在采用直接标价的前提下，如果需要比原来更少的本币就能兑换一定数量的外国货币，这表明（ ）。

A. 本币币值上升，外币币值下降，通常称为外汇汇率上升

B. 本币币值下降，外币币值上升，通常称为外汇汇率上升

C. 本币币值上升，外币币值下降，通常称为外汇汇率下降

D. 本币币值下降，外币币值上升，通常称为外汇汇率下降

14. 在浮动汇率制度下，汇率的决定基础应该是（ ）。

A. 货币的含金量　　　　　B. 货币的购买力

C. 货币的面值　　　　　D. 货币的供求关系

15. 在影响汇率的主要因素中，对汇率影响最直接最明显的因素是（ ）。

A. 通货膨胀率　　　　　B. 国际收支　　　　　C. 财政赤字　　　　　D. 国民收入

16. 本币贬值，可能会引起（ ）。

A. 国内失业率上升　　　　　B. 国内通胀率上升

C. 国内出口减少　　　　　D. 国内经济增长率下降

17. 其他条件不变，一国货币对外贬值，可以（   ）。

A. 增加一国对外贸易值
B. 扩大进口和缩减出口
C. 扩大出口和缩减进口
D. 使国际收支逆差扩大

18. 在金本位制下，决定汇率的基础是（   ）。

A. 外汇供求 B. 黄金输送点 C. 铸币平价 D. 购买力平价

19. 汇率波动受黄金输送费用的限制，各国国际收支能够自动调节，这种货币制度是（   ）。

A. 浮动汇率制
B. 国际金本位制
C. 布雷顿森林体系
D. 混合本位制

20. 目前，我国人民币实施的汇率制度是（   ）。

A. 固定汇率制
B. 弹性汇率制
C. 有管理浮动汇率制
D. 钉住汇率制

21. 下列汇率中，属于直接标价法的有（   ）。

A. 纽约市场 1USD = 87.68JPY
B. 纽约市场 1GBP = 1.5173USD
C. 伦敦市场 1GBP = 1.5173USD
D. 法兰克福市场 1EUR = 1.3030USD

二、多项选择题

1. 以下属于外汇的有（   ）。

A. 美元银行存款
B. 特别提款权
C. 我国居民持有的美元股票
D. 美国政府债券
E. 日元面值的空头支票

2. 下列选项中，可以作为国际间债权债务结算的支付手段的有（   ）。

A. 人民币 B. 美元 C. 港元 D. 日元
E. 新加坡元

3. 我国银行外汇牌价的特点包括（   ）。

A. 使用标准化货币代码
B. 每种外币都有四个价格
C. 以一单位外币为基准
D. 汇率值一般是 5 位数字
E. 采用间接标价法

4. 下列货币一般采用直接标价法的有（   ）。

A. 人民币 B. 美元 C. 港元 D. 英镑
E. 日元

5. 下列表述正确的有（   ）。

A. 直接标价法下，汇率数值变大意味着本币升值
B. 直接标价法下，汇率数值变大意味着本币贬值
C. 间接标价法下，汇率数值变大意味着本币升值
D. 间接标价法下，汇率数值变大意味着本币贬值
E. 美元标价法下，汇率数值变大意味着美元升值

6. 国际金本位制的特点包括（   ）。

A. 各国货币以黄金为基础，保持固定比价关系

B. 纸币与黄金自由兑换

C. 国际收支依靠自发调节

D. 特别提款权是主要储备货币

E. 黄金可以铸造和熔化

7. 影响汇率变动的主要因素有（　　　）。

A. 利率
B. 国际收支

C. 通货膨胀
D. 央行对外汇市场干预

E. 心理预期

8. 汇率变动对国内经济的影响包括（　　　）。

A. 国际收支
B. 利率

C. 物价水平
D. 国民收入和就业

E. 国际储备

9. 在不同的国际货币制度下，汇率决定的基础有（　　　）。

A. 铸币平价
B. 黄金平价
C. 货币平价
D. 购买力平价

E. 法定平价

10. 下列说法中错误的有（　　　）。

A. 本币贬值有利于本国的商品进口、不利于本国的商品出口

B. 本币贬值有利于改善本国的贸易收支状况

C. 本币贬值有利于改善本国的劳务收支状况

D. 本币贬值有助于改善本国的资本流动

E. 本币贬值有助于抑制国内的通货膨胀

三、判断题

1. 外汇就是外国货币。　　　　　　　　　　　　　　　　　　　（　　　）

2. 瑞士的法定货币是欧元。　　　　　　　　　　　　　　　　　（　　　）

3. 人民币已经被纳入特别提款权货币篮子，是可以自由兑换的货币。（　　　）

4. 外汇银行公布的买入汇率是指企业向银行买进外汇时所使用的汇率。（　　　）

5. 现汇卖出价一般要高于现钞卖出价。　　　　　　　　　　　　（　　　）

6. 在间接标价法下，银行采用双报价方式报价，前一个数字为外汇买入价。（　　　）

7. 在间接标价法下，当汇率数值减少时，称外国货币汇率上浮或升值。（　　　）

8. 直接标价法就是以一定单位的本国货币为标准来计算应收若干单位的外国货币。
　　　　　　　　　　　　　　　　　　　　　　　　　　　　（　　　）

9. 在金本位制下，只有金币流通没有纸币流通。　　　　　　　　（　　　）

10. 当一国有较大的国际收支逆差时外汇汇率上升，本币汇率下跌。若该国央行利用公开市场业务进行干预时应抛售本币，买入外汇。　　　　　　　（　　　）

11. 黄金输送点指的是外汇汇率上涨到铸币平价之上，会引起黄金流出；反之，会引起黄金流入。　　　　　　　　　　　　　　　　　　　　　　（　　　）

12. 一般来说，一国利率上升将使本国货币汇率下降。　　　　　（　　　）

13. 在布雷顿森林体系下，银行券可以自由兑换黄金。　　　　　（　　　）

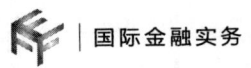

四、计算题

1. 假定目前外汇市场的汇率是：USD/EUR = 0.8100/10，USD/JPY = 127.10/20，计算欧元兑日元的汇率。

2. 某日汇率是 US \$1 = RMB ¥8.3000/8.3010，US \$1 = DM2.6070/2.6080，请问德国马克兑人民币的汇率是多少？

五、实务操作题

1. 根据表1-2银行外汇牌价处理下列业务：

张先生出国旅游，到中国银行柜台用因私护照兑换5 000美元，请问：

（1）银行应收其多少元人民币？

（2）一个月后，张先生旅游回来，还剩下800美元，到中国银行柜台兑换成人民币，银行应付给其多少元人民币？

（3）两个月后，张先生在国外工作的亲戚给他汇来10 000美元，张先生到中国银行办理结汇，应得多少元人民币？

2. 你希望卖出瑞士法郎买入日元，已知市场信息如下：

银行	USD/CHF	USD/JPY
A	1.4947/57	141.75/05
B	1.4946/58	141.75/95
C	1.4945/56	141.70/90
D	1.4948/59	141.73/93
E	1.4949/60	141.75/85

请问：（1）你将从哪家银行卖出瑞士法郎买入美元？汇率为多少？

（2）你将从哪家银行卖出美元买入日元？汇率又为多少？

六、综合案例分析

美国众议院通过惩罚中国法案

2011年9月29日，美国众议院通过了惩罚中国的法案，理由是中国低估人民币汇率，损害了美国制造商和出口商的竞争力。此举可能加剧两国之间的贸易紧张。

中国周四迅速作出回应，抨击该法案"不符合世界贸易组织的有关规则"，把该法案称之为美国不断升级的贸易保护主义的新举措。中国商务部一位发言人在一份通过官方媒体发布的声明中说，"中方从未以低估人民币汇率的方法来获取竞争优势。"

虽然该法案的最终结局仍不明朗——因为它仍需要得到参议院的通过，并得到美国总统巴拉克·奥巴马（Barack Obama）的签署——但该法案在众议院以348票对79票的大比例获得通过的事实，反映了美国对中国经济政策日益高涨的失望情绪。

"他们用作弊手段偷走了我们的就业，"来自密歇根州的共和党众议员麦克·罗杰斯（Mike Rogers）周三在辩论开始时表示，"我们再也不能无动于衷，任由中国政府操纵人民币汇率"。来自伊利诺伊州的共和党众议员唐·曼祖罗（Don Manzullo）表示："我们要阻止中国商品以掠夺性的价格流入美国。"尚未对该法案正式表明立场的奥巴马政府，迄今更赞成执行与中国接触的政策，以求说服中国让人民币走强。国会的压力不断加大，可能有助于增强奥巴马政府的谈判地位。

但批评人士警告称，该法案提出的更加咄咄逼人的措施，也许并不能有效降低美国对华贸易逆差，而更具对抗性的姿态也许产生相反效果，因为这可能导致报复。

该法案将允许美国方面在针对从中国和其他国家的进口商品计算反补贴关税时，使用估计的汇率低估幅度。

资料来源：FT 中文网。

1. 阅读以上材料，分析美国众议院将中国列为汇率操纵国的目的是什么？如何用汇率理论来解释这一问题？

2. 如果中国迫于美国压力让人民币升值，这对中美贸易有什么影响？对中国经济有什么影响？

【实训活动】

以小组为单位，分析美元汇率波动的影响因素（2008—2017 年），形成分析报告。

标准：（1）报告中包含 5 种最重要的因素（货币政策、国际收支、财政收支、经济增长率、预期）。（2）报告格式正确，结构完整：包括汇率走势图、重要因素发生的时间点、波动的原因分析。（3）字数：不少于 2 000 字。

【参考资料】

［1］赵海荣，梁涛. 国际金融实务［M］. 北京：中国金融出版社，2012.

［2］陈岱孙，厉以宁. 国际金融学说史［M］. 北京：中国金融出版社，1997.

［3］［法］让·梯若尔. 金融危机、流动性与国际货币体制［M］. 北京：中国人民大学出版社，2015.

［4］［英］劳伦斯·S. 科普兰. 汇率与国际金融（第三版）［M］. 北京：中国金融出版社，2002.

［5］中国人民银行：www. pbc. gov. cn.

［6］国家外汇管理局：www. safe. gov. cn.

［7］中国银行：www. bank‑of‑china. com.

［8］世界银行：www. worldbank. org. cn.

［9］和讯财经：www. hexun. com.

项目二
外汇交易

【能力目标】

能够理解外汇市场的基本结构；能够进行即期外汇、远期外汇交易操作；能够进行外汇掉期交易并进行核算；能够进行汇率的套算；能够模拟外汇期货交易、外汇期权交易、外汇合约保证金交易并核算盈亏。

【知识目标】

掌握外汇交易的含义和参与者；掌握外汇市场的层次和种类；理解8种外汇交易的含义及应用。

【素质目标】

提高沟通能力、语言表达能力；遇到汇率波动要保持心态稳定，提高心理素质水平。

【项目导入】

KVB昆仑国际公司是一上市外汇交易商，从事各种外汇交易。其业务已覆盖大洋洲、亚洲、北美洲3个大洲、6个国际金融中心城市，跨越12个时区，以中、英、粤语为客户提供24小时全球客户服务支持。KVB昆仑国际不断提升服务品质，无论您身处何地，24小时为您提供高水准的支援服务。

王亮是KVB昆仑国际公司的外汇交易员。他负责管理外汇资金交易；搜集整理外汇数据，搜集、更新整理外汇政策及相关法规制度；管理外汇头寸，进行外汇即期、远期产品以及基本型的外汇衍生产品交易，为各项外汇买卖业务报价。

☞ 启发：（1）什么是外汇交易？（2）外汇交易的种类有哪些？（3）如何正确选择外汇交易方式进行外汇保值和投机，以达到盈利或回避风险的目的？

通过完成本项目的任务，我们学习有关外汇市场的基本知识及外汇交易方式，以及如何正确选择外汇交易方式进行外汇保值和投机，以盈利或回避风险。

一、外汇市场概念

外汇市场（Foreign Exchange Market），是指货币兑换或外汇买卖的交易场所或系统。它以外汇银行为中心，由政府当局、进出口商、外汇经纪人和其他买卖外汇者参与外汇交易。与其他金融市场相比，它具有以下两个特点：

1. 交易是在等价的基础上进行的；
2. 交易一般发生在不同国家的居民之间。

二、外汇市场的分类

1. 按有无固定的经营场所划分，可将外汇市场分为有形市场和无形市场。

有形市场，也称为具体的外汇市场，它与股票交易所相似，具有固定的营业场所和规定的营业时间。在每个规定的营业日里，各大银行的代表面对面地洽谈外汇交易业务，从而确定该国货币对一些主要国家货币的当日汇率。例如，法国的巴黎、德国的法兰克福、比利时的布鲁塞尔均为此类市场。

无形市场，也称为抽象的外汇市场，它没有固定的营业场所，交易双方不是面对面地成交，而是通过电话、电报或网络等设施达成交易。无形市场不仅大大提高了外汇交易的运作效率，而且消除了地点套汇的可能。目前，世界上最大的外汇市场都是无形市场，如美国的纽约、英国的伦敦、日本的东京等。

2. 按经营业务的种类划分，可将外汇交易分为即期交易、远期交易和掉期交易。

即期交易是指在外汇买卖成交后的两个营业日内办理货币收付的业务。这种交易根据各金融中心的规定与习惯而定，有的在当日办理货币收付，日本及亚洲地区外汇银行间的即期交易，多在第二个营业日收付；而欧美各国的即期交易通常是在交易后的两个营业日以内收付。

远期交易是指买卖双方先订立合同，规定买卖外汇金额、将来汇率和支付时间，到规定时间再按合同办理收交的外汇业务。这种交易在买卖契约成立时双方无须立即支付本国货币或外汇，而是预先约定价格于将来特定日期再进行货币收付。

掉期交易是即期交易和远期交易的结合物。比如，某银行手头的外汇资金暂时有多余，但将来却又有支付的需要，就可以用即期交易方式把暂时多余的外汇资金卖给其他银行，同时又以远期交易方式将其买回，两者的结合，便称为"掉期交易"或"调期交易"。

3. 按外汇交易参与者可划分为狭义的外汇市场和广义的外汇市场。

狭义的外汇市场主要是指银行同业之间的外汇买卖行为及其场所。这一市场包括商业银行之间、商业银行与中央银行之间、各国中央银行之间的外汇交易。由于银行同业交易规模大、起点高，所以人们又称之为外汇的批发市场。

广义的外汇市场既包括批发业务市场，也包括零售业务市场。零售业务市场的规模相对较小，一般包括银行与个人及公司客户之间的外汇买卖，中央银行政策性干预市场的外汇买卖等。

三、外汇市场参与者

外汇市场参与者主要有外汇银行、外汇经纪人、中央银行、非金融机构和个人、外汇投机者等。

1. 外汇银行。外汇银行，也叫作外汇指定银行，是由各国中央银行指定或授权经营外汇业务的银行或其他金融机构。主要包括：专营外汇业务的本国专业银行；兼营外汇业务的本国商业银行；外国银行在本国的分行与本国的合资银行、本国在国外的分支行

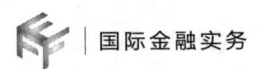

和代理行等。外汇银行是外汇市场的核心经营者。

2. 外汇经纪人。外汇经纪人，是指外汇市场上在银行之间或银行和客户之间，为交易双方介绍、接洽业务，促成外汇交易完成的中间人。

外汇经纪人一般以收取佣金为目的，代客户买卖外汇，完全是代理性质。由于他们同外汇银行有密切联系，熟悉外汇行市和外汇供求情况，了解各方面的信用情况，所以交易者乐于请他们代理交易。

3. 中央银行。中央银行也是外汇市场的重要参与者，其目的是以该国银行体系管理者的身份，通过买卖外汇，防止国际短期资金冲击本国外汇市场，管理与控制本国货币供应量，维持汇率稳定和国际收支平衡。

中央银行干预外汇市场的做法是：当外汇市场上外汇供大于求时，中央银行利用专门基金吸购外汇；而当外汇市场上外汇供不应求时，中央银行就抛售外汇，以促使汇率稳定。

4. 非金融机构和个人。非金融机构和个人，是指外汇交易中最初的外汇供应者和最终的外汇需求者，包括进出口商、政府机构、跨国公司、出国旅游者及其他外汇供求者，其中跨国公司凭借雄厚的资金和巨大的业务量，成为非金融机构在外汇市场的主要参与者。

一般情况下，进出口商和跨国公司作为外汇市场参与者的目的是：满足进出口收付款的需要；清算对外投资产生的债权债务关系；利用各种外汇交易手段规避风险；某些跨国公司参与投机的需要。

5. 外汇投机者。外汇投机者进行外汇买卖的目的不是出于国际收支的实际需要，而是利用各种金融手段，在汇率变动中通过支付一定的保证金进行买空卖空，以攫取汇率差价。

四、外汇市场的层次

根据上述对外汇市场参与者的分类，外汇市场的交易可以分为三个层次的交易，即银行与顾客之间、银行同业之间、银行与中央银行之间的交易。

1. 银行与顾客间的交易市场。银行与顾客间的交易市场，也称为顾客市场，是指由外汇银行与顾客之间的外汇交易而形成的市场，因而又可以称为"零售外汇市场"。在顾客市场上，外汇银行一方面从顾客手中买入外汇，另一方面又将外汇卖给顾客，从而成为外汇需求者和外汇供给者的中介。

在外汇市场中，凡是与外汇银行有外汇交易关系的公司企业和私人客户都是外汇银行的顾客，包括进出口商、投资者、投机者，以及其他一些与贸易收支无关的外汇供求者（如留学生、旅游者、侨居者等）。顾客在外汇市场中的作用仅次于外汇银行，他们往往出于各种各样的目的而向外汇银行买卖外汇。

在顾客市场上，除了外汇银行和顾客外，其实还有一种参与者，就是外汇经纪人。在传统的外汇交易活动中，外汇经纪人曾经非常风光，因为大部分交易都要通过他们来完成。但是随着电子科技在外汇市场的普遍运用，特别是出现"电子经纪"后，外汇经纪人的作用开始每况愈下，尤其是即期外汇交易经纪逐步被"电子经纪"所取代，因此进入 21 世纪后，有许多外汇经纪人被迫停止了即期外汇交易的经纪业务。

2. 银行同业间的交易市场。银行在营业日根据顾客的需要与其进行外汇交易，难免产生各种外汇头寸的多头或空头，统称敞口头寸。多头表示银行该种外汇的购入额大于出售额，空头表示银行该种外汇的出售额大于购入额。当银行外汇头寸处于敞口头寸状态时，银行将承担外汇风险。若要避免外汇风险，就需通过银行间外汇市场的交易，"轧平"头寸，即将多头抛出，空头补进。

此外，银行还出于投机、套利、套期保值等目的从事同业间的外汇交易。外汇市场交易总额的90%以上是银行同业间的交易，这一市场交易的金额一般比较大，每笔至少100万美元。银行间的外汇交易市场是外汇市场的主体。

3. 银行与中央银行间的交易市场。中央银行也是外汇市场的重要参与者，但其参与外汇市场交易的目的不同于外汇银行及其他顾客。中央银行参与外汇交易主要是为了干预外汇市场，以保持本币汇率的相对稳定，维护外汇市场的正常运行。当本币汇率过高时，中央银行通过向外汇银行购进外汇，以增加市场对外汇的需求量，从而促使外汇汇率上升、本币汇率下跌；反之，当本币汇率大幅度下跌时，中央银行则通过出售外汇，促使外汇汇率下跌、本币汇率上升。此外，中央银行出于管理外汇储备的需要，也常常要通过外汇银行进行外汇买卖，以调整储备货币的结构。

中央银行实际上也是外汇市场的领导者，因为它们经常要对外汇市场进行干预，为此要时常进入市场买卖外汇，并且在汇率波动剧烈时，要大量买进或卖出外汇，以影响汇率的走势。所以在一定的条件下，中央银行对外汇市场的影响甚至超过外汇银行。

五、现代外汇市场的特点

国际金融市场上的各种交易活动，无论是外汇收支还是外汇结算，都必须通过外汇市场来进行。现代外汇市场是国际金融市场的核心，它具有以下几个特点。

1. 市场相对集中，交易规模大。目前，世界上有30多个主要的外汇市场，遍布欧洲、北美、亚洲的不同国家和地区，其中最重要的有伦敦、纽约、东京、新加坡、法兰克福、苏黎世、中国香港、悉尼等外汇市场。外汇市场是世界上最大的单一市场，每天成交额约19 000亿美元，是美国股票和债券市场交易额总和的3倍以上。

2. 连续不断，交易在全球各地循序相连。从全球角度看，由于现代电子通信技术的发展，世界各地外汇市场已经形成一个统一的大市场，交易活动全天22小时不间断。欧洲时间从上午9∶00到下午2∶00是欧洲各外汇市场的营业时间，当欧洲各市场收市后，纽约外汇市场开市营业，纽约时间下午3∶00收盘后，旧金山、东京、香港、新加坡、孟买、中东等外汇市场陆续开市，当东京、香港外汇市场将要闭市时，又与伦敦和欧洲外汇市场次日开业交易相衔接。如此周而复始，形成全天候的外汇交易大市场，便于交易者在任何时间、任何地点查询外汇行情，进行交易活动。

3. 交易的币种相对集中。在各外汇市场上交易的货币主要集中在美元、欧元、日元、英镑、瑞士法郎、加元、澳元、新西兰元、瑞典克朗、新加坡元和港元等。伦敦外汇市场上的交易货币几乎包括所有的可兑换货币，交易量最大的是英镑兑换美元。纽约外汇市场上的交易主要是美元兑换欧元。因为第二次世界大战后美元在外汇市场上发挥

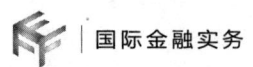

着媒介通货的作用，所以大多数交易都涉及美元。

4. 汇率波动传递异常迅速，风险较大，金融创新不断

由于世界外汇市场跨越了时间和空间的限制，因此，各地的行情变化可以迅速传播，各市场之间的汇率差距能够得以迅速调整。当货币汇率出现差异时，大规模的套汇行为就会产生。这种短期资本的流动，一方面可以使外汇市场资金供求失衡的状况很快得到调节，使汇率在各市场趋向一致；另一方面它又是一把"双刃剑"，能使汇率的扭曲和人为制造的因素放大并传播，制造出汇率的无规则大幅度波动，为金融危机频繁爆发埋下了隐患。1997 年东南亚金融危机就是在这种条件下爆发的。

六、外汇交易的含义

外汇交易一般是通过外汇市场，以外汇银行为中心在各有关市场参与者之间进行的外汇买卖活动。至今，外汇交易已经历了两个发展阶段：第一阶段为传统的外汇交易阶段，主要有即期外汇交易、远期外汇交易、掉期交易、套汇交易和套利交易；第二阶段为创新的外汇交易阶段，创新的外汇交易是在传统的外汇交易的基础上于 20 世纪 70 年代中期发展起来的，主要有外汇期货交易、外汇期权交易、互换交易和远期利率协议等。

七、外汇交易的目的

1. 满足国际贸易结算的需要。各国进行国际贸易需要利用外汇进行结算。例如，我国某外贸公司向美国出口商品，收进美元，这时该外贸公司需要根据国家外汇管理规定，把美元结售给外汇指定银行，换回人民币，取得经营收益，而外汇指定银行则在外汇市场上卖出美元。在此，美元成了结算货币，体现的是人民币和美元的买卖关系。如果外贸公司经批准从国外进口设备、原材料或其他商品，需要支付美元、英镑之类的货币，则需用人民币向外汇指定银行兑换，用以支付货款。外汇交易保证了国际贸易的正常进行。

2. 满足回避国际贸易结算中的汇率风险的需要。在进行国际贸易的过程中，当进出口商签订买卖合同时，要按一定的汇率进行成本核算和交易核算。由于贸易需要一个过程，实际收款会在相当长的一段时间后才发生。在此期间，如果汇率发生较大变化，进出口商就有可能比当初成本核算时增加支出或减少收入，造成一定的经济损失。如果进出口商能在签订合同的同时进行成本核算，通过指定银行进行外汇买卖、远期外汇交易或掉期交易，或办理外汇期权交易，就可以避免汇率风险。

3. 满足国际投资的需要。一个国家的企业或个人要到外国投资，无论是买股票、办工厂，还是开商店等，都需要将本国货币兑换为投资所在国的货币，才能达到投资的目的。如果这些企业或个人取得了预期的经营成果，还要把以投资所在国货币表示的投资利润汇回国内，通过外汇银行兑换成本币。另外，投资的收回，也需要进行外汇交易。

4. 满足金融投机的需要。外汇市场汇率变化不定，给外汇持有者不但带来了风险，也带来了盈利的机会。外汇持有者通过对不同外汇市场和不同时间外汇汇率变化的预测，贱买贵卖，就可以达到投机盈利的目的。

5. 满足中央银行干预外汇市场的需要。由于外汇汇率的变动会直接影响与之相关国家的经济发展，因此，当汇率的变动与本国经济发展目标背道而驰时，政府就会动用国库，甚至联合他国在外汇市场上进行外汇交易，以达到使外汇市场汇率变动方向与本国经济发展目标相符合的目的。

【知识链接】

全球三大外汇市场及其特点

全球有三大外汇市场，分别是伦敦外汇市场、纽约外汇市场、东京外汇市场。下面介绍三大外汇市场的特点。

1. 伦敦外汇市场。伦敦是全球老牌金融中心，也是外汇交易开办时间最早的地方。其悠久的历史使得各国银行习惯性地选择在其开盘时间段内交易大宗商品，因此全球外汇市场的大幅波动也由此展开。换言之，如果投资者选择在这个时间段内进行外汇交易，不失为一个良好的时机。这个时间段内的汇价也会受消息面的影响。

2. 纽约外汇市场。纽约外汇市场在二战时兴起，但却是发展得最快的金融市场。由于美国是全球资本大规模流动的中心，因此对汇市场影响非常大。部分伦敦市场的大宗商品交易也会等到纽约市场开盘后才进行。作为全球活跃度最大的外汇交易市场，投资者更倾向于在此期间交易，以获得更大的利润空间。

3. 东京外汇市场。东京外汇市场是亚洲最大的外汇交易市场，但在三大外汇市场中交易规模是最小的。其市场一定程度上延续前一天伦敦和纽约市场的走势。此外，这一时间段内，日元还会受日本经济要员对汇率的言论、日本经济重要数据的公布等影响，出现相对活跃的波动。

资料来源：http：//www.bfsniuhui.com/exchange/2035.html。

任务 2 -1　即期外汇交易

【案例引入】

KVB 昆仑国际公司经理要求外汇交易员王亮询即期 USD/JPY 报价，并汇报给经理。

询价方：Spot USD JPY pls？（你好，朋友，请问美元兑日元的即期汇率？）

报价方：60/70.（即期汇率为 USD/JPY =97.60/97.70）

询价方：Buy USD 1.（买进 100 万美元）

报价方：Ok，done. I sell USD 1 Mio at JPY at 97.70 value 19/11/2014.

JPY pls to ABC BK Tokyo A/C No. 12345.（好的，成交。确认在 97.70 价格上我们卖出 100 万美元，交割日为 2014 年 11 月 19 日，请把日元汇到东京银行我的账上，账号是 12345。）

询价方：USD to KKY BK A/C1234567.（请把美元汇到 KKY 银行，账号是1234567。）

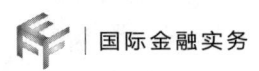

【学习任务】

一、即期外汇交易的概念

即期外汇交易（Spot Exchange Transaction）又称现汇交易，是指买卖双方以固定汇率成交，并在两个营业日（Working Day）内办理交割的外汇交易。即期外汇交易是外汇市场上最常见、最普遍的交易形式。

交割日又称结算日或有效起息日（Value Date），是进行资金交割的日期。交割日有以下三种类型：

1. 标准交割日。标准交割日是指在成交后第二个营业日交割，如果遇上非营业日，则向后递延到下一个营业日。目前，大部分的即期外汇交易采用这种方式。

2. 隔日交割。隔日交割是指在成交后第一个营业日进行交割。某些国家由于时差的原因而采用这种方式。

3. 当日交割。当日交割是指在成交当日进行交割。以前在香港外汇市场用美元兑换港元的交易可在成交当日进行交割。

二、即期外汇交易的作用

1. 即期外汇交易可以满足客户临时性的支付需要。通过即期外汇买卖业务，客户可将手上的一种外币即时兑换成另一种外币，用以应付进出口贸易、投标、海外工程承包等的外汇结算或归还外汇贷款。

【知识链接】

某公司需在星期三归还某外国银行美元贷款 100 万，而该公司持有日元，它可以在星期一按 1 美元＝84.250 日元的即期汇率向外汇银行购入 100 万美元，同时出售日元。星期三，该公司通过转账将 8 425 万日元交付该行；同时该行将 100 万美元交付给公司，该公司便可将美元汇出以归还贷款。

2. 即期外汇交易可以帮助客户调整手中外币的币种结构。调整各种货币头寸，用于防范汇率风险。涉外公司、外汇银行、跨国公司或其他经济实体为防范外汇汇率风险常常用即期交易进行外汇头寸的调整。

【知识链接】

"不要把所有的鸡蛋放在一个篮子里"

如某公司现有 100 万美元的外汇头寸，根据"不要把所有的鸡蛋放在一个篮子里"的风险分散原则，通过即期外汇交易，将一部分美元头寸转换为欧元、日元等其他币种，通过这种组合可以分散部分外汇风险。

3. 即期外汇交易还是外汇投机的重要工具。这种投机行为既有可能带来丰厚利润，也可能造成巨额亏损。

【知识链接】

某瑞士外汇经纪人预测美元汇率能上升，在美元汇率为 US1 = SF1.8670 时，以 18.67 万瑞士法郎买进 10 万美元。当美元汇率上升到 US1 = SF1.967 时，再抛出 10 万美元，换回 19.67 万瑞士法郎，获利 10 000 瑞士法郎。

三、即期外汇交易的程序

即期外汇交易的成交金额一般都比较大，交易单位以百万美元来计算，而且交易时间一般不超过半分钟，所以实际外汇交易中为节约时间将许多单词、数字进行简化，同时由于历史、习惯等原因还有许多特殊的"行话"。在即期外汇交易中，交易各方一般要按照一定的程序来进行外汇买卖，即期外汇交易的基本程序包括：

1. 询价（Asking）。当一家银行的外汇交易部门接到顾客的委托，要求代为买卖外汇，或银行自身要调整外汇头寸而买卖外汇时，交易员首先要通过电话或电传向其他银行进行询价，询价时通常要自报家门，询问有关货币的即期汇率的买入价、卖出价，以便对方作出交易对策。询问的内容必须简洁、完整，包括币种、金额（有的还要包括交割日）。此外，询价时不要透露出自己是想买进还是想卖出，否则对方有可能会抬价或压价。

2. 报价（Quotation）。当一家银行的外汇交易部门接到询价时，一般要求作出回答，即报价。报价是外汇交易的关键环节，因为报价合理与否，关系到外汇买卖是否能成交。报价时银行要同时报出买价和卖价，并且通常只报出交易汇率的最后两位数，例如，美元兑瑞士法郎汇率为 1.2565/1.2575，银行只需报"65/75"。报价时必须遵守"一言为定"原则，只要询价方愿意按报价进行交易，报价行就要承担对此报价成交的责任，不得反悔或变更。

3. 成交（Done）。当报价行报出买卖价后，询价方要立即作出答复，买进还是卖出，以及买或卖的货币金额。若不满意报价，询价方可回答"Thanks，Nothing"，表示谢绝交易，此时报价便对双方无效。

4. 确认（Confirmation）。在报价行作出交易承诺之后，通常是回答"Ok，Done"，交易双方还应将买卖的货币、汇率、金额、起息日期，以及结算方法等交易细节再相互证实或确认一遍。

5. 交割（Settlement）。交割，也称为结算，这是即期外汇交易中的最后一个环节，即在双方交易员将交易的文字记录交给交易后台，由后台根据交易要求指示其代理行将卖出的货币划入对方指定的银行账户。银行间的收付款即各种货币的结算是利用 SWIFT 电讯系统，通过交易双方的代理行或分行进行的，最终以有关交易货币的银行存款的增减或划拨为标志。

四、外汇交易的规则

在外汇交易中，存在一些约定俗成的、大家共同遵守的交易规则，现简单介绍如下。

1. 外汇交易中的报价。此报价是外汇交易中双方兑换货币成交的价格。外汇银行的报价一般都采用双价制，即同时报出外汇的买入和卖出汇率。报出的汇价通常由两部分组成：大数和小数。大多数的汇价，其小数点后第二位以前的数值为大数，以后的数值为小数，如欧元兑美元汇价：EUR/USD 为 1.3010/40，其中 1.30 为大数，10/40 为小数。仅有少数几个汇价，其整数部分为大数，小数部分为小数，如日元兑美元汇率。一般在一个交易日内，外汇市场上汇率波动不大，外汇交易员为节省时间只报汇率的最后两位数，能让熟悉行情的对方明了就可以。

此外，外汇交易员在报价时必须以美元为中心，即几乎全部的外汇交易均采用以某种货币对美元的买进或卖出的形式进行，除非特殊说明。

2. 使用统一的标价方法。为使交易迅速顺利地进行，交易各方使用统一的标价方法，即除英镑、澳大利亚元、新西兰元和欧元采用间接标价法外，其他交易货币一律采用直接标价法。

3. 交易金额通常以 100 万为单位，如交易中 ONE DOLLAR 表示 100 万美元，如果交易金额低于 100 万美元，应预先说明是小额交易，然后报出具体金额。

4. 交易双方必须恪守信用，共同遵守"一言为定"的原则和"我的话就是合同"的惯例，交易一经成交不得反悔、变更或要求撤销。

5. 交易术语规范化。迅速变化着的汇率要求交易双方以最短的时间达成一项交易。因此，交易员为节省时间，通常使用简语或行话，如 FIVE YOURS，即我卖给你 500 万元。

【任务小结】

外汇交易是国际金融实务中最基本、最核心的内容。本任务以 KVB 昆仑国际公司的日常工作引出外汇交易的基础知识和即期外汇交易。即期外汇交易是指买卖双方以固定汇率成交，并在两个营业日内办理交割的外汇交易。即期外汇交易是外汇市场上最常见、最普遍的交易形式。即期外汇交易的报价通常采用美元标价法，并且采取"双档报价"。

【思考题】

1. 什么是即期外汇交易？
2. 在进行即期外汇交易时，需要注意哪些问题？

【课后训练】

熟悉即期交易对话。

【知识链接】

带你走进 OTC 市场

OTC 是 Over The Counter 的简称，也称场外交易方式，是指银行间外汇市场交易主体以双边授信为基础，通过自主双边询价、双边清算进行的即期外汇交易。

OTC 场外交易市场，又称柜台交易市场或店头市场，与交易所市场不同的是，OTC

没有固定的场所，没有规定的成员资格，没有严格可控的规则制度，没有规定的交易产品和限制，主要是交易对手通过私下协商进行的一对一的交易。场外交易的领域主要在金融业，特别是银行等金融机构十分发达的国家。

OTC 市场是世界上最古老的证券交易场所。最初来源于银行兼营股票买卖业务：因为采取在银行柜台上向客户出售股票的做法，又被称为柜台交易市场。因为这种交易不在交易所里进行，所以也叫作场外市场或店头市场。

现如今最大的 OTC 市场在新加坡，这里除了提供各类外汇、指数和期货交易外，还有摩根斯坦利、台湾和香港等参考指数以供投资。欧洲的 OTC 交易市场比传统交易所的交易发展更为蓬勃，所以成为了现代的投资新宠儿。

在资本市场呼声日益高涨、管理层对此日益理解与重视的情况下，很多地方政府都在积极申请试点 OTC 市场。证监会也在 2006 年底成立了非上市公众公司监管办公室，负责相关监管工作。2008 年 3 月国务院批复的《天津滨海新区综合配套改革试验总体方案》中指明了全国性非上市公众公司股权交易市场落户在天津滨海新区；2009 年 10 月，深圳也建立了全国首家区域性非公开科技企业 OTC 市场，首批 72 家企业和技术项目挂牌；全国其他地方也在积极探索 OTC 市场的新路子，推进市场的形成与规范化。

然而从目前情况来看，我国真正的 OTC 市场的具体运作模式还不成熟，业务流程的规范化和整个市场环境的全面支持尚待时日。作为资本市场体系的重要组成部分，OTC 市场可以为所在国经济发展筹集大量资金，同时也是为风险投资提供退出通道，在促进风险投资发展的同时，带动高科技的发展和产业结构的升级。

资料来源：百度文库，https：//wenku. baidu. com/view/d6a027649e31433238689366. html? from = search&qq − pf − to = pcqq. c2c。

【专业词汇】

外汇市场　Foreign Exchange Market　交易　Dealing　交易员　Dealer
交易对方　Counterparty　经纪人　Broker　佣金　Commission　报价　Quote
即期外汇交易　Spot Exchange Transaction　交易日　Day Trading
起息日　Value Date　到期日　Maturity　交割　Delivery　即期汇率　Spot Rate
卖出（买入）价　Ask（Offer）Price　双向报价　Two − Way Price
场外交易　OTC（Over The Counter）

任务2－2　远期外汇交易

【案例引入】

2015 年 3 月上旬，KVB 昆仑国际公司经理要求业务员王亮与花旗银行进行卖出 800 万美元的 3 个月远期交易。当时预计 6 月 11 日该行即期汇率为 1 美元兑换 6. 1167 元人民币。但该行 2015 年 3 月 7 日美元 3 个月远期结售汇汇价为 1 美元兑换 6. 1929 元人民币，交易员王亮当天与当地花旗银行签订了 3 个月美元远期结汇合同，固定了 3 个月后收入 800 万美元的人民币收入，不仅锁定了未来收入和既定利润，而且还为公司争取了

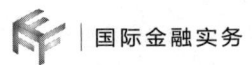
超过未来以即期汇率结汇所得的 609 600 元人民币的可能收益。

【学习任务】

一、远期外汇交易的概念

远期外汇交易（Forward Exchange Transaction）又称期汇交易，是指交易双方在成交后并不立即办理交割，而是事先约定币种、金额、汇率、交割时间等交易条件，到期才进行实际交割的外汇交易。

远期外汇交易与即期外汇交易的根本区别在于交割日不同。凡是交割日在成交两个营业日以后的外汇交易均属于远期外汇交易。远期外汇交易一般有 1 月期、2 月期、3 月期、6 月期、1 年等数种，发生最多的是 3 月期的远期外汇交易。

远期外汇交易的交割日分两步确定：先确定这笔交易的标准即期交割日，然后在即期交割日基础上加上远期期限。原则上，交割日的确定是按月累加的。例如，在 6 月 28 日星期一成交的即期交割日是 6 月 30 日星期三，则 6 月 28 日星期一成交的 1 月期、3 月期和 6 月期的远期外汇交易的交割日分别为 7 月 30 日、9 月 30 日和 12 月 30 日。如果遇到节假日或非营业日，则将交割日递延到下一个营业日。

远期外汇交易交割日确定的原则是：

（1）在即期外汇交易确定的交割日的基础上，加上远期外汇交易合同规定的日历天数。例如，星期二交易双方签订了远期交易合同，规定天数为 4 天，如果即期交易（签约后的两天）交割日为星期四，则远期交割日就是下周的星期一。

（2）远期外汇交易的交割日如果不是营业日，可以顺延至下一个合适的营业日（The First Suitable Day），如果即期交割日正好是月底，可按照"最后营业日规则"和"不跨越规则"计算交割日。

二、远期外汇交易的作用

1. 为进出口商和对外投资者防范汇率风险。出口商为了保证出口收款的安全，在货物成交后，即先把将要收到的远期外汇售出。等到实际收到外汇时，如果汇价发生变动，出口商不受影响。因为在远期外汇合同中，出口商已定下了外汇价格，出口商此时的义务只是在约定的交割日，将其获得的外汇按远期合同价格售给与他成交的远期业务银行。在进口商方面，为了避免汇率风险，他在签订进口合同后，可立即买进将来付款所需的远期外汇。待到期时，进口商可按约定的远期汇价，从银行那里买到约定的外汇，从而可按进口货价履行付款业务。这样，从买卖成交到进口付款这段期间内，也不受汇率变动的影响。在对外短期投资方面，为防止将来资金调回时汇率发生变动影响投资收益，可在对外投资兑换外币时，同时做一笔远期交易，固定资金回调的汇价，从而保证预期收益的实现。

2. 为外汇银行保持远期外汇头寸的平衡。当进出口商为避免汇率风险而同银行进行远期交易时，银行为了避免自身蒙受损失，也常进行远期交易。对不同期限不同货币的外汇，视其余缺情况，或抛出或补进，以保持远期外汇头寸的平衡。例如，银行在与客户的远期交易中共卖出远期美元 1 000 万美元，同时买进了 500 万同期的远期美元，为平衡远期头寸，防止远期交割的风险，该银行可再买进同期的远期美元 500 万，以资抵补。

3. 为外汇投机者获得远期外汇投机利润。在汇率波动频繁的情况下，远期外汇市场的存在，给外汇投机获利创造了一定的条件。外汇投机者可先以远期价预约卖出外汇，以待日后外币价格下跌时再行买入，这称为"空头"。这类投机者因为预测今后外汇汇价趋于下跌，故在外汇汇价相对较高时先行预约卖出，一旦日后外汇汇价果真下跌时再予以补进，这样可从中获利。不过，如果其后外汇汇价非降反升，则投机者将蒙受损失。由于这类投机者以预约形式进行交易，卖出当时自己手中实际并没有的外汇，故又称"卖空"。如果投机者先以低价预约买进外汇，以便日后汇价上升时卖出，则称"多头"。这类投机者因为预测日后汇率将趋于上涨，故在外汇汇率相对较低时先行买进，待日后汇率升高时再卖出，以从中牟利。他们中有不少仅仅是在到期日收付汇率涨落的差额，并不具有十足的交割资金，故一般又将其称为"买空"。

三、远期汇率的标价方法

在实际外汇交易中，银行远期汇率也采用双向报价方式。根据国际惯例通常有两种远期汇率报价方式：完整汇率报价方式和掉期率报价方式。

1. 完整汇率报价方式。又称全数报价法或直接报价方式，是指银行直接报出某种货币的远期买入价和卖出价。例如，某年某月某日，某银行报出美元兑港元的 3 个月远期汇率为：USD/HKD = 7.7970/80。这种报价方式的最大优点是一目了然，通常应用于银行对顾客的远期外汇报价。此外，在日本和瑞士银行同业间的远期交易也采用这一报价方式。

2. 掉期率报价方式。又称为点数汇率报价方式或远期差价报价方式，其报出远期汇率与即期汇率差异的点数。掉期率是指某一时点远期汇率与即期汇率的汇率差。银行间的远期汇率报价通常采用这种方式，采用掉期率报价方式的好处是简明扼要。

掉期率或远期差价有升水、贴水和平价三种。升水表示远期外汇比即期外汇贵，贴水表示远期外汇比即期外汇贱，平价表示两者相等。就两种货币而言，一种货币的升水必是另一种货币的贴水。

在实务中，银行报出掉期率时，通常并不标明升水还是贴水，因此如何判断相关货币是升水还是贴水就显得尤为重要。在外汇市场上，人们一般根据简单原则来做判断：明确即期汇率报价中的基准货币，远期汇水数字"前大后小，基准货币远期为贴水；前小后大，基准货币远期为升水"。在不同的汇率标价方法下，远期汇率的计算方法也不相同：在直接标价方法下，升水时，远期外汇汇率等于即期汇率加上升水数字，贴水时，远期外汇汇率等于即期汇率减去贴水数字；在间接标价方法下，升水时，远期外汇汇率等于即期汇率减去升水数字，贴水时，远期外汇汇率等于即期汇率加上贴水数字。

例如，某日纽约的银行报出的英镑买卖价为

即期汇率 GBP/USD = 1.6783/93

3 个月远期贴水 80/70

美元兑英镑采用直接标价法，根据上文给出的判断方法可知远期英镑是贴水的，因此我们可计算出英镑的远期汇率：3 个月买入价是 1.6783 − 0.0080 = 1.6703，3 个月的卖出价是 1.6793 − 0.0070 = 1.6723。

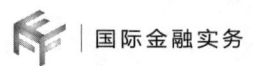

远期汇率与利率的关系极为密切，在其他条件不变的情况下，一种货币对另一种货币是升水还是贴水、升水或贴水的具体数字以及升水或贴水的年率，受两种货币之间的利息率水平与即期汇率的直接影响。这里不作重点阐述。

四、远期外汇交易的种类

根据交割日确定方法的不同，可把远期外汇交易分为定期交易和择期交易。

1. 定期交易。定期交易是交割日期固定的远期外汇交易。固定交割日，即交易双方成交时约定交割日期，一般是按成交日期加相应月数确定交割日。例如7月15日的一笔1个月期的外汇交易，其交割日固定为8月17日。但若遇交割日为交割银行休假日，则向后延至下一个营业日；但如果交割日是在月底且正好是交割银行的休假日，则交割日提前一天。

由于这类交易的交割日期是固定在某一时日或某一时点上，对于使用远期交易避险保值的进出口商来说，在签订进出口贸易合同时，他们无法知道付款或收款的确切日期，因而这种定期远期外汇交易就带有很大的局限性。

2. 择期交易（Optional Forward Transaction）。择期交易指买卖双方在订立合约时，事先确定了交易货币的种类、数量、汇率和期限，但客户可在这一期限内的任何日期买进或卖出一定数量的外汇。非固定交割日，即由交易的一方（通常为银行的客户）在约定的期限内任意选择一个营业日作为交割日。择期外汇交易又可分为部分择期和完全择期两种。

（1）部分择期是由买卖双方约定一交割期限，在这一期限内由客户任意选择一个营业日作为交割日。例如2月23日甲公司与乙银行达成一笔3个月期的择期外汇交易，约定5月份进行交割，那么甲公司可以在5月1日至5月25日的任一营业日内向乙银行提出交割。

（2）完全择期是指客户可以选择从双方成交后的第三个营业日起至远期合约的到期日止的任何一个营业日作为交割日。如果上例中甲公司与乙银行达成的是一项完全择期的远期交易，那么甲公司就可以在2月26日至5月25日的这段时间内选择任何一个营业日向乙银行提出交割。

择期外汇交易主要是为弥补固定交割日的远期外汇交易的局限性而产生的，因为做固定交割日的远期交易必须确切地知道收付外汇的具体日期，但事实上很多客户尤其是进出口商往往并不能确定付款或收款的确切日期。为适应这类交易者的需要，择期外汇交易应运而生。

五、远期外汇交易的应用

采用远期外汇交易的方式，可以在成交日将未来交割的汇率予以事先确定，因此，远期外汇交易可以被进出口商、外汇银行等用来进行套期保值或投机。

1. 保值性远期外汇交易。保值性远期外汇交易是指交易者在已知未来远期外汇头寸的情况下，利用远期外汇交易对未来的外汇头寸进行抛补，从而发挥保值的作用。

在浮动汇率制下，汇率经常会波动，而在国际贸易中进出口商从签订贸易合同到执行合同、收付货款通常需要经过一段相当长的时间，在此期间进出口商可能因汇率的变动遭受损失。因此，进出口商可以通过与外汇银行进行远期外汇交易进行保值。

对未来有外汇支出（空头）的进口商而言，可以通过与银行签订买入外汇的远期合约，即通过与银行交易制造远期外汇多头来对已知的外汇空头进行抛补，对未来外汇的本币计值支出进行保值。同样，对未来有外汇收入（多头）的出口商而言，可以通过与银行签订卖出外汇（制造空头）的远期合约，对未来外汇的本币计值收入进行保值，从而规避外汇风险。类似地，对持有净外汇债权或债务的资金借贷者而言，汇率的不利变动也会引起以本币计值收入的减少或成本的增加，因此，进行远期外汇交易也是一种可选择的规避外汇风险的方式。

【案例阅读】

2008 年 5 月初，国内出口商与美国某公司签订了一笔价值 100 万美元的出口合同，约定 1 个月后收款。由于预期人民币升值，该出口商将面临汇率风险。

（1）该出口商如何运用远期交易避险？

（2）即期汇率 1USD = CNY6.9860/7.0140，1 个月远期差价 80/55。该出口商成交价为多少？

（3）若 1 个月后汇率升到 6.9200，该出口商通过远期交易避免了多少损失？

解：

（1）出售 100 万 1 个月美元远期。

（2）成交价 1 美元 = 6.9860 - 0.0080 = 6.9780 元人民币。

（3）由于汇率跌至 6.9200，该出口商以远期结汇，避免损失 = 697.8 - 100 × 6.9200 = 5.8 元人民币。

同即期交易一样，外汇银行与客户进行远期交易后，难免会出现远期外汇的超买或超卖，因此，外汇银行就处于汇率变动的风险之中。为避免外汇风险，外汇银行对不同期限、不同货币头寸的盈缺要进行抛补，以求外汇头寸平衡。由此可见，客户与银行之间的远期外汇交易使外汇风险转移到了银行身上。如果银行不愿承担这种外汇风险，可将超卖部分的远期外汇买入，将超买部分的远期外汇卖出。

【案例阅读】

某日英镑对瑞士法郎的即期汇率为 GBP/CHF = 13.750/70，6 个月的远期汇率为 13.800/20，伦敦某银行存在外汇敞口，6 个月期的瑞士法郎超卖 200 万。如果 6 个月后瑞士法郎交割日的即期汇率为 GBP/CHF = 13.725/50，那么，该行听任外汇敞口存在，其盈亏状况怎样？

解：

该行按 6 个月后的即期汇率买进瑞士法郎，需支付：

$2\,000\,000 \div 13.750 = 1.4545 \times 10^5$（英镑）

银行履行 6 个月期的远期合约，将会获得：

$2\,000\,000 \div 13.800 = 1.4493 \times 10^5$（英镑）

因此，银行如果听任外汇敞口存在，将会亏损：

$1.4545 \times 10^5 - 1.4493 \times 10^5 = 520$（英镑）

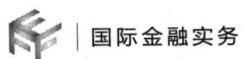

2. 投机性远期外汇交易。投机性远期外汇交易是指投机者基于预期而主动在远期创造外汇头寸以谋利。利用远期外汇交易进行投机有买空和卖空两种基本形式。

买空是指投机者在预期某种货币的未来即期汇率将会高于远期汇率的基础上所进行的单纯买入该种货币远期的交易。如果投机者预期准确，即交割日的即期汇率高于双方协定的远期汇率，投机者会获得买空收益。但是，如果预期不准确，投机者就会遭受损失。

【案例阅读】

假设某日东京外汇市场上美元/日元的 6 个月远期汇率为 106.00/10，某投机商预期6 个月后美元/日元的即期汇率将为 110.20/30。若预期准确，在不考虑其他费用的情况下，该投机商买入 6 个月的 1 000 000 美元，可获多少投机利润？

解：

投机商买入 6 个月的 1 000 000 美元，预期支付：

$1\,000\,000 \times 106.10 = 1.061 \times 10^8$（日元）

投机商半年后卖出 1 000 000 美元现汇可收进：

$1\,000\,000 \times 110.20 = 1.102 \times 10^8$（日元）

在不考虑其他费用的情况下，该投机商可获得 410 万日元的投机利润。

$1.061 \times 10^8 - 1.102 \times 10^8 = 4.10 \times 10^6$（日元）

卖空与买空是相对的，是指投机者在预期某种货币的未来即期汇率将会低于远期汇率的基础上所进行的单纯卖出该种货币远期的交易。如果投机者预期准确，即交割日的即期汇率低于双方协定的远期汇率，投机者会获得卖空收益。但是，如果预期不准确，投机者则会遭受损失。

【案例阅读】

某加拿大投机商预期 6 个月后美元对加元有可能大幅度下跌至 USD/CAD = 1.3570/90，当时美元 6 个月远期汇率为 USD/CAD = 1.3680/90。如果预期准确，不考虑其他费用，该投机商进行 300 万美元的远期卖空交易，可获得多少投机利润？

解：

6 个月后投机商按即期汇率买入 300 万美元，需支付：

$3 \times 10^6 \times 1.3590 = 4.077 \times 10^6$（加元）

6 个月后投机商履行远期合约卖出 300 万美元，可获得：

$3 \times 10^6 \times 1.3680 = 4.104 \times 10^6$（加元）

投机商通过卖空可获利：

$4.104 \times 10^6 - 4.077 \times 10^6 = 2.7 \times 10^4$（加元）

可见，同为保值而进行的远期外汇交易一样，投机性的远期外汇交易是否能获得投机收益，取决于未来的即期汇率与远期汇率的差距是否有利于交易方。对于某种远期货币的买入方来说，如果未来的即期汇率高于远期汇率，则避免了损失（带来投机收益）；反之，则有损失。而对于某种远期货币的卖出方来说，损益状况恰好相反：如果未来的即期汇率低于远期汇率，则避免了损失（带来投机收益）；反之，则有损失。对于同种货币远期外汇交易的买卖方来说，买方的收益（或损失）等于卖方的损失（或收益）。

【任务小结】

本任务通过 KVB 昆仑国际公司分析介绍了远期外汇交易。远期外汇交易是指交易双方在成交后并不立即办理交割，而是事先约定币种、金额、汇率、交割时间等交易条件，到期才进行实际交割的外汇交易。远期汇率的报价通常有直接报价和远期差价报价两种方式。远期外汇交易可以被用来进行套期保值或投机。

【思考题】

1. 什么是远期外汇交易？
2. 远期外汇交易可以应用在哪些方面？

【课后训练】

1. 某澳大利亚进口商从日本进口一批商品，日本厂商要求澳方在 3 个月内支付 10 亿日元的货款。该进口商就可能面临因为这种外币汇率的上涨所带来的损失。为避免这种损失，进口商可以应用远期外汇交易进行套期保值。

当时外汇市场的行情是：

即期汇率：1 澳元 = 100.00 ~ 100.12 日元

3 个月期远期汇水数：1.90 ~ 2.00

故 3 个月期远期汇率为：1 澳元 = 98.00 ~ 98.22 日元

如果该澳大利亚进口商在签订进口合同时预测 3 个月后日元对澳元的即期汇率将会升值到：

1 澳元 = 80.00 ~ 80.10 日元

问：

（1）若澳大利亚进口商不采取避免汇率风险的保值措施，现在就支付 10 亿日元，则需要多少澳元？

（2）若现在不采取保值措施，而是延迟到 3 个月后支付 10 亿日元，则到时需要支付多少澳元？

（3）若该澳大利亚进口商现在采取套期保值措施，应该如何进行？3 个月后他实际支付多少澳元？

2. 9 月 1 日，李先生手中持有一笔美元，他计划在 3 个月后将部分美元换成欧元，由于预期欧元会升值，为了规避欧元升值带来的风险，李先生决定买进 12 月份远期欧元 10 000 元，汇率是欧元兑美元 1:1.26，而 9 月 1 日的即期汇率是欧元兑美元 1:1.25。到了 12 月 1 日，即期汇率欧元兑美元升为 1:1.26，而 12 月份的欧元合约汇率为 1:1.27。问：李先生这笔业务是怎么做的？最后的结果是怎样的？

【知识链接】

"做多"和"做空"的含义

当预测某种外汇汇率将要下跌时，采用"先卖后买"的方法，先用现价卖出一定数

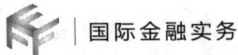
额该种外汇，过一段时间，外汇汇率下跌了，及时补进相同数额的该种外汇，赢得其中的差价，这种高价卖出、低价买进的交易活动，称为"做空"，也称"卖空"；当预测某种外汇汇率将要上升时，采用"先买后卖"的方法，先用现价买进一定数额的该种外汇，过一段时间，外汇汇率果然上升了，及时抛出相同数额的该种外汇，赢得其中的差价，这种低价买进、高价卖出的交易活动，称为"做多"，也称"买空"。

资料来源：百度百科，http：//baike. baidu. com/item/做多？fr = aladdin；http：//baike. baidu. com/link？url = CsBIJowaQ0XyExKJYSWZByjqY1fvwoTFbJKIxSPg8INvBNJ – fkHfP – tTxP3pwJs0fwdz70niS3GZKcjF4sD8e3wGLQNypZ2VcBF9uPFBEUG。

【专业词汇】

远期差额 Forward Margin　　远期汇率 Forward Rate　　升水 Premium　　贴水 Discount
平价 at Par　　大数 Big Figure Quote　　头寸 Position　　做多 Going – Long
做空 Short Sale　　买空 Short Purchase　　卖空 Short Selling

任务 2 – 3　　掉期交易

【案例引入】

KVB 昆仑国际公司当前收到 500 万美元，该公司需将钱款兑换为新西兰元用于国内支出，同时将于 1 个月后支付 500 万美元。为了达到固定换汇成本和规避汇率风险的目的，经理要求业务员王亮与花旗银行进行卖出 500 万美元的即期/1 个月远期的掉期交易。

【学习任务】

一、掉期交易的概念

掉期交易（Swap Transaction）是指买入某日交割的甲种货币，卖出乙种货币的同时，卖出在另一交割日金额相等的甲种货币，买入乙种货币的外汇交易。也就是说，掉期交易就是两笔货币金额相等、方向相反、期限不同的外汇交易。

掉期交易主要用于套期保值，规避外汇风险。掉期交易也可用于货币转换，即从甲货币转换为乙货币，然后从套期保值的角度出发，再从乙货币转换回到甲货币，从而满足客户对不同货币资金的需求。掉期交易与一般套期保值的不同之处主要有以下几点：

1. 掉期交易改变的不是交易者手中持有的外汇数额，只是交易者所持货币的期限。
2. 掉期交易中强调买入和卖出的同时性。
3. 掉期交易绝大部分是针对同一对手进行的。

进行掉期交易的主要目的是轧平各货币因到期日不同而造成的资金缺口，所以掉期交易是资金调度的工具。

二、掉期交易的类型

根据交割日的不同，掉期交易分为三种类型。

1. 即期对远期的掉期交易。这是最常见的掉期交易，等同于在即期卖出甲货币、买进乙货币的同时，反方向地买进远期甲货币、卖出远期乙货币的外汇买卖交易，如上例。即期对远期的掉期交易还可细分为两大类型：即期对一周，即自即期交割日算起，为期一周的掉期交易；即期对数月，即自即期交割日算起，为期 1 个月、2 个月、3 个月或 6 个月等整数月的掉期交易。

【案例阅读】

一家瑞士投资公司需用 10 000 000 美元投资美国 91 天的国库券。为避免 3 个月后美元汇率下跌的风险，公司做了一笔掉期交易，即在买进 10 000 000 美元现汇的同时，卖出 10 000 000 美元 3 个月期汇。假设成交时美元/瑞士法郎即期汇率为 1.2890，3 个月的远期汇率为 1.2860。若 3 个月后美元/瑞士法郎的即期汇率为 1.2750。比较该公司做掉期交易与不做掉期交易的风险情况（不考虑其他费用）。

解：（1）公司做掉期交易的风险情况：

买 10 000 000 美元现汇，需支付：

$10\ 000\ 000 \times 1.2890 = 1.289 \times 10^7$（瑞士法郎）

同时卖 10 000 000 美元 3 个月期汇，将收进：

$10\ 000\ 000 \times 1.2860 = 1.286 \times 10^7$（瑞士法郎）

掉期成本：

$1.286 \times 10^7 - 1.289 \times 10^7 = -30\ 000$（瑞士法郎）

（2）公司不做掉期交易的风险情况：

3 个月后在现汇市场上出售 10 000 000 美元收进：

$10\ 000\ 000 \times 1.2750 = 1.275 \times 10^7$（瑞士法郎）

损失金额：

$1.275 \times 10^7 - 1.289 \times 10^7 = -140\ 000$（瑞士法郎）

所以，该公司做掉期交易后可将 10 000 000 美元的外汇风险锁定在 30 000 瑞士法郎的掉期损失上；而不做掉期交易，公司将遭受 140 000 瑞士法郎的损失。

2. 即期对即期的掉期交易。这是指由当日交割或隔日交割和标准即期外汇交易组成的掉期交易。这种掉期交易一般用于银行同业的资金拆借。

3. 远期对远期的掉期交易。其是指同时买进并卖出两笔同种货币不同交割期限的远期外汇。一种方法是买进较短交割期限的期汇（如 1 个月），卖出较长交割期限的期汇（如 3 个月）；另一种方法正好相反，买进期限较长的期汇，而卖出期限较短的期汇。例如，某银行在卖出 200 万 1 个月远期欧元的同时买进 3 个月远期欧元，这一交易就是远期对远期的掉期交易。远期对远期的掉期交易可以使银行及时利用较为有利的机会，从汇率变动中获利，因而越来越受重视。

三、掉期交易的作用

由于掉期交易是运用不同的交割期限来进行的，故而可以避免因时间不同所造成的汇率变动的风险，对促进国际贸易与国际投资的发展具有积极的作用。具体表现在以下方面。

1. 有利于进出口商进行保值。进出口商在对外贸易活动中，经常会同时存在大笔的应收外汇账款和应付外汇账款，而且可能出现应收外汇账款和应付外汇账款币种相同、金额相等的情况，只是收付时间不同。如果分别采用卖出远期外汇（针对应收外汇账款）和买进远期外汇（针对应付外汇账款）的做法，当然也可以达到规避汇率风险的目的，但是在价格上相对有些不利，因为进出口商卖外汇要用报价行的买价、买外汇要用报价行的卖价，相当于有两次损失。如果采用掉期交易来对币种相同、金额相等、只是收付时间不同的两笔外汇账款进行保值，那就等于是做了一笔交易，价格上有损失也只是一次性的。所以进出口商采用掉期交易来对进出口货款保值要比分开用两笔远期交易来做保值更有利。

2. 有利于规避对外投资的汇率风险。掉期交易可以使投资者将闲置的货币转换为所需要的货币，并得以运用，从中获取利益。现实中，许多公司和银行及其他金融机构就利用这项新的投资工具，进行短期的对外投资。在进行这种短期对外投资时，它们必须将本币兑换为另一国的货币，然后调往投资国或地区，但在资金回收时，有可能发生外币汇率下跌使投资者蒙受损失的情况。利用掉期交易可在买进投资国货币现汇的同时，锁定将来出售投资货币时的汇率风险。

3. 有利于银行消除远期外汇交易风险。外汇掉期交易可使银行消除与客户进行单独远期交易所承受的汇率风险，平衡银行外汇头寸，使银行资产结构合理化。例如，甲银行在买进客户6个月的100万远期美元后，为避免风险，轧平头寸，必须再卖出等量的且交割日期相同的远期美元。但在银行同业市场上，直接出售单独的远期外汇比较困难。因此，银行可采用这样一种做法：先在即期市场上出售100万即期美元，然后再做一笔即期对远期的掉期交易，即买进100万即期美元，同时卖出6个月的100万远期美元。结果，即期美元一买一卖相互抵消，银行实际上只卖出了一笔6个月期的100万远期美元，轧平了与客户交易出现的100万远期美元多头。

【任务小结】

本任务通过 KVB 昆仑国际公司介绍了掉期交易。掉期交易是指买入某日交割的甲种货币，卖出乙种货币的同时，卖出在另一交割日金额相等的甲种货币，买入乙种货币的外汇交易。根据交割日的不同，掉期交易分为三种类型。

【思考题】

1. 什么是外汇掉期交易？它有什么特点？
2. 外汇掉期交易具有哪些作用？

【课后训练】

1. 美国某公司在3个月后应向外支付100万英镑，同时，在一个月后将收到另一笔100万英镑收入，此时，市场的汇率为：£1 = $1.4270 - 1.4300，一个月远期汇率为：£1 = $1.4250 - 1.4270。3个月远期汇率为：£1 = $1.4240 - 1.4220，该公司如何进行掉期交易？试计算结果。

2. 一家瑞士投资公司需用 10 000 000 美元投资美国 91 天的国库券。为避免 3 个月后美元汇率下跌的风险，公司做了一笔掉期交易，即在买进 10 000 000 美元现汇的同时，卖出 10 000 000 美元 3 个月期汇。假设成交时美元/瑞士法郎即期汇率为 1. 2890。3 个月的远期汇率为 1. 2860。若 3 个月后美元/瑞士法郎的即期汇率为 1. 2750，比较该公司做掉期交易与不做掉期交易的风险情况（不考虑其他费用）。

【知识链接】

掉期交易与一般套期保值有何不同？

掉期交易与一般套期保值的不同之处是：（1）掉期交易改变的不是交易者手中持有的外汇数额，而只是交易者持有货币的期限；（2）掉期交易中强调买入和卖出的同时性，并且大部分是针对同一对手进行的。

资料来源：百度文库。

【专业词汇】

掉期 Swap　轧平 Square　套期保值 Hedging

任务 2 – 4　套汇交易

【案例引入】

当前在伦敦外汇市场上，英镑对美元的即期汇率为：£ 1 = $ 1.98 或 $ 1 = £ 0.505；而在纽约外汇市场上，英镑与美元的即期汇率为：£ 1 = $ 2.00 或 $ 1 = £ 0.5，经理要求交易员王亮进行套汇交易操作。

【学习任务】

一、套汇交易的概念

套汇交易（Arbitrage Transaction）是指投机者在同一时间、不同地点，两种相同货币汇率出现差异时，以低价买入某种货币的同时，再以高价卖出该种货币，即采用贱买贵卖的方式，以谋取利润的一种外汇交易。套汇交易具有很大的投机性。利用不同外汇市场上的汇率差异而进行的外汇买卖称为地点套汇；利用不同交割时间上的汇率差异而进行的外汇买卖称为时间套汇，就是我们前述研究过的掉期交易。

在各个不同的外汇市场上，在信息交流不充分的条件下，不同货币的汇率可能会因外汇供求或其他关系的变动，出现不一致的情况。在这种情况下，套汇者利用贱买贵卖的方式，大量套汇，就可获取丰厚的利润。套汇的结果是汇率低的市场供不应求，原本较低的货币汇率上涨，汇率高的市场供过于求，原本较高的货币汇率下降，从而使不同外汇市场的汇率差异很快消失。现在各外汇市场大都采用互联网技术，由于信息传递的速度相当快，各地同一种货币汇率的差异越来越小，而且汇率差异持续的时间越来越短，因此，套汇者很难捕捉到获取丰厚利润的时机。西方的大商业银行往往是最大的套汇投机者。

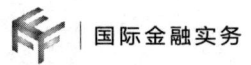

二、套汇交易必须具备的条件

1. 在世界上不同外汇市场、同一种货币汇率出现差异。

2. 套汇者具备一定数量的资金，而且在主要外汇市场拥有分支机构或代理行。

3. 套汇者具备一定的技术或经验，能够在千变万化的市场风向中迅速作出判断，果断操作。

三、套汇交易的种类

1. 直接套汇。直接套汇（Direct Arbitrage），即利用某种货币在两个不同地点的外汇市场上所存在的汇率差异进行低买高卖，从中赚取差价收益。直接套汇又称为两地套汇（Two – Point Arbitrage），这是最简单的一种套汇形式。

【案例阅读】

某天，香港一位银行交易员发现在同一时间，香港和纽约外汇市场美元对港元的汇率有差异：香港外汇市场的汇率为 USD/HKD = 7.8079/86，纽约外汇市场的汇率为 USD/HKD = 7.8023/33。如果套汇者迅速借入 100 万美元套汇，在香港市场上兑换港元，然后在纽约市场再兑换为美元，他可以获得多少收益？

提示：针对这种套汇题，首先应观察两个市场是何种标价方法，找出不同外汇市场上的买入价和卖出价；其次要观察同一种买入价和卖出价有无差异，如有就可以抓住机会套汇。

解：在香港市场，100 万美元可兑换：

1 000 000 × 7.8079 = 7 807 900（港元）

在纽约市场，用 7 807 900 港元可兑换：

7 807 900 ÷ 7.8033 = 1 000 589.5（美元）

因此，该套汇者可获利：

1 000 589.5 − 1 000 000 = 589.5（美元）

2. 间接套汇。间接套汇（Indirect Arbitrage），就是利用三个或三个以上不同地点的外汇市场来进行的套汇。常见的是三地套汇（Three – Point Arbitrage），这是一种较为复杂的套汇形式。

【任务小结】

本任务通过 KVB 昆仑国际公司介绍了套汇交易。套汇交易是指投机者在同一时间、不同地点，两种相同货币汇率出现差异时，以低价买入某种货币的同时，再以高价卖出该种货币，以谋取利润的一种外汇交易。本业务还介绍了套汇交易的分类。

【思考题】

1. 什么是套汇交易？三角套汇交易的程序是什么？

2. 套汇交易需具备哪些条件？

【课后训练】

1. 在伦敦市场上，汇率为£1＝$1.5280，同时在纽约市场上汇率为£1＝$1.5283，请进行套汇并计算收益率。

2. 纽约外汇市场 USD1＝JPY128.40/50，东京外汇市场 USD1＝JPY128.70/90

（1）此两地是否存在套汇机会，为什么？

（2）若你手上有100万美元，如何套汇获利？

【知识链接】

如何实现套汇交易增值

套汇交易会在不同程度上受到汇率波动的影响。因为套汇本身就是利用汇率波动来获取利润或者防范由于汇率波动而造成损失的风险。在国际金融市场上，汇率易受到国际经济、政治、军事等各种因素的影响。因而在国际市场上套汇必须要及时掌握和分析国际间的政治、经济信息，作出决断，把握时机，迅速达成交易。这对减少外汇风险，保持外汇增值有着重要的作用。

进行国际市场套汇虽然会给经营者带来可观的利润，但是如果所获得的金融信息不准，或是没有做出正确的判断，贸然进行交易，也会造成极大的损失。如英国的世界老牌银行巴林银行就是因为外汇交易失误而倒闭的。正如一位英国金融评论家所言：只有按照有关的买卖规则办事，套汇交易才是安全和有利可图的。

企业通过金融机构进行国际市场套汇交易，必须慎重而稳妥地选择好进行套汇的货币。如果从风险防范上看，在长期持有的情况下，应该选择国际硬货币作为其基本持有货币。一般来说，在取得收益时应将其转为硬货币保存，而在对外借债时则应选择软货币。我国的外汇储备和兑换以往一直是以美元为主要货币，各类企业的出口价格基本上是以美元为单位，获取外汇基本上也是美元。从近几年世界经济及国际金融市场的发展变化来看，企业有必要将所持有的美元按一定的比例将其中一部分套汇成其他的硬货币，在防范贬值中增值。尤其是原材料需从海外进口的企业，为保持生产的稳定，企业应通过套汇、掉期来持有一定数量的进口材料国的货币以免在汇率变化时造成损失。总之企业应多了解国际金融信息和西方一些主要国家的经济状况、货币汇率的发展趋势和银行利率的变化等，通过金融机构来套汇相应的币种，从而保持自有外汇的价位和增值。

资料来源：胡天琳.如何实现套汇交易增值［N］.国际经贸消息，2000－11－10（2），中国知网.

【专业词汇】

套汇　Arbitrage　直接套汇　Direct Arbitrage　两地套汇　Two－Point Arbitrage
间接套汇　Indirect Arbitrage　三地套汇　Three－Point Arbitrage

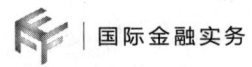
任务 2-5　套利交易

【案例引入】

KVB 昆仑国际公司拥有 100 万美元的资产，如果美国存款的年利率为 2%，同一时期英国存款的年利率为 5%。交易员王亮应该如何操作？

【学习任务】

套利交易（Interest Arbitrage Transaction）又称利息套利，是指两个不同国家的金融市场短期利率高低不同时，投资者将资金从利率低的国家调往利率高的国家，以赚取利差收益的外汇交易。根据是否对套利交易所涉及的汇率风险进行抛补，可把套利分为不抛补套利和抛补套利。

1. 不抛补套利。不抛补套利又称不抵补套利（Uncovered Interest Arbitrage），是指资金持有者把资金从利率低的国家或地区调往利率高的国家或地区，并不进行反向交易轧平头寸的一种赚取利差的活动。这种套利活动适用于汇率比较稳定的情况。

【案例阅读】

假设某日伦敦市场，英镑对美元的汇率为 GBP1 = USD2，一个英国投资者用 100 万英镑按上述两国的利率进行套利，假定 1 年后汇率并未发生变化，该英国投资者将获得多少毛利（分别计算在英国和美国的投资获利情况，然后再进行比较。该年美国货币市场上 1 年定期存款利率为 12%，英国货币市场上 1 年定期存款利率为 8%）？

解：

如果在英国进行投资，则可获利：

100 万 × 8% = 8 万（英镑）

如果在美国投资，投资者需先按即期汇率把英镑兑换成美元，其获利为：

100 万 × 2 × 12% = 24 万（美元）

1 年后汇率没有发生变化，该英国投资者将多获利：

24 万 ÷ 2 - 8 万 = 4 万（英镑）

2. 抛补套利。抛补套利又称抵补套利（Covered Interest Arbitrage），是指把资金从利率低的国家或地区调往利率高的国家或地区进行投资的同时，为规避汇率风险，在外汇市场上卖出远期利率高货币，进行套期保值的一种活动。

【案例阅读】

假设伦敦市场利率为 10%，纽约市场利率为 13%，纽约市场上英镑即期汇率为 1 美元 = 0.5510/20 英镑，6 个月期英镑升水 30/25。问：英国商人将 1 万英镑用于两国间抛补套利最后是否能获利？

解：

英国商人将 1 万英镑存入本国的本利和：

10 000 英镑 × （1 + 10% × 6/12）= 10 500（英镑）

英镑转化为美元存入美国市场的本利和：

10 000/0.5520 × （1 + 13% × 6/12）= 19 293.48 （美元）

美元存款到期本利和转化为英镑：

19 293.48 × （0.5510 – 0.0030）= 10 572.83 （英镑）

投资者的利润：

10 572.83 – 10 000 = 572.83 （英镑）

【任务小结】

本任务通过 KVB 昆仑国际公司介绍了套利交易。套利交易是指两个不同国家的金融市场短期利率高低不同时，投资者将资金从利率低的国家调往利率高的国家，以赚取利差收益的外汇交易。本任务还介绍了套利交易的分类。

【思考题】

什么是套利交易？套利交易有哪两种交易类型？

【课后训练】

1. 假定某时期，美国金融市场上 6 个月定期存款利率为 5%，而英国同期存款利率为 3%，外汇行市如下：即期汇率：£ 1 = $ 1.4250 – 1.4260，6 个月远期汇率为 £ 1 = $ 1.4270 – 1.4300，试用 10 万英镑套利并计算结果。

2. 在某一时期，美国 3 个月存款利率为 12%，英国 3 个月存款利率为 6%，假定当前汇率为 £ 1 = $ 1.6530/50，3 个月远期差额为 40/60，假如你手上有 100 万英镑，请问：

（1）是否存在抵补套利机会？

（2）如存在，请计算套利净收益。

【知识链接】

外汇期货套利经验法则

1. 跨市场：（1）两个市场都进入牛市，A 市场的涨幅高于 B 市场，则在 A 市场买入，在 B 市场卖出；（2）两个市场都进入牛市，A 市场的涨幅低于 B 市场，则在 A 市场卖出，在 B 市场买入；（3）两个市场都进入熊市，A 市场的跌幅高于 B 市场，则在 A 市场卖出，在 B 市场买入；（4）两个市场都进入熊市，A 市场的跌幅低于 B 市场，则在 A 市场买入，在 B 市场卖出。

2. 跨币种：（1）预期 A 货币对美元贬值，B 货币对美元升值，则卖出 A 货币期货合约，买入 B 货币期货合约；（2）预期 A 货币对美元升值，B 货币对美元贬值，则买入 A 货币期货合约，卖出 B 货币期货合约；（3）预期 A、B 两种货币都对美元贬值，但 A 货币的贬值速度比 B 货币快，则卖出 A 货币期货合约，买入 B 货币期货合约；（4）预期 A、B 两种货币都对美元升值，但 A 货币的升值速度比 B 货币快，则买入 A 货币期货合约，卖出 B 货币期货合约；（5）预期 A 货币对美元汇率不变，B 货币对美元升值，则卖出 A 货币期货合约，买入 B 货币期货合约；若 B 货币对美元贬值，则相反；（6）预期 B 货币对美元汇率不变，A 货币对美元贬值，则买入 A 货币期货合约，卖出 B 货币期货合约，若 A 货币对美元贬值，则相反。

3. 跨月份：（1）如果较远月份的合约价格升水，并且两国利率差将下降，则买入较近月份的期货合约，卖出较远月份的期货合约；（2）如果较远月份的合约价格升水，并且两国利率差将上升，则买入较远月份的期货合约，卖出较近月份的期货合约；（3）如果较远月份的合约价格贴水，并且两国利率差将下降，则买入较远月份的期货合约，卖出较近月份的期货合约；（4）如果较远月份的合约价格贴水，并且两国利率差将上升，则买入较近月份的期货合约，卖出较远月份的期货合约。

资料来源：百度文库，https：//wenku. baidu. com/view/5fbdedf6d15abe23482f4d6e. html？from = search。

【专业词汇】

套利交易　Interest Arbitrage Transaction　不抵补套利　Uncovered Interest Arbitrage
抵补套利　Covered Interest Arbitrage　牛市　Bull Market　熊市　Bear Market

任务 2 - 6　外汇期货交易

【案例引入】

3 个月后 KVB 昆仑国际公司将收到 625 000 英镑。为防止 3 个月后英镑贬值，经理要求业务员王亮利用 GBP 期货交易进行套期保值，即卖出 10 份英镑期货合约。

【学习任务】

一、外汇期货交易

期货是指买卖双方约定在未来某个特定日期购买或出售的实物商品或金融凭证，故也称契约买卖。一般来说，凡是在数量、品质上能够标准化的商品，如谷物、橡胶、金属等都可成为期货商品，而难以标准化的商品，如服装、食品等，一般不能成为期货商品。

根据契约标准的不同，可把期货分为一般的商品期货和金融期货，而金融期货又包括黄金期货、股票期货、利率期货以及外汇期货等。外汇期货交易（Foreign Exchange Futures Transaction）是在 20 世纪 70 年代中期由于浮动汇率制的出现，由传统的商品期货交易发展起来的一种新型的金融期货业务。外汇期货交易是指在固定的期货交易所，交易双方通过公开竞价的方式买卖期货合约的一种外汇业务活动。

二、外汇期货交易的特点

外汇期货交易是由远期外汇交易业务引申出来的，它们都是以事先约定的汇率，在未来某一特定日期进行交割的外汇业务，其交易目的都是外汇保值或投机。但是，外汇期货交易又不同于远期外汇交易，它自身具有许多特点，主要表现在以下几个方面。

1. 期货合同是标准化合同。外汇期货交易所买卖的对象并不是外汇本身，而是期货合同。对于能够进行期货交易的每种货币而言，其合同除价格外，其他如合同金额、交割月份、交割日期等都具有统一的规定。例如，在芝加哥国际货币市场上，英镑的期货合同交易单位为2.5万英镑；期货交易的总额是标准合同额的倍数；交割日期为1、3、4、6、7、9、12月的第三个星期三。因此，期货合同是标准化合同。而远期外汇交易一般对交易数量、交割期限等无统一规定，买卖双方可自由议定。

2. 保证金制。凡在交易所进行期货交易的客户，都必须缴纳规定比例的保证金，一般为合约金额的5%～15%，由期货清算所掌握。而所有的期货合同都是与清算所之间的交易，因此，客户不必担心交易的另一方违约。而远期外汇交易一般不收保证金，买卖双方交易时完全根据双方的信用进行，因而风险也大大增加。

3. 清算所制。期货交易都有固定的交易场所，交易所都设有清算所，外汇期货交易每天由清算所结算盈亏，获利可以提走，而亏损超过最低保证金时，应及时通知交易人补充或退出交易。而远期外汇交易可以在任何地点发生，通过电话或电传即可完成。

4. 日内限价制。外汇期货交易是在交易所内公开喊价，以竞价的方式成交。为避免由于人为因素导致短期内期货价格暴涨暴跌，出现市场失控，交易所对期货交易的外币都规定当日的价格波动的最低限额和最高限额，只要价格达到限额，交易即告终止。而远期外汇交易是以双方协商的价格交易，一般无限额规定。

5. 外汇期货合同以对冲为主。外汇期货合同最后进行了实际交割的只占合同总数的1%～3%，其余绝大部分期货合同都是在合同到期之前通过买卖相反的合同予以冲销，只需交割价格涨落差。如果在到期日前没有相反的合同冲销，则称为未结清权益，到期才需以合同的数量实际交割，但这部分所占比重极小。而远期外汇交易往往只能在合同规定的日期按合同数量进行实物交割，很少能予以冲销。

三、外汇期货交易的基本操作原理

外汇期货交易的参加者主要有套期保值者和投机者。

1. 套期保值者的基本操作原理。当套期保值者将要发生预期的货币收付时，为了避免收付货币汇率变动造成损失，他们预先买入或卖出该货币期货，等到将来实际收付时，再进行一笔同数量同交割期的反向期货买卖，冲销原来的期货合同，即如开始为买进（或卖出），则到期之前卖出（或买进），从而赚取期货交易的好处，利用期货交易的盈利来补偿或抵消现货交易中因价格变动而带来的损失，从而起到保值作用。套期保值可分为买入套期保值和卖出套期保值。

（1）买入套期保值。买入套期保值也称多头套期保值，是指先买入期货合约，再卖出对冲。

（2）卖出套期保值。卖出套期保值也称空头套期保值，是指先卖出期货合约，再买入对冲。

【案例阅读】

某年3月1日，美国A公司向瑞士出口一批货物，总价值为1 000 000瑞士法郎，双方商定以瑞士法郎结算，3个月后收回货款。A公司为避免因瑞士法郎价格下跌而遭受汇兑损失，决定利用外汇期货市场进行套期保值。A公司委托其外汇期货经纪人在外

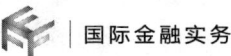

汇期货市场卖出 8 份 6 月瑞士法郎期货合约，期货价格为 0.7830 美元/瑞士法郎（注：每份合约的交易单位都是 125 000 瑞士法郎）。假定 3 月 1 日和 6 月 1 日美元兑瑞士法郎的即期汇率分别为 USD1 = CHF1.2740/50，USD1 = CHF1.2860/70，而 6 月 1 日瑞士法郎 6 月期货合约价格为 0.7800 美元/瑞士法郎。

分析：

判断该美国出口商是否能利用这一期货合约避免汇率下跌带来的损失，我们需要对交易过程进行分析，见表 2-1。

表 2-1　　　　　　　　　　　现货市场与期货市场分析（一）

时间	现货市场	期货市场
3 月 1 日	卖出货物总价 1 000 000 瑞士法郎 现汇汇率 0.7843 美元/瑞士法郎 总价值 = 1 000 000 × 0.7843 = 784 300（美元）	卖出 8 份 6 月瑞士法郎期货合约 期货价格 0.7830 美元/瑞士法郎 总价值 = 8 × 125 000 × 0.7830 = 783 000（美元）
6 月 1 日	收到货款总价 1 000 000 瑞士法郎 现汇汇率 0.7770 美元/瑞士法郎 总价值 = 1 000 000 × 0.7770 = 777 000（美元）	买入 8 份 6 月瑞士法郎期货合约 期货价格 0.7800 美元/瑞士法郎 总价值 = 8 × 125 000 × 0.7800 = 780 000（美元）
盈亏情况	损失 7 300 美元	盈利 3 000 美元

交易的结果为：

净损失 = 7 300 - 3 000 = 4 300（美元）

通过上述交易过程我们可知，该出口商在现货市场交易中损失 7 300 美元，但在期货交易中盈利 3 000 美元，使其总损失降低为 4 300 美元，期货市场的盈利部分有效地弥补了现货市场的损失，达到了套期保值的目的。

相反，如果 3 个月后瑞士法郎的汇率不降反升，情形又会怎样呢？假定 3 个月后的现汇汇率是 USD1 = 1.2670/80，期货价格是 0.7860 美元/瑞士法郎，运算过程如表 2-2 所示。

表 2-2　　　　　　　　　　　现货市场与期货市场分析（二）

时间	现货市场	期货市场
3 月 1 日	卖出货物总价 1 000 000 瑞士法郎 现汇汇率 0.7843 美元/瑞士法郎 总价值 = 1 000 000 × 0.7843 = 784 300（美元）	卖出 8 份 6 月瑞士法郎期货合约 期货价格 0.7830 美元/瑞士法郎 总价值 = 8 × 125 000 × 0.7830 = 783 000（美元）
6 月 1 日	收到货款总价 1 000 000 瑞士法郎 现汇汇率 0.7886 美元/瑞士法郎 总价值 = 1 000 000 × 0.7886 = 788 600（美元）	买入 8 份 6 月瑞士法郎期货合约 期货价格 0.7860 美元/瑞士法郎 总价值 = 8 × 125 000 × 0.7860 = 786 000（美元）
盈亏情况	盈利 4 300 美元	损失 3 000 美元

交易的结果为：

净收益 = 4 300 - 3 000 = 1 300（美元）

通过计算我们可以看出，由于瑞士法郎价格的上升使得该美国出口商在现货交易中获利 4 300 美元，而在期货交易中损失 3 000 美元。因此，套期保值虽然可以规避汇率波动带来的风险，但同时也可能会抵消潜在的收益。

2. 投机者的基本操作原理。由于在期货市场上，只需缴纳少量的保证金和佣金即可参与外汇期货交易，因此，期货市场为投机者利用少量资金进行大规模的投机活动提供了可能。

在外汇期货市场上，投机者现在没有，将来也不一定有交易合同的货币数量，他们仅是为了获取投机利润而对汇率变动进行短期或长期的预测后，朝着对自己有利的方向进行投机交易。因此，当他们预测某种货币汇率将会下跌时，先卖出该种货币期货而"做空"，等到该货币汇率下跌，新的期货价格也下滑时，就买入同数量、同交割期的新的期货，平仓获利；同理，如果预测某种货币汇率将上涨就买入该货币期货而"做多"，等到该货币汇率上涨，新的期货价格也上扬时，就卖出同数量、同交割期的新的期货，平仓获利。

【案例阅读】

某投机者预期 3 月期日元期货价格呈上涨趋势，于是 1 月 10 日在 IMM 市场买进 20 份 3 月期日元期货合约（每张日元期货面额为 12 500 000 日元），当天的期货价格为 JPY1 = 0.008333USD，USD1 = 120JPY。到 3 月 1 日，上述日元期货的价格果然上涨，价格为 JPY1 = 0.008475USD，USD1 = 118JPY，该投机者悉数卖出手中日元期货合约获利了结。请计算该投机者的投机损益情况（不考虑投机成本）。

解：

1 月 10 日购入时 20 份合约的总价值为

$0.008333 \times 12\ 500\ 000 \times 20 = 2\ 083\ 250$（美元）

3 月 1 日售出时 20 份合约的总价值为

$0.008475 \times 12\ 500\ 000 \times 20 = 2\ 118\ 750$（美元）

该投机者可获取的投机利润为

$2\ 118\ 750 - 2\ 083\ 250 = 35\ 500$（美元）

当然，如果投机者预测错误，即日元期货不涨反跌，投机者就要承担风险损失。

【任务小结】

本任务通过 KVB 昆仑国际公司介绍了外汇期货交易。外汇期货交易是指买卖双方成交后，按规定在合同约定的到期日内按约定的汇率进行交割的外汇交割方式，买卖双方在期货交易所以公开喊价方式成交后，承诺在未来某一特定日期，以当前所约定的价格交付某种特定标准数量的外币，即买卖双方以约定的数量、价格和交割日签订的一种合约。本任务还介绍了外汇期货交易的基本操作原理。

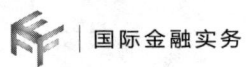
【思考题】

    1. 什么是外汇期货交易？举例说明外汇期货交易如何进行套期保值和投机。

    2. 简述外汇期货交易与外汇远期交易的异同。

【课后训练】

    一名美国商人从加拿大进口农产品，约定 3 个月后支付 1 000 万 CAD，为了防止 CAD 升值带来的不利影响，他进行了期货套期保值。已知 3 月 1 日汇率为 1USD = 1.3560CAD，9 月份到期的期货价格为 1USD = 1.3450CAD。如果 6 月 1 日的汇率为 1USD = 1.3500CAD，该期货价格为 1USD = 1.3370CAD，该美国商人该如何利用外汇期货交易进行保值，其盈亏情况如何？

【知识链接】

俄罗斯的外汇期货市场的功能

    一是外汇期货降低了俄罗斯宏观经济风险，促进了外贸稳定。在以美元与欧元为主的结算货币结构下，为了降低经济同时面临的欧元与美元汇率风险，2005 年 2 月俄罗斯启动了盯住美元与欧元构成的一篮子货币的汇率体制。俄罗斯各交易所推出多种外汇期货合约，满足了俄罗斯独特的外汇风险管理需求。由上述因素驱动，俄罗斯经济不仅对欧元与美元的兑换需求强烈，而且产生了一定的欧元兑美元汇率风险。在此情况下，俄罗斯外汇期货市场引入欧元对美元期货恰好能够迎合投资者这种特殊的外汇风险管理需求。

    二是俄罗斯场外外汇衍生品市场发展不足，使得外汇期货成为俄罗斯实体经济外汇风险管理的重要渠道。俄罗斯场外市场发展滞后，促使经济体更多地借助交易所产品实现风险对冲。虽然场外外汇衍生品规模领先，但是实体企业的参与度不高。突出的外汇风险暴露以及落后的场外外汇衍生品市场发展水平，促使外汇期货市场成为实体经济规避外汇风险不可或缺的渠道。

    三是卢布危机时外汇期货市场成为重要的风险缓冲器。卢布危机中，外汇远期市场的价差大幅增加，交易成本增长 13 倍，诸多外汇现货交易平台关闭卢布交易，而莫斯科交易所的卢布外汇期货市场有效地发挥了套期保值功能，在卢布汇率巨幅波动之际为市场参与者提供了重要的风险对冲渠道。并且，危机之中的外汇期货市场没有成为卢布贬值压力的来源，反而由于买盘卖盘相对平衡，流动性充足，一定程度上稳定了卢布汇率。

    资料来源：http://www.cffex.com.cn/fw/tzzfw/jryspxy/whqh/whqhjczs/201506/t20150611_19077.html。

【专业词汇】

    衍生工具 Derivative   期货 Futures Contract

    外汇期货交易 Foreign Exchange Futures Transaction

交叉汇率 Cross Rate　套期保值 Hedging

任务2-7　外汇期权交易

【案例引入】

KVB 昆仑国际公司于 9 月底将收到 300 万加元。为防止 9 月份加元汇价上涨，经理要求业务员王亮利用外汇期权来规避汇率风险，锁定进口成本。

【学习任务】

一、外汇期权交易

外汇期权（Foreign Exchange Option）又称货币期权或外币期权，是指在合同规定的日期或期限内，按照事先约定的汇率购买或出售一定数量货币的权利。

期权实际上是一种选择的权利。对于购买期权合约的一方（买方）来说，在支付了一定金额的期权费之后，就获得了一定的权利。这种权利就是在一定期限内按合同规定的汇率，买进或卖出一定数量货币的权利。如果行市对其有利，他可不履行合同，也即放弃按合同规定的汇率、数量买卖某种货币，让合同自然失效，其最大损失就是付出的期权费。而对出售期权的卖方来说，其收入就是买方付出的期权费，但一旦出售了期权，就承担了交割履约的义务。

【案例阅读】

某人以 1 000 美元的权利金买入了一张价值 100 000 美元的欧元/美元的欧式看涨合约，合约规定期限为三个月，执行价格为 1.1500。三个月后的合约到期日，欧元/美元汇率为 1.1800，则此人可以要求合约卖方以 1.1500 的价格卖给自己价值 100 000 美元的欧元，然后他可以再到外汇市场上以 1.1800 的价格抛出，所得盈利减去最初支付的 1 000 美元即是其最后的盈利。如果买入期权合约三个月后，欧元/美元汇率为 1.1200，此时执行合约还不如直接在外汇市场上买合算，此人于是可以放弃执行合约的权利，其最多损失 1 000 美元。

二、外汇期权的类型

1. 欧式期权和美式期权。外汇期权根据行使权利有效日的不同，可分为欧式期权和美式期权。

欧式期权（European-Style Option）是指期权购买方只有在期权合约期满日（到期日）到来之时才能执行其权利的期权形式，既不能提前，也不能推迟。若提前，期权出售者可拒绝履约；而若推迟，则期权将作废。

美式期权（American-Style Option）是指期权购买方可于合约有效期内任何一天执行其权利的期权形式。当然，超过到期日，美式期权也作废。由此可见，美式期权与欧式期权相比，在权利的执行日期上有较高的弹性。因此，美式期权的价格也较欧式期

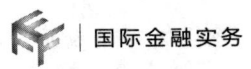

权高。

2. 看涨期权和看跌期权。外汇期权从期权买方买入或卖出某种货币的角度,可以分为看涨期权和看跌期权。

看涨期权 (Call Option),又称买权,期权的买方与卖方约定在到期日或期满前买方有权按约定的汇率从卖方买入特定数量的货币。

看跌期权 (Put Option),又称卖权,期权的买方与卖方约定在到期日或期满前买方有权按约定的汇率向卖方卖出特定数量的货币。

三、外汇期权交易的应用

这里重点介绍外汇期权如何用来保值。

【案例阅读】

香港某进口商于6月底与美国某公司签订一份货值为50万美元的进口合同,9月底支付进口货款。香港进口商为防止9月份美元汇价上涨,决定利用外汇期权来规避汇率风险,锁定进口成本。假定,签订买进期权合约时,美元对港元的即期汇率为1美元 = 7.7800港元,该进口商购买10份美元期权合约,每份合约为5万美元,协定汇率为1美元 = 7.7600港元,期权保险费为5 000美元。

分析:

到9月底,该公司是执行期权还是放弃期权?其盈亏如何计算?这要以当时市场汇率同协议汇率相比较,香港进口商可能面对三种情况:

第一种情况,当时市场即期汇率为1美元 = 7.8900港元,与签订期权合约时相比,美元升值。该进口商决定履行买进期权合约,按规定的协定汇率买进美元,不考虑保险费所花成本为:7.7600港元×50万 = 388万港元。

如果该进口商不签订买进美元期权合约,为完成进口货款的支付,要花7.8900港元×50万 = 394.5万港元。由于签订了买进美元期权合约,则可节省进口成本394.5万港元 − 388万港元 = 6.5万港元。

第二种情况,如果当时市场即期汇率为1美元 = 7.7600港元,该进口商除为锁定进口成本所花的保险费外,既未亏损也未盈利。

第三种情况,如果当时市场即期汇率为1美元 = 7.6500港元,该进口商可在外汇市场直接购买美元,所花的成本为:

7.6500港元×50万 = 382.5万港元。

如果不计保险费的支出,该进口商比履行合同可减少:

(7.7600 − 7.6500) ×50万 = 5.5万港元。

可见,外汇期权合约是执行或不执行合约的选择权,虽支付一定的保险费,在外汇汇率变化无常,捉摸不定的情况下,比签订远期外汇合同具有一定的优越性,即外汇期权既能避免汇率波动可能带来的损失,又保留可从有利的汇率波动中牟利的机会。

【任务小结】

本任务通过 KVB 昆仑国际公司介绍了外汇期权交易。外汇期权交易是指交易双方在规定的期间按商定的条件和一定的汇率，就将来是否购买或出售某种外汇的选择权进行买卖的交易。本任务还介绍了外汇期权交易的应用。

【思考题】

外汇期权的种类有哪些？

【课后训练】

1. 美国公司从德国进口机器，三个月后需支付货款 625 万马克。为防止外汇风险以欧式期权保值。协议价格 1 马克 = 0.5500 美元。如果三个月后德国马克汇率发生下列变化，该公司应采取什么办法，各种情况的损益如何？

（1）1 马克 = 0.5300 美元

（2）1 马克 = 0.5900 美元

2. 某美国公司从德国进口机器，三个月后需支付货款 625 万欧元。为防止外汇风险以欧式期权保值。协议价格 1 欧元 = 0.4500 美元，买入 50 份欧元期货期权，期权费为每欧元 2 美分。如果三个月后欧元汇率发生下列变化：1 欧元 = 0.4300 美元或 1 欧元 = 0.4700 美元或 1 欧元 = 0.4900 美元，各种情况的损益如何？该公司应采取什么办法？

【知识链接】

外汇期权的使用方法

所谓的期权，就是指双方按照协议的价格，在规定的时间内能够买卖一定数量的金融产品，其形式分为两种，一种叫看涨期权，另一种叫看跌期权。但无论是看涨期权还是看跌期权，都有两个维度，即内在价值和时间价值。

内在价值是指标的物市场价格与期权价格的关系。对于看涨期权来说，如果市场价格不断上涨，并且高于期权协定的价格，那么期权的持有者就可以行权，市场价格减去期权价格就是期权持有者的收益，看跌期权与其相反。而时间价值是指期权协定的时间越长，价值越高，因为短期内的走势和变化是难以确定的，只有时间长的情况下，才会给价格的运行留出空间。

在了解完什么是期权之后，我们来了解一下如何在外汇市场通过期权来进行获利。在外汇市场当中，运用期权的机会一般是震荡市，如果澳元兑美元从近 1 年的走势来看一直处于震荡的过程当中，并且震荡区间的上沿和下沿均非常清晰，那么当行情运行到了下沿附近，我们就可以结合下沿的支撑来同时买入数量相同的看涨期权和看跌期权。

因为当行情运行到震荡区间的下沿时本身就面临着非黑即白的选择，要么向上沿反弹，要么作出一个方向的选择，所以无论行情朝着怎样的方向发展，肯定有一个方向的期权会有利可图，而一旦行情的波动空间较大，一部分的盈利就会弥补另一部分的亏损。

期权和期货的区别在于，前者是一种权利，后者是一种义务，所以前者是软约束，可以行权也可以放弃执行权利，而根据外汇市场的走势来通过期权合理套利将会成为未来外汇市场交易的主要方向和必要手段。

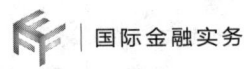

资料来源：http：//forex. jrj. com. cn/2013/07/25154515585205. shtml。

【专业词汇】

外汇期权　Foreign Exchange Option　欧式期权　European – Style Option
美式期权　American – Style Option　买涨　Going Long　卖空　Going Short
人民币外汇期权　RMb Foreign Exchange Option

任务 2 – 8　合约保证金交易

【案例引入】

最近 USD 升值，经理要求业务员王亮以 100 万美元进行保证金交易操作获利。

【学习任务】

一、合约保证金交易的概念

合约保证金交易（Foreign Exchange Margin Trading），也叫外汇保证金交易、外汇按金交易，是利用杠杆投资的原理，在金融机构之间及金融机构与投资者之间进行的一种远期外汇买卖方式。在交易时，交易者只付出 1% ~ 10% 的按金（即保证金，下同），就可进行 100% 额度的交易，这使得每一位小额投资人也可在金融市场中买卖外国货币，而赚取利益。

二、外汇保证金交易的特点

这种外汇交易方式在 20 世纪 80 年代产生于伦敦，后流入中国香港。除了与期货交易一样也实行保证金制度外，外汇按金交易（保证金外汇交易）还有以下不同于其他交易的特点。

（1）外汇按金交易的市场是无形的、不固定的，在客户与银行之间直接进行，中间没有交易所这样的中介机构。

（2）外汇按金交易没有到期日，交易者可以无限期持有头寸。

（3）外汇按金交易市场规模巨大，参与者很多。

（4）外汇按金交易的币种丰富，所有可兑换货币都可作为交易品种。

（5）外汇按金交易的时间是 24 小时不间断的。

（6）外汇按金交易要计算各种货币之间的利率差，金融机构须向客户支付或从客户按金中扣除。

三、外汇保证金交易的运用

举例而言，赵先生要做等值 100 000 美元的交易，采用保证金方式，假设保证金比例为 1%，赵先生只需要有 100 000 × 1% = 1 000 美元资金，便可以进行此交易。换句话说，只要 1 000 美元的资金便可以进行 100 000 美元的交易，即资金放大了 100 倍。因此，若投资 1 万美元，即可从事 100 万美元的交易。

【案例阅读】

假设 1 美元兑换 135.00 日元时买日元：

		实盘交易	保证金交易
购入 12 500 000 日元需要美元		92 592.59 美元	1 000 美元
若日元汇率上升 100 点	盈利为	691 美元	691 美元
	盈利率为	691/92 592.59 × 100% = 0.734%	691/1 000 × 100% = 68%
若日元汇率下降 100 点	亏损为	691 美元	691 美元
	亏损率为	691/92 592.59 × 100% = 0.734%	691/1 000 × 100% = 68%

从以上分析中，可以发现，实盘交易与保证金交易在买卖盈利和亏损的金额上是完全相同的，所不同的是投资者投入的资金在数量上的差距，实盘交易要投入 9 万多美元才能买 12 500 000 日元，而采用保证金的形式中只需 1 000 美元，两者投入的金额相差 90 多倍。因此，采取合约形式对投资者来说投入小、产出多，比较适合大众的投资，可以用较小的资金获得较多的利润。

但是，采取保证金形式买卖外汇特别要注意的问题是，由于保证金的金额虽小，但实际撬动的资金却十分庞大，而外汇汇价每日的波幅又很大，如果投资者在判断外汇走势方面失误，就很容易造成保证金全部损失。以上面分析为例，同样是 100 点的亏损幅度，投资者 1 000 美元就亏掉了 691 美元，如果日元继续贬值，投资者又没有及时采取措施，就要造成不仅保证金全部赔掉，而且还可能要追加投资。因此，高收益和高风险是对等的，但如果投资者方法得当，风险是可以管理和控制的。

在保证金外汇交易中，投资者还可能获得可观的利息收入。保证金外汇交易的计息方法不是以投资者实际的投资金额计算，而以合约的金额计算。例如，投资者投入 10 000 美元做保证金，共买了 5 个合约的英镑，那么，利息的计算不是按投资者投入的 10 000 美元计算，而是按 5 个合约的英镑的总值计算，即英镑的合约价值乘合约数量。这样一来，利息的收入就很可观了。当然，如果汇价不升反跌，那么，投资者虽然拿了利息，也难以抵消亏掉的价格变化带来的损失。

利息兼收也不意味着买卖任何一种外币都有利息可收，只有买高息外币才能有利息收入，卖高息外币不仅没有利息收入，投资者还必须支付利息。由于各国的利息会经常调整，因此，不同时期不同货币的利息的支付或收取是不一样的，投资者要以从事外币交易的交易商公布的利息收取标准为依据。

利息的计算公式有两种：一种是用于直接标价的外币，像日元、瑞士法郎等；另一种用于间接标价的外币，如欧元、英镑、澳元等。

日元、瑞士法郎的利息计算公式为

合约金额 × (1/ 入市价) × 利率 × (天数 /360) × 合约数

欧元、英镑的利息计算公式为

合约金额 × 入市价 × 利率 × (天数 /360) × 合约数

采用合约现货外汇买卖的方法，既可以在低价先买，待价格升高后再卖出，也可以在高价先卖，等价格跌落后再买入。外汇的价格总是在波浪中攀升或下跌的。这种既可以先买又可以先卖的方法，不仅在上升的行情中可以获利，也可以在下跌的形势下赚钱。投资者若能灵活运用这一方法，无论升市还是跌市都可以左右逢源。投资者如何计算合约现货外汇买卖的盈亏呢？主要有三个因素需要考虑。

首先，要考虑外汇汇率的变化。投资者从汇率的波动中赚钱是合约现货外汇投资获取利润的主要途径。盈利或亏损的多少是按点数来计算的。所谓点数，实际上就是汇率，比如说 1 美元兑换 130.25 日元，130.25 日元可以说成 13 025 点，当日元跌到 131.25 时，即下跌 100 点，日元在这个价位上，每一点代表了 6.8 美元。日元、英镑、瑞士法郎等每种货币的每一点所代表的价值也不一样。在合约现货外汇买卖中，赚的点数越多，盈利也就越多，赔的点数越少，亏损也就越少。例如，投资者在 1.6000 价位时买入 1 个合约的英镑，当英镑上升到 1.7000 时，投资者把这个合约卖掉，即赚 1 000 点的英镑，盈利高达 6 250 美元；如果另一个投资者在 1.7000 时买入英镑，英镑下滑至 1.6900 时，他马上抛掉手中的合约，那么，他只赔了 100 点，即赔掉 625 美元。当然，赚和赔的点数与盈利和亏损的多少是成正比的。

其次，要考虑利息的支出与收益。先买高息外币会得到一定的利息，但先卖高息外币就要支付一定的利息。如果是短线的投资，例如当天买卖结束，或者在一两天内结束，就不必考虑利息的支出与收益，因为一两天的利息支出与收益很少，对盈利或者亏损影响很小。对中、长线投资者来说，利息问题却是一个不可忽视的重要环节。例如，投资者在 1.7000 价位时先卖英镑，一个月以后，英镑的价格还在这一位置，如果按卖英镑要支付 8% 的利息计算，每月的利息支付高达 750 美元，这也是一个不小的支出。从目前一般居民投资的情况来看，有很多投资者对利息的收入看得比较重，却忽视了外币的走势，从而都喜欢买高息外币，结果造成了以少失多。例如，当英镑下跌时，投资者买了英镑，即使一个合约每月收息 450 美元，但一个月英镑下跌了 500 点，在点数上赔掉 3 125 美元，利息的收入弥补不了英镑下跌带来的损失。所以，投资者要把外汇汇率的走势放在第一位，而把利息的收入或支出放在第二位。

最后，要考虑手续费的支出。投资者买卖合约外汇要通过金融机构进行，因此，投资者要把这一部分支出计算到成本中去。金融公司收取的手续费是按投资者买卖合约的数量，而不是以盈利或亏损的多少来计算，因此，这是一个固定的量。

以上三个方面构成计算合约现货外汇盈利及亏损的计算方法。日元、瑞士法郎的损益计算公式为

合约金额 ×（1/ 卖出价 – 1/ 买入价）× 合约数 – 手续费 +／– 利息

而欧元、英镑的损益计算公式为

合约金额 ×（卖出价 – 买入价）× 合约数 – 手续费 +／– 利息

【任务小结】

本任务通过 KVB 昆仑国际公司的业务介绍了外汇保证金交易。外汇保险金交易，是利用杠杆投资的原理，在金融机构之间及金融机构与投资者之间进行的一种远期外汇买卖方式。本任务还介绍了外汇保证金交易的特点和应用。

【思考题】

什么是外汇保证金交易？

【课后训练】

谈谈外汇保证金交易的优缺点。

【知识链接】

外汇保证金属于期货吗

所谓的期货指的是一种有期限的货物，就是说，所交易的标的在未来某个时刻，交易者必须用实物交割或者用反向合约对冲。期货采取固定合约形式，即所有交易品种的数量、品质等合约要素都是固定的，合约中唯一的可变项目是价格。

而外汇保证金交易则没有期限、合约等的限制，可以随时随地进行买卖，相对来说操作方式更加灵活，这可以说是两者之间的最大区别。外汇保证金虽与期货有一些共同的性质，但是不属于期货范畴。

资料来源：http：//futures. cngold. org/qhzs/c2901565. html。

【专业词汇】

外汇保证金交易 Foreign Exchange Margin Trading　杠杆 Leverage　保证金 Margin

【项目测试题】

一、单项选择题

1. 外汇市场上银行与客户之间的外汇交易又称为（　　　）。
A. 零售市场　　　　B. 批发市场　　　　C. 无形市场　　　　D. 有形市场
2. 外汇市场上银行与银行之间的外汇交易又称为（　　　）。
A. 零售市场　　　　B. 批发市场　　　　C. 无形市场　　　　D. 有形市场
3. 如果一家商业银行某日买入的美元多于卖出的美元，则为美元的（　　　）。
A. 多头　　　　　　B. 空头　　　　　　C. 平衡　　　　　　D. 基本平衡
4. 即期外汇市场上汇价通常采用（　　）报价方式。
A. 买卖双价　　　　B. 买价　　　　　　C. 卖价　　　　　　D. 中间价
5. 掉期交易实际上由（　　）组成。
A. 两笔远期交易　　　　　　　　　　　B. 两笔即期交易
C. 一笔即期交易、一笔远期交易　　　　D. 以上均不对
6. 把资金由低利率国家移到高利率国家以赚取利差的外汇交易叫（　　　）交易。
A. 外汇投机　　　　B. 套期保值　　　　C. 套汇　　　　　　D. 套利
7. 下列说法中正确的为（　　　）。
A. 在外汇市场上若买进多于卖出，则为空头

B. 在外汇市场上若卖出多于买进，则为多头

C. 商业银行在经营外汇时，常遵循"买卖平衡"的原则

D. 为避免外汇风险，商业银行应立即平衡头寸

8. 外汇供求的主要中介人为（　　）。

A. 外汇银行　　　　B. 外汇经纪人　　　C. 中央银行　　　D. 财政部

9. 专代顾客买卖外汇的为（　　）。

A. 外汇银行　　　　B. 外汇经纪人　　　C. 中央银行　　　D. 财政部

10. 下列外汇市场从早到晚的开业顺序为（　　）。

A. 西欧—纽约—东京　　　　　　　B. 西欧—东京—纽约

C. 东京—纽约—西欧　　　　　　　D. 纽约—西欧—东京

11. 外汇市场的实际操纵者为（　　）。

A. 财政部　　　　B. 外汇银行　　　　C. 中央银行　　　D. 外汇经纪人

12. 即期外汇业务交易期限原则上为（　　）。

A. 三天　　　　B. 两天　　　　C. 一天　　　　D. 四天

13. 在银行之间的远期汇率可以点数来表示，所谓点数是指货币比价数字中的小数点后的（　　）。

A. 第三位数　　　B. 第二位数　　　C. 第四位数　　　D. 第五位数

14. 远期外汇业务的期限一般为（　　）。

A. 1 个月　　　B. 6 个月　　　C. 9 个月　　　D. 3 个月

15. 下列关于升水和贴水的正确说法为（　　）。

A. 升水表示即期外汇比远期外汇贵　　B. 贴水表示远期外汇比即期外汇贵

C. 贴水表示即期外汇比远期外汇贱　　D. 升水表示远期外汇比即期外汇贵

16. 下列关于贴水和升水计算方法说法正确的为（　　）。

A. 在直接标价法下，升水时的远期汇率等于即期汇率减去升水数字

B. 在直接标价法下，升水时的远期汇率等于即期汇率加上升水数字

C. 在间接标价法下，升水时的远期汇率等于即期汇率加上升水数字

D. 以上判断均不对

17. 若伦敦外汇市场即期汇率为 GBP 1 = USD 1.4608，3 个月美元远期外汇升水 0.51 美分，则 3 个月美元远期外汇汇率为（　　）。

A. GEP 1 = USD 1.4659　　　　B. GEP 1 = USD 1.9708

C. GUP 1 = USD 0.9508　　　　D. GBP 1 = USD 1.4557

18. 若巴黎外汇市场美元的即期汇率为 USD1 = FR 5.8814，3 个月美元远期外汇升水 0.26 美分，则 3 个月美元远期外汇汇率为（　　）。

A. USD 1 = FR 5.6214　　　　B. USD 1 = FR 6.1414

C. USD 1 = FR 5.8840　　　　D. USD 1 = FR 5.8788

19. 若在纽约外汇市场，瑞士法郎即期汇率为 USD 1 = SFR 1.5086191，3 个月远期汇率的点数为 10~15，则实际汇率应为（　　）。

A. USD 1 = SFR 1.5096　　　　B. USD 1 = SFR 1.5106

C. USD 1 = SFR 1.5075　　　　D. USD 1 = SFR 1.509 ~ 1.5106

20. 套汇业务都是利用（　　）。

A. 信汇　　　　　　　B. 票汇　　　　　　　C. 电汇　　　　　　　D. 其他方式

21. 世界上首家国际货币市场是建在（　　）。

A. 伦敦　　　　　　　B. 东京　　　　　　　C. 巴黎　　　　　　　D. 芝加哥

22. 美式期权较欧式期权相比更灵活，保险费（　　）。

A. 更高　　　　　　　B. 更低　　　　　　　C. 相同　　　　　　　D. 不确定

23. 外币/本币意为（　　）。

A. 外币或本币　　　　　　　　　　　B. 不确定

C. 1 个本币等于多少外币　　　　　　D. 1 个外币等于多少本币

24. 若香港外汇市场某 USD 1 = HKD 7.7970，试求港元/美元等于（　　）。

A. 7.7970　　　　B. 0.1293　　　　C. 7.8000　　　　D. 0.1300

25. 若 GBP 1 = HKD 12.28，GEP 1 = PTS 180，则 HKD/PTS 为（　　）。

A. 0.0682　　　　B. 14.66　　　　C. 不可计算　　　　D. 其他结果

26. 已知美国纽约市场美元/先令为 12.08 ~ 12.97，美元/克朗为 4.1245 ~ 4.1255，则克朗/先令为（　　）。

A. 3.1439 ~ 3.1470　　　　　　　B. 0.3178 ~ 0.3181

C. 0.3178 ~ 3.1439　　　　　　　D. 0.3178 ~ 3.1470

27. 已知，某日巴黎外汇市场法国法郎对美元的牌价为 4.4350 ~ 4.4450，纽约外汇市场美元/法国法郎为 4.4400 ~ 4.4450，则两市场上法国法郎折合美元分别为（　　）。

A. 4.4550，0.2255　　　　　　　B. 0.2255，0.2252

C. 4.4450，0.2252　　　　　　　D. 4.4550，4.4450

28. 已知纽约外汇市场美元/瑞士法郎即期汇率为 1.6030/40，3 个月远期汇率点数为 140/135，则瑞士法郎/美元，3 个月远期点数为（　　）。

A. 53 ~ 55　　　　B. 55 ~ 53　　　　C. 0.0053　　　　D. 0.0053 ~ 0.0055

29. 某日纽约外汇市场美元/瑞士法郎即期汇率为 1.6040，3 个月远期贴水 135 ~ 140。现我公司向美国出口机床，如即期付款每台报价 2 000 美元，若要求以瑞士法郎报价，并于货物发运后 3 个月付款，则我方应报价为每台（　　）。

A. 3.234 瑞士法郎　　　　　　　B. 3234 瑞士法郎

C. 3.235 瑞士法郎　　　　　　　D. 3235 瑞士法郎

30. 我食品公司冻猪肉原报价为每吨 1150 英镑，该笔业务从成交到收汇需 6 个月，若改为法国法郎报价，当时伦敦外汇市场英镑/法国法郎为即期汇率 9.4545 ~ 9.4575，6 个月远期贴水 14.12 ~ 15.86，合年利率 3.17%，则此时公司应报价为（　　）。

A. 11 045.061 法国法郎　　　　　B. 11 048.511 法国法郎

C. 10 872.675 法国法郎　　　　　D. 10 876.125 法国法郎

二、多项选择题

1. 直接标价法下，远期汇率计算正确的有（　　）。

A. 即期汇率 + 升水数字　　　　　　B. 即期汇率 - 升水数字

C. 即期汇率 - 贴水数字　　　　　　D. 即期汇率 + 贴水数字

2. 间接标价法下，远期汇率计算正确的有（　　　）。

A. 即期汇率 + 升水数字　　　　　　　　B. 即期汇率 – 升水数字

C. 即期汇率 – 贴水数字　　　　　　　　D. 即期汇率 + 贴水数字

3. 在其他条件不变的情况下，远期汇率与利率的关系有（　　　）。

A. 利率高的货币，其远期汇率会升水　　B. 利率高的货币，其远期汇率会贴水

C. 利率低的货币，其远期汇率会升水　　D. 利率低的货币，其远期汇率会贴水

4. 在合约有效期内，可在任何一天要求银行进行外汇交割的有（　　　）。

A. 远期外汇业务　　B. 择期业务　　C. 美式期权　　D. 欧式期权

5. 外汇期货交易相对于外汇远期而言，具有（　　　）的优点。

A. 交易集中　　　　B. 数量灵活　　C. 范围广泛　　D. 规格统一

6. 英镑的年利率为 27%，美元的年利率为 9%，假如一家美国公司投资英镑 1 年，为符合利率平价，英镑应相对美元（　　　）。

A. 升值 18%　　　B. 贬值 36%　　C. 贬值 14%　　D. 升值 14%

E. 贬值 8.5%

7. 外汇市场的参与者包括（　　　）。

A. 进出口商　　　B. 国际投资者　　C. 外汇经纪人　　D. 中央银行

E. 外汇银行

8. 外汇市场包括（　　　）。

A. 顾客市场　　　　B. 同业市场　　　C. 经纪人市场　　D. 证券市场

E. 中央银行与外汇银行之间的交易市场

9. 以下哪些属于即期外汇交易的交割日（　　　）。

A. 成交的当日　　　　　　　　　　　　B. 成交后的第一天

C. 成交后的第二天　　　　　　　　　　D. 成交后的第 1 个营业日

E. 成交后的第 2 个营业日

10. 以下可以作为远期外汇交易的交割日的有（　　　）。

A. 成交的当日　　　　　　　　　　　　B. 成交后的第 2 个营业日

C. 成交后的第 3 个营业日　　　　　　　D. 成交后的一周

E. 成交后的一个月

11. 进口商对未来进口付汇的保值，可以采用（　　　）。

A. 买进即期外汇　　　　　　　　　　　B. 买进远期外汇

C. 卖出远期外汇　　　　　　　　　　　D. 外汇期货的多头套期保值

E. 外汇期货的空头套期保值

12. 出口商对未来出口收汇的保值，可以采用（　　　）。

A. 卖出即期外汇　　　　　　　　　　　B. 买进远期外汇

C. 卖出远期外汇　　　　　　　　　　　D. 外汇期货的多头套期保值

E. 外汇期货的空头套期保值

13. 以下外汇交易可以做投机的有（　　　）。

A. 即期外汇交易　　B. 现汇交易　　C. 远期外汇交易　　D. 期汇交易

E. 外汇期货交易

14. 以下属于掉期交易的有（　　　）。

A. 买进 100 万即期美元同时卖出 100 万美元

B. 卖出 2 000 万即期日元同时买进 2 000 万远期日元

C. 买进 500 万即期美元同时卖出 600 万远期美元

D. 买进 500 万即期英镑同时卖出 500 万即期美元

E. 买进 500 万"T＋0"交割的即期美元同时卖出 500 万"T＋1"交割的即期美元

15. 在一笔即期外汇交易中，付款风险最大的是（　　　）。

A. 当天　　　　　B. 第二天　　　　　C. 交割日　　　　　D. 每天都一样

16. 市场上，你获得四家做市商 GBP/USD 的报价，你将从哪位做市商手中买入美元（　　　）。

A. 1. 6505/15　　　B. 1. 6507/17　　　C. 1. 6506/16　　　D. 1. 6504/14

17. 即期汇率 USD/DEM＝1. 6770/80，美元的利率低于马克的汇率，你认为远期差价应该（　　　）。

A. 加在即期汇率上　　　　　　　　B. 从即期汇率上减去

C. 以上都不是　　　　　　　　　　D. 信息不足无法回答

18. GBP/FRF 的即期汇率报价为 8. 3580/90，3 月期的远期汇率为 8. 3930/50。远期差价为（　　　）。

A. 35/36　　　　B. 360/350　　　　C. 350/360　　　　D. 340/35

19. 以下哪些属于即期外汇交易的交割日（　　　）。

A. 成交的当日　　　　　　　　　　B. 成交之后的第一天

C. 成交之后的第二天　　　　　　　D. 成交之后的第 1 个营业日

E. 成交之后的第 2 个营业日

20. 当远期外汇汇率比即期贵时称为（　　　）外汇汇率。

A. 升值　　　　B. 升水　　　　C. 贬值　　　　D. 贴水

21. 外汇市场有以下哪些作用（　　　）。

A. 调节外汇供求　　　　　　　　　B. 形成外汇价格体系

C. 便利资金的国际转移　　　　　　D. 提供外汇资金融通

E. 防范外汇风险

22. 外汇市场上的参与者有（　　　）。

A. 外汇银行　　　B. 进出口商　　　C. 外汇经纪人　　　D. 中央银行

E. 留学生

23. 下列属于外汇零售市场的有（　　　）。

A. 雅戈尔公司向中国银行购买美元用于进口西服面料

B. 宋雨到哈佛大学留学，向中国银行购买 20 000 美元的外汇

C. 海尔公司到美国投资设立彩电生产线，向花旗银行购买 5 000 万美元外汇

D. 中国银行上海分行由于美元头寸太多，出售 1 亿美元给花旗银行上海分行

24. 外汇期货市场的主要构成要素包括（　　　）。

A. 期货交易所　　　B. 清算所　　　C. 期货佣金商　　　D. 市场参加者

E. 中央银行

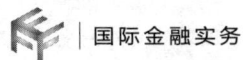

25. 外汇期货交易的主要特点有（　　　）

A. 实行保证金制度　　　　　　　　　　B. 实行日清算制度

C. 不需要交纳保证金　　　　　　　　　　D. 交易对象是外汇期货合同

E. 只能在交易所内进行

26. 关于外汇期货交易与远期外汇之间的关系下列说法正确的有（　　　）。

A. 期货风险比远期要低　　　　　　　　B. 交易场所与方式不同

C. 都可作为避免外汇风险的手段　　　　D. 都可作为进行外汇投机的手段

27. 决定外汇期权的主要因素有（　　　）。

A. 外汇期权协定汇价与即期汇价的关系

B. 外汇期权的期限

C. 汇价波动幅度

D. 利率差别

E. 远期汇率

28. 以下哪些金融工具是衍生金融工具（　　　）。

A. 金融期货　　　　　B. 金融期权　　　　　C. 利率互换　　　　　D. 股票指数期货

三、判断题

1. 外汇市场通常意义上是一种无形市场。　　　　　　　　　　　　　　　（　　　）

2. 期权持有者的损失不可能超过保险的费用。　　　　　　　　　　　　　（　　　）

3. 买方期权和卖方期权是同一期权交易的两个方面。　　　　　　　　　　（　　　）

4. 利率平价说主要是讲短期汇率的决定。其基本条件是两国金融市场高度发达并紧密相联，资金流动无障碍。　　　　　　　　　　　　　　　　　　　　　　（　　　）

5. 套汇和套利行为的理论基础是一价定律。　　　　　　　　　　　　　　（　　　）

6. 一国利率下降，其本币汇率在远期表现升值。　　　　　　　　　　　　（　　　）

7. 即期外汇交易不能用作投机。　　　　　　　　　　　　　　　　　　　（　　　）

8. 外汇市场的"造市者"通常就是指外汇银行。　　　　　　　　　　　　（　　　）

9. 掉期交易仅适宜做即期与远期的掉期。　　　　　　　　　　　　　　　（　　　）

10. 为防范外汇汇率下跌的风险，出口商可通过外汇期货交易做多头套期保值。

（　　　）

11. 利用外汇期货交易进行套期保值，主要是根据外汇期货价格与现汇价格变动方向相反的特点，通过在期货市场和现汇市场的反向买卖，以达到保值的目的。（　　　）

12. 当美元利率高于日元利率时，市场上 USD/JPY 的远期差价将以"前大后小"排列。　　　　　　　　　　　　　　　　　　　　　　　　　　　　　　　　（　　　）

13. 外汇市场是由客户、外汇银行、外汇经纪人、外汇监管机构组成。　　　（　　　）

14. 由于世界贸易的发展，银行与企业之间的外汇交易频繁，因此，外汇的零售市场构成了外汇市场交易的主要部分。　　　　　　　　　　　　　　　　　　（　　　）

15. 伦敦、纽约、东京、法兰克福等外汇有形市场仍然是外汇交易的主要市场。

（　　　）

16. 在外汇交易中，"Five Dollar"表示 5 万美元。　　　　　　　　　　（　　　）

17. 套汇交易是外汇投机的方式之一，具有强烈的投机性。　　　　（　　）

18. 期货交易所是人们从事期货交易的场所，它是一个营利性的机构。（　　）

19. 在期货交易所无论交易何种货币保证金是一样的。　　　　（　　）

20. 由于保证金制度使清算所不考虑客户的信用程度，因此增加了期货交易中的相应风险。　　　　　　　　　　　　　　　　（　　）

21. 远期外汇交易是在场外进行，一般没有具体的交易场所。（　　）

22. 绝大多数期货合同都是在到期日以实际交割兑现。　　（　　）

23. 与外汇期货交易相比远期外汇交易的成本较低。　　　（　　）

24. 由于远期外汇交易的时间长、风险大，一般要收取保证金。（　　）

25. 外汇期货交易所的会员数量一般是不固定的，新会员只要交纳会费，就能进入交易所交易。　　　　　　　　　　　　　　（　　）

26. 外汇期货套期保值的目的就是回避或降低外汇风险，确保外币资产或负债的价值。　　　　　　　　　　　　　　　　（　　）

27. 外汇期权说明了远期与期货交易的局限性，能在市场汇率向有利方向波动时获得无限大的利润。　　　　　　　　　　　　（　　）

28. 套利行为可以不考虑汇率的变化因素。　　　　　　（　　）

29. 期权对于期权合同的买卖双方而言既是权利也是义务。（　　）

30. 货币期货从一个国家货币的立场来说，就是外币期货。（　　）

四、填空题

1. 外汇远期相对于外汇即期的三种基本关系是 _____、_____和_____。

2. 金本位制包括_____、_____和_____。

3. 利率平价说是探讨_____、_____和_____三者之间内在联系的理论。

4. 即期外汇交易又称_____，是指外汇买卖双方成交后在_____内进行交割的外汇交易方式。

5. 远期外汇交易又称_____交易，即期外汇交易又称_____交易。

6. 所谓套汇交易是指利用_____货币在_____的外汇市场上的_____差异而进行的外汇交易。

7. 按行使外汇期权的有效时间划分，外汇期权可分为_____期权和_____期权。

8. 外汇期货交易是通过买卖_____的外汇期货合约来进行的外汇交易。

9. 市场上做市商报价，USD/CHF = 1.7320/30，是指做市商愿以_____价格买入美元，以_____价格卖出瑞士法郎。

10. 市场上 GBP/USD = 1.5430/40，游客 A 买入美元的价格是_____，卖出美元的价格是_____。

11. 如果一种货币的远期汇率高于即期汇率，称之为_____。

12. 市场上三位做市商 USD/JPY 报价如下：

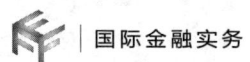

	A. 银行	B. 银行	C. 银行
即期	152.00/50	152.00/25	151.90/15
3 月期	36/33	37/34	38/36

请问从_____银行买入远期日元，远期汇率为_____。

13. 市场上做市商 GBP/USD 报价如下：

	A. 银行	B. 银行	C. 银行
即期	1.6330/40	1.6331/39	1.6332/42
1 个月	39/36	42/38	39/36

请问从_____银行买入远期英镑，远期汇率为_____。

五、简答题

1. 什么是外汇市场？
2. 什么是即期外汇业务？
3. 外汇期货合约的标准化体现在哪些方面？
4. 外汇期权价格主要受哪些因素的影响？
5. 试述外汇期货交易与远期外汇交易的主要区别。

六、计算题

1. 某日香港市场的汇价是 US $1 = HK $7.6220/7.6254，3 个月远期 27/31，3 个月远期美元/港元汇率是多少？

2. 设即期 EUR/USD = 1.7310/20，3 个月远期 230/240；即期 GPB/USD = 1.4880/90，3 个月远期 150/140。

（1）EUR/USD 和 GPB/USD 的 3 个月远期汇率分别是多少？

（2）试套算即期和远期的 EUR/GBP 的汇率。

3. 我国某外贸公司 3 月 1 日预计 3 个月后用美元支付 400 万加元进口货款，预测加元汇价会有大幅度波动，以货币期权交易保值。

已知：3 月 1 日即期汇价 USD/CAD = 2.0000

（IMM）协定价格 CAD/USD = 0.5050

（IMM）期权费 CAD1 = US $0.01690

期权交易佣金占合同金额的 0.5%，采用欧式期权，3 个月后假设美元市场汇价分别为 USD/CAD = 1.7000 与 USD/CAD = 2.3000，该公司各需支付多少美元？

4. 假设某日美国纽约外汇市场 1 英镑 = 1.3425 ~ 1.3525 美元，一个月远期汇率贴水 0.04 ~ 0.05 美元，某客户向银行卖出一个月的外汇 10 万英镑，到期可收到多少美元？

5. 3 月 20 日，某套利者在国际货币市场上以 1GBP = 1.63USD 的价格买入 10 份 6 月期的英镑期货合约，同时在伦敦国际金融市场以 1GBP = 1.65USD 的价格售出 10 份 6 月期的英镑期货合约，预测交易结果如何。

七、综合案例分析

1. 2015 年 10 月 2 日，某家英国大公司从远东获得一张出口商品订单，交割和支付在 6 个月之后，而且是以美元支付的。公司财务主管不能肯定财务账上何时会收到这笔款项，而且担心公司在收到款项之前，美元价格可能会下跌（贬值），出口商品的发票金额为 USD 2 250 000。如果他不采取任何措施，那么到期时美元下跌的话，公司从外汇兑换中收取的英镑将会减少，从而在成本补偿和获利方面受到损失；但如果到期时美元升值的话，他会大幅获利。虽然他不能肯定美元将向哪个方向变化，但按公司的政策，由于存在货币亏损的可能性，所以他不能置之不理。如果他与某银行进行一笔远期外汇交易，那么当美元向有利的方向发生变化时，他就得不到这笔意外的收获；但如果他进行的是一笔期权交易，那么当美元向不利方向变化时，他就可以保值，而美元向有利方向变化时，他就可以保留获利机会。

思考：这是哪种外汇交易方式？

2. 1999 年 10 月 2 日，某家英国大公司从远东获得一张出口商品订单，交割和支付在 6 个月之后，而且是以美元支付的。公司财务主管不能肯定财务账上何时会收到这笔款项，而且担心公司在收到款项之前，美元价格可能会下跌（贬值），出口商品的发票金额为 USD 2 250 000。如果他不采取任何措施，那么到期时美元下跌的话，公司从外汇兑换中收取的英镑将会减少，从而在成本补偿和获利方面受到损失；但如果到期时美元升值的话，他会大幅获利。虽然他不能肯定美元将向哪个方向变化，但按公司的政策，由于存在货币亏损的可能性，所以他不能置之不理。

思考：

（1）在 6 个月的时间内，排除战争和政治摩擦，美元汇率可能由哪些因素的变化引发波动？

（2）选择哪种外汇交易业务对该公司最有利？

【实训活动】

学生模拟新入职外汇交易员（称交易员），以小组为单位，为本项目中 KVB 昆仑国际公司设计适合的外汇交易。

【参考资料】

[1] 只井杰. 国际金融理论与实务［M］. 北京：北京邮电大学出版社，2016.

[2] 王文青. 国际金融理论与实务［M］. 成都：西南财经大学出版社，2015.

[3] 孟昊. 国际金融理论与实务［M］. 北京：人民邮电出版社，2014.

[4] 李敏. 国际金融实务（第二版）［M］. 北京：中国金融出版社，2014.

[5] 刘玉操. 国际金融实务（第四版）［M］. 大连：东北财经大学出版社，2013.

[6] ［美］迈克尔·梅尔文. 国际货币与金融（中译本）［M］. 上海：上海三联书店，2013.

[7] 姜波克. 国际金融新编［M］. 上海：复旦大学出版社，2012.

[8] 潘海红，黄光明. 国际金融实务［M］. 北京：清华大学出版社，2012.

[9] 赵海荣. 国际金融实务［M］. 北京：中国金融出版社，2012.

[10] 周浩明，龚志国，肖蓉. 国际金融理论与实务［M］. 北京：电子工业出版社，2009.

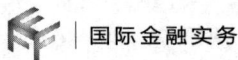

［11］刘金波．国际金融实务［M］．北京：中国人民大学出版社，2009.

［12］易纲，张磊．国际金融［M］．上海：上海人民出版社，2008.

［13］中国金融研究网，http：//www. jryj. com/.

［14］中国经济信息网，http：//www. cei. gov. cn/.

［15］中国金融网，http：//world. zgjrw. com.

 **项目三**
外汇风险管理

【能力目标】

能够根据现实情况判断企业面临的可能外汇风险；能够分析外汇风险对企业的影响；能够根据不同的情况使用正确的外汇风险防范方法并进行核算；能够根据实际需求制定外汇风险防范方案管理外汇风险。

【知识目标】

掌握外汇风险的含义和来源；掌握外汇风险类别；掌握金融法与内部经营法防范外汇风险的应用；掌握外汇风险防范方案的制定方法、策略和原则。

【素质目标】

风险意识：对外汇风险有清醒的认识，能够说出外汇风险对企业的影响；认真细致的工作态度：分析企业风险时没有遗漏；分析能力：分析外汇风险和制定风险管理方案时能够以最低的成本达到最大的风险防范效果。

【项目导入】

自 2008 年发生了席卷全球的"金融风暴"以来，世界各国货币汇率波动加剧，大唐贸易有限公司对外业务风险不断加大，影响了公司的利润和业绩。为管控外汇风险，公司成立了外汇风险管理部，由公司财务副总经理兼任外汇风险管理部经理。外汇风险管理部负责制定外汇风险管理方案，对公司的外汇风险进行控制。新部门成立后，招聘了专业的外汇风险管理人员钱风，负责分析企业外汇风险，制定风险管理方案，并对外汇风险管理部经理负责。

☞ 启发：（1）什么是外汇风险？外汇风险的来源有哪些？（2）外汇风险的管理方法有哪些？（3）如何设计外汇风险管理方案？

通过完成本项目的任务，大家能够掌握外汇风险相关知识，并能够通过适当的方法对外汇风险进行管理。

任务 3-1　分析外汇风险

【案例引入】

2017 年 2 月，大唐贸易有限公司欲与力拓矿业公司（澳大利亚）签订一笔 3 亿美元的铁矿石进口合同，合同支付方式是不可撤销的循环信用证，信用证金额为1亿美元，该合同执行期为一年，分三批交货。外汇风险管理部经理要求钱风分析公司在本笔交易中所可能面临的外汇风险，并做出报告。

【学习任务】

在国际经济活动中，从事涉外贸易、投资、融资等经济活动的主体，不可避免地会在国际范围内收付大量外汇，或拥有以外币计量的债权和债务。当汇率发生变化时，一定数量的某种外汇兑换成本国货币的数量就会发生变化，从而为外汇债权债务人带来风险。在浮动汇率制度下，这种风险更加突出。因此，外汇风险成为各国政府、银行、企业和居民在外汇经营和管理中注意严加防范的重要任务，经营稳健的经济主体更是不愿意让经营成果暴露于有可能遭受损失的风险之中，往往都会将外汇风险的防范和管理作为经营中的一项重要工作。

【案例阅读】

延期付款致80万元损失

F公司是国际知名的信息通信网络产品与解决方案提供商。从2005年开始拓展海外市场，已经在东南亚、南亚、欧洲、拉美、独联体、中东、北非、东南非等世界各地多个国家拥有30多家海外机构（子公司、代表处、分公司和海外工厂），截至目前产品销售覆盖超过40个国家或地区。2016年10月，F的海外子公司A公司与工程总承包商B公司签订了一份总额为美元以人民币回款的供货合同，合同金额为460万美元，付款日期为12月中下旬。经过多次协商谈判，最后美元汇率以买方收到最终业主的预付款实际到款日的当天汇率结算。10月12日，B公司收到最终业主C公司预付款时的汇率为USD/CNY=6.7258。12月15日美联储宣布加息，将联邦基金利率上调25个基点，当日人民币对美元贬值，报USD/CNY=6.9025。按这一汇率测算，仅这一笔交易，F公司损失人民币约80万元。

资料来源：蒋辉清. 美元强势背景下非美货币外汇风险防范——基于F公司案例分析［J］. 新会计，2017（06）：32-34.

（一）外汇风险的含义

外汇风险（Foreign Exchange Risk）是指一个经济实体、组织或个人，因其在国际经济、贸易、金融等活动中，以外币计价的资产与负债由于汇率变动而引起的价值上升或下跌可能造成的损益。汇率变动可能给拥有以外币计价的资产和负债的所有者带来损失，也可能带来收益。若外汇汇率上升，则以外币计价的资产大于以外币计价的负债时，给所有者带来收益；若以外币计价的资产小于以外币计价的负债，则给所有者带来损失。若外汇汇率下降，则情况相反。由此可见，外汇风险产生于汇率变动的不确定性，当汇率向有利于当事人的方向变化时，就产生风险报酬；当汇率向不利于当事人的方向变化时，就产生风险损失。

对外汇持有者或经营者来讲，外汇风险可能会造成两个结果：获得利益或遭受损失。由此，外汇风险有狭义和广义之分：广义的外汇风险是指既有损失可能性又有盈利可能性的风险；狭义的外汇风险仅指给经济主体带来损失可能性的风险。在一般情况下，人们提到外汇风险时，更重视风险损失，因为总体上看，风险损失和风险报酬是不对称的，风险损失的不确定性对计划的干扰使得风险损失大于风险报酬，所以在通常情况下，人们提到外汇风险时总是强调它可能带来的损失。由于存在风险变动的意外收益，所以在经济生活中，有些经济主体愿意承担外汇风险，以期获得风险报酬。

外汇持有者或经营者存在的外汇风险一般通过外汇暴露（Exposure）来体现。这包括两种情形：一是当公司或个人以外币计价的资产或负债的金额不相等时，就会出现一部分外币资产或负债净额受汇率变动的影响，这一净额称为敞口头寸（Open Position）；二是当公司或个人以外币计价的资产或负债的期限不同时，就会出现所谓期限缺口（Maturity Gap）或非匹配缺口（Mismatch Gap）。简言之，体现外汇风险的外汇暴露是指公司或个人在以外币计价的经营活动中受汇率变动影响的那部分资金额。

（二）外汇风险的构成因素

在国际经济活动中，若以本币收付，不存在货币兑换的问题，就没有外汇风险；若出口商要求进口商在签订贸易合同时预先支付外币（非出口商所在国的货币），出口商可以按当时的汇率进行兑换，对出口商来说，也不存在外汇风险；若进口一批货物，不使用本币，如美国的一家公司，使用出口中得到的英镑购买等额的英国商品，也不存在外汇风险。但是，在进出口双方中，一方不存在外汇风险并不意味着另一方也不存在外汇风险，可能是一种风险的转嫁。例如，使用本币计价时，本国可以摆脱外汇风险，但是本币对外国人来说是外币，外国企业仍然面临外汇风险。

1. 外汇风险存在于不同货币的交易行为中。例如，某中国企业有 100 万美元的应收账款，若以美元核算则不存在汇率风险，但若以本币核算，则存在汇率风险。当市场汇率为 1 美元 = 6.75 元本币时，应收账款价值为 675 万元本币；当市场汇率为 1 美元 = 6.73 元本币时，应收账款价值为 673 万元本币。两者相差 2 万元，汇率风险产生了。由此可见，外汇风险主要产生于本币与外币的兑换过程中。

2. 外汇风险存在于经济主体以外币计价的资产与负债存在"敞口"部分。例如，一经济主体买进一个月远期美元 120 万，同时卖出一个月远期美元 90 万，那么该经济主体承受汇率风险的部分将不是 210 万美元，而是其差额 30 万美元。

3. 外汇风险产生的另外一个因素是时间。汇率的变动总是与时间密不可分。在同一时间，汇率不会变动，汇率风险也就不存在。例如，某进出口商在与对方签订购货合同时就预先支付了货款，那么该进口商不存在外汇风险。时间越长，汇率变动的可能性越大，相应产生的外汇风险可能性也就越大。外汇风险的大小与时间成正比，时间越长，汇率变动的可能性越大，外汇风险也越大。但是，在同样长的时间内，汇率波动并不一样，因为影响汇率的各项因素处于不断运动的过程之中。

上述要素也可归结为外汇风险产生的两个前提条件：一个是地点差，一个是时间差。外币、本币之间存在汇率折算是因为地点差的存在。如果没有时间差，即同一个时点上，当然也就没有外汇风险了。外汇风险的防范从根本上说就是取消时间差和地点差。

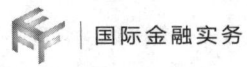

（三）外汇风险的类型

外汇风险的种类可按照不同的标准划分，为便于不同的经济主体采用不同的措施来防范外汇风险，可以从风险承受主体的角度来分析外汇风险的种类（见图3-1）。

1. 企业的外汇风险。一个国际企业组织的全部活动中，即在它的经营活动过程、结果、预期经营收益中，都存在着由于外汇汇率变化而引起的外汇风险。在经营活动中的风险为交易风险，在经营活动结果中的风险为会计风险，预期经营收益的风险为经济风险。

（1）交易风险（Transaction Risk）。交易风险，是指企业在以外币计价或结算的交易中，从交易发生到交易完成的这段时间里由于外汇汇率波动而引起的应收资产与应付

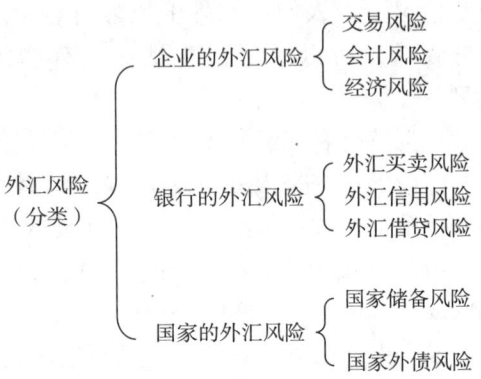

图3-1 外汇风险分类主体

债务价值变化的风险，是一种流量风险。交易风险的结果是经营主体实实在在地丧失一定量以本币计量的经济价值。交易风险是国际企业的一种最主要的外汇风险。

除了一般的商品进出以外币结算由于汇率变动可能产生交易风险外，以外币收支的股息、利息、租金、专利费等，也会由于汇率变动产生交易风险。简言之，凡是涉及外币计算或收付的任何商业活动或投资行为都会产生交易风险。交易风险从本质上看，应归于经济风险，但是，由于交易风险的发生机制简单、直接且数量巨大，因此，企业中一般将交易风险单列。

交易风险细分为如下四种：以外币计算的赊购或赊销；以外币偿付的资金借款和贷款；未履行的外币远期合同；其他将来可取得的外币资产及应支付的外币负债。比如：

①以即期或延期付款为支付条件的商品或劳务的进出口，在装运货物或提供劳务后货款或劳务费尚未收支期间，外汇汇率变化所产生的风险。一般来讲，在出口中收进外汇一方，如果签约时的外汇汇率高而结算时外汇汇率低，那么出口方将遭受损失，损失程度视汇率变化的情况而定；相反，在进口中支付外汇的一方，如果签约时的外汇汇率低而结算时的外汇汇率高，将增加进口方的购汇成本。例如，我国某公司2月1日从日本进口一批家电，合约价值100万美元，8月1日进行交割。签约时美元兑日元汇率为USD/JPY=93.98，美元兑本币的汇率为USD/RMB=6.7300。8月1日交割时汇率发生变化，1美元兑换87.08日元，兑本币汇率升至6.7330。由于合同货币是美元，而美元在半年内对日元和本币分别有所贬值和升值，因此对中日双方来讲，均面临外汇风险。通过计算，我们可知，在本案例中，如果中日双方均不采取避险措施，那么由于此期间汇率的变化使中国进口商损失金额为：（6.7330-6.7300）×1 000 000＝3 000 元（本币）；日本出口商损失金额为：（93.98-87.08）×1 000 000＝6 900 000 元（日元）。

②以外币计价的国际信贷活动，在债权债务未清偿前所存在的风险。在国际信贷活动中，将一笔资金投资于某项外汇资产，如果投资期间该外汇汇率下跌，投资者的外汇实际本息收入就会下降，投资者遭受损失；若是向外筹资或借入资金，借款人将承担在借贷期内外汇汇率上升的风险，如果是这样，债务人的偿债负担就将加重。

例如，某美国的公司，借入年利率为 5% 的 130 亿日元，3 年后一次还本付息，三年支付利息为 19.5 亿日元。到期还本付息共计 149.5 亿日元，签约时市场汇率为 USD/JPY＝130。如果 3 年后市场汇率变为 USD/JPY＝125，那么该公司需用美元购进日元偿付日元债务。由于日元汇率上升，要用 1.04 亿美元来偿还 130 亿日元的本金，另外还要用 1 560 万美元来支付 19.5 亿日元的利息，共需支付 1.196 亿美元。而按签约时的汇率计算，偿还 149.5 亿日元的本息，公司只需支付 1.15 亿美元。可见，由于美元汇率下跌，公司为此多支付了 460 万美元（1.196 亿美元 − 1.15 亿美元）。

（2）会计风险（Accounting Risk）。会计风险，也称折算风险（Translation Risk）、换算风险、转换风险或账面风险，它是指跨国公司的母公司与海外子公司合并财务报表时由于汇率变化而引起资产负债表中某些以外币计量的资产、负债、收入、费用等项目在折算为本币时产生的金额变动的风险，是一种账面损失的可能性，所以是一种存量风险。

会计核算是企业经营管理的主要内容之一，一般通过编制资产负债表来反映其经营状况。企业在编制综合财务报表时使用的报告货币被称为记账本位货币（Reporting Currency），企业在经营活动中流转使用的各种货币就被称为功能货币（Functional Currency），企业通常以本币进行会计核算，而跨国公司的海外子公司的财务报表，大多按所在国的当地货币进行表述。因此，拥有外币资产负债的企业就要将原来的以外币度量的各种资产和负债，按一定汇率换算成本币来表示，以便汇总编制综合的财务报表。一旦功能货币与记账货币之间汇率发生变动，比如记账本位货币升值，同样多功能货币的价值在账面上就减少了，这就是会计风险。会计风险在合并会计报表过程中，只影响国内母公司账面价值，海外子公司的实际经济价值并没有减少，这也是它不同于交易风险的地方。

例如，某跨国公司在美国的子公司年初收回货款 20 万美元，按当时的市场汇率为 USD/RMB：6.59，折算成 131.8 万元本币。假如年底总公司合并财务报表时，市场汇率变为 USD/RMB：6.57，那么 20 万美元只能折合 131.4 万元本币，这就使合并财务报表的账面价值减少了 0.4 万元本币。

会计风险的大小除与企业进行会计转换时以外币计价资产和以外币计价负债金额的大小有关外，还直接与企业采用的会计转换方法有关。通常，进行会计转换的基本方法有以下三种。

①流动/非流动法（Current/Noncurrent Method）。即对流动性资产（包括现金、应收账款、存货）和流动性负债（主要是应付账款）采用现行汇率（即进行会计转换时的市场汇率）进行折算；对非流动性资产（主要是固定资产）和非流动性负债（主要是长期负债）采用历史汇率（即资产负债发生时的汇率）进行折算。在这种方法中，只有流动性资产和流动性负债面临转换风险。这是最古老的方法，美国已不采用，但仍有一些国家采用。

②货币/非货币法（Monetary/Nonmonetary Method）。即对货币性资产（包括现金和应收账款）和货币性负债（包括应付账款和长期负债）采用现行汇率折算；对非货币性资产（包括存货和固定资产）采用历史汇率进行折算。在该法中，只有货币性资产和货币性负债面临转换风险。

③现行汇率法（Current Rate Method）。即对所有的资产和负债项目均按现行汇率折算。在这种方法下，所有转换的资产和负债项目都面临转换风险。现行汇率法已成为美国公认的习惯做法，并逐渐为其他国家所采用。

（3）经济风险（Economic Risk）。经济风险，又称经营风险（Operation Risk），是指由于外汇汇率发生意外波动而引起企业未来收益发生变化的一种潜在的风险。风险的大小主要取决于汇率变动对该企业产品的销售额、利润率、成本价格的影响程度。潜在的经济风险直接关系到企业在海外的经营效果和在国外的投资效益。

由于交易风险和折算风险的影响是一次性的，而经济风险影响的时间较长，所以对于一个企业来说，对经济风险的防范必须给予足够的重视。经济风险有三个特点。

①它带有主观意识。因为它取决于在一定时期内公司预测未来现金流量的能力，而公司的预测能力是千差万别的。

②它不包括可预期的汇率变动。因为公司管理当局或广大投资者在评价预期收益或市场价值时，已把预期的汇率变动列入预估营业结果及市场价值的评估之中了。

③其风险影响比交易风险和折算风险大。因为这种风险不但影响公司在国内的经济行为与效益，而且还直接影响公司在海外的经营效益或投资效益。

例如，我国某啤酒厂在 20 世纪 80 年代初，使用银行的美元外汇贷款从国外进口了当时非常先进的啤酒生产设备，产品质量、销售情况也很好，毛利润当时在 40% 左右，但由于到了 90 年代，美元兑本币的汇率出现了很大变化，从 1 美元兑 5 元多本币涨至 1 美元兑 8 元多本币，汇率涨幅达 60% 左右，由于该企业产品在国内销售，使用本币结算，又无其他外汇来源，因此不得不用本币购买相应的美元外汇来偿还银行贷款，但此时本币汇率的飙升使企业的经营利润远远不能弥补巨大的汇率损失，企业难以为继，最后不得不破产。

企业所面临的三种外汇风险，就其本质而言，折算风险表现出的是账面损失，并非实际损失，而经济风险和交易风险涉及的是汇率已经或即将发生的变动对企业实际现金流产生的影响。经济风险和交易风险属于同一种类型，但风险程度不同。例如，经济风险往往在主观上取决于在人为的一段期限内人们所估计的企业未来现金流；而交易风险则往往在客观上取决于那些在汇率变动之前未结清的债务大小，而这些债务将在汇率变动之后进行结算。

此外，企业面临的风险，还有税收风险，它是指因汇率的变动而引起的应税收益或应税损失。它是一种范围较小的风险，因国家不同而产生差异，但也不可忽视。

2. 银行外汇风险。对于银行而言，外汇风险主要来自外汇业务经营过程中汇率的变动。具体来说，银行面临的外汇风险主要有三种，即外汇买卖风险、外汇信用风险和外汇借贷风险。

（1）外汇买卖风险。外汇买卖风险是指银行在经营外汇买卖业务中所面临的汇率变动的风险。银行对客户的外汇交易在实务中表现为银行向客户提供的各种金融服务（例如即期、远期外汇交易），此时，银行外汇交易属于被动交易。由于客户买卖外汇的金额与交割日期不可能完全一致，因此在某一个时间点上，银行所持有的外汇买卖余额就难免有多余或短缺的情形发生，这就形成了外汇敞口头寸。这种多头或空头的银行外汇敞口头寸会受到汇率波动的影响：当外汇汇率上升时，银行持外汇多头可获利而持外汇空头则会受损，因为银行的外汇多头要抛出而空头要补进，在外汇汇率上升的情况下，抛多头可增加营业收入，而补空头则会增加营业支出。同样道理，外汇汇率下跌时，银行持外汇空头可获益而持外汇多头则会受损。

例如，假定某银行原有 1.3 亿日元多头，现以 USD/JPY：130 的汇价买进 300 万美元、卖出 1.3 亿日元，这样，银行在美元上是多头、在日元上是空头。这种多头和空头就是受险部分。如果市场汇率变为 USD/JPY = 128，银行抛多头补空头就要遭受损失，银行抛出 300 万美元将损失 600 万日元；如果市场汇率变为 USD/JPY = 132，银行平盘就可获益，抛出 300 万美元可多收 600 万日元。

银行的外汇敞口头寸不完全是由外汇买卖金额的不相称所致，也可能是因外汇交易期限不相称所致。换言之，银行无论是在与客户进行被动交易，还是主动进入市场进行外汇头寸调整交易，银行经常会发生资金期限结构不平衡的情形。有时虽然外汇买卖的金额相等了，其外汇头寸是持平的，避免了汇率变动风险，但其买卖外汇的交割日期却不一定也能做到相等，因而在某一个时点仍难免发生外汇资金和本币资金的余缺。

第一种情况是银行买外汇的交割日期在卖外汇交割日期之前，例如买即期 300 万英镑，卖 30 天远期 300 万英镑，此时，银行可立即得到英镑收入，而英镑支出比较迟缓；第二种情况是银行卖外汇的交割日期在买外汇交割日期之前，如卖 90 天远期 300 万英镑，买 180 天远期 300 万英镑，此时，银行英镑支出在前，英镑收入在后。若外汇买卖交割期限不匹配，当本币与外币之间汇率发生波动时，银行就要处于汇率波动的风险之中。由此可见，银行在外汇交易中，只要交易金额不相称或交易期限不相称，就会存在外汇敞口头寸，从而面临外汇风险。

（2）外汇信用风险。外汇信用风险是因交易对方违约而给银行外汇资产和负债带来的风险，这也是银行在外汇业务经营过程中经常面临的一种外汇风险。从某种程度上讲，外汇信用风险比外汇买卖风险造成的后果更严重。因此，详细考察对方资信，加强风险防范，十分重要。银行的外汇信用风险具体表现为以下几个方面。

第一，与同业交易中，由于交易对方违约而使银行平盘时可能遭受损失。例如甲银行与乙银行达成一笔 1 个月的远期外汇交易，甲银行以 USD/JPY = 130 的汇率买入 300 万美元、卖出 1.3 亿日元。当 1 个月到期时，乙银行违约，不履行该笔远期交易的交割义务，因而导致甲银行只能以即期汇率平盘。如果 1 个月后市场即期汇率变为 USD/JPY = 132，那么甲银行买入 300 万美元，与原来的交易相比，就损失了 600 万日元。

第二，代客买卖中，客户不能或不愿履行外汇合约的交割而造成的风险。

第三，外汇贷款中，客户不能如期还本付息而带来的风险。

在外汇买卖中，银行面临的信用风险还有两种特殊的形式：①交割风险（Settlement Risk）。在交割日或到期日当天，银行根据交易合约已做出支付，而交易对方因突发原因（如倒闭）未能按期履行合约交割义务，从而使银行蒙受损失。②国家风险或主权风险（Sovereign Risk）。这是由交易对方所在国政府用法令形式强迫交易对方停止付款而造成的违约风险。这种风险一般存在于严格外汇管制的情况下或战争时期。

（3）外汇借贷风险。外汇借贷风险是指银行在经营国际信贷业务中所面临的汇率变动的风险，它包括对外负债风险和对外贷款风险。在以本币计值的业务中，如果外汇汇率出现上升，则会加大银行的负债成本，从而使银行蒙受损失。在银行的对外贷款业务中，如果贷款货币的汇率出现下跌，则会使银行收回的贷款本息遭受风险。

3. 国家外汇风险。国家面临的外汇风险有国家外汇储备风险和国家外债风险。

（1）国家外汇储备风险（Foreign Exchange Reserve Risk）。国家外汇储备风险是指一国所有的外汇储备因储备货币汇率的变动而带来的风险。它主要包括国家外汇库存风险和国家外汇储备投资风险。自 1973 年布雷顿森林体系瓦解后多数国家实行浮动汇率制以来，世界各国外汇储备都面临同样的一种运营环境，即储备货币多元化，储备货币以美元为主，包括美元在内的储备货币汇率波动很大。这样，就使各国的外汇储备面临汇率变动的风险。由于外汇储备是国际清偿力的最主要构成，也是一国国力大小的一个重要象征，因此，外汇储备面临的风险一旦变为现实，其造成的后果十分严重。

（2）国家外债风险。外债是在任何给定时刻，一国居民欠非居民的以外币或本币为核算单位的、已使用而尚未清偿的、具有契约性偿还义务的全部债务。上述定义包含四个要素：①必须是居民与非居民之间的债务；②必须是具有契约性偿还义务的债务；③必须是一个时点的外债金额，如已签订借款协议而尚未提款，则不构成借款国的外债；④外债的组成不仅包括以外币表示的债务，还可以是以本币表示的债务。

国家外债风险指债务国因缺乏偿还能力，无法如期偿还已经到期的外债本息，从而直接影响到债务国及相关地区的金融市场波动所发生的风险。当债务国因经济困难或其他原因的影响不能按期如数地偿还债务本息，致使债权国与债务国的债务关系不能如期了结时，债权国与债务国的正常的经济活动就会受到影响，甚至波及世界经济的发展。外债问题牵涉面很广，可变因素很多，所以对一国的外债水平或外债偿还能力需要从更多方面、不同的角度去估量。国际债务本来是一种普遍现象。但 20 世纪 70 年代后，由债务危机引起的、震惊全世界的国际金融危机不断发生，以致国际债务成了全球关注的重要课题。

（四）外汇风险对企业的潜在影响

外汇风险对所有企业都会造成影响，特别是对外向型企业的影响更为明显和直接。明显的汇率波动所产生的风险，不仅增加了企业进出口战略的不确定因素和调整费用，从而直接影响了企业的定价机制，而且对一个国家的生产和投资结构乃至政府的宏观经济政策都会产生间接的影响。

1. 外汇风险对从事进出口业务的企业的影响。外汇风险主要从两个方面对企业产生影响，一是进出口贸易中由于汇率波动而造成的汇率损益；二是公司有外汇结汇如资产负债而发生的汇兑损益。汇率的变化对进出口企业的影响是双向的，这些企业主要在以下三大类行业中。

第一类是工业行业。本币汇率升值可能导致服装、电视机、机电产品等的出口减少，对生产此类产品零件与加工设备的进口也会减少，在出口减少的同时，由于行业内部对中间产品的需求而导致进口减少。机械及运输设备、轻纺产品，以及化学品相关产品是影响国内进出口的重点行业。

第二类是大宗原材料行业。除原材料供求因素导致价格上涨以外，本币汇率变化对以美元计价的原材料价格在短期内将产生实质性影响。这样，汇率调整对国内相关行业与相关公司产生两方面影响：一是国内以美元计价的大宗原材料生产企业的销售收入将会降低，二是原材料投入成本降低。考虑到国内需求可能对大宗原材料的国际价格产生影响，并且汇率波动可能加大对国外大宗原材料的需求，而这种持续增长的需求将推动部分国际原材料价格上涨，从而对冲汇率波动的负面影响。

第三类是资本项的损益。就其对投资的影响而言，不仅考虑外汇贷款与负债的影响，还要考虑现金与资产市场价格变化的相对影响。主要受到正面影响的行业和市场包括：债券市场、房地产业、航空运输业、零售业、石化业等。受到负面影响的行业包括：机场、银行业等。其他行业受到的影响两方面都有，需要根据企业的具体情况加以分析。

2. 外汇风险对拥有外汇、外债借款的企业的影响

（1）企业拥有外汇时，如外汇发生贬值，则企业会遭受损失；如果外汇升值，则企业会获利。借入或借出外币在债权债务未清偿前，如果所借入的外币升值则企业遭受损失；如外币贬值，则企业获取利益。

（2）对于跨国公司，如果在国外的子公司核算上是以东道国货币为计价单位，总公司在会计报表合并过程中，需要将各子公司的资产、负债、损益进行折算，以总公司所用计量货币来表示，以便汇总编制整个公司的综合财务报告。如果东道国货币贬值，总公司财务报表中的资产会减少，负债会增加；如果东道国货币升值，总公司财务报表的资产会增加，负债会减少。

【案例阅读】

中信泰富炒汇巨亏事件

2008 年 10 月 20 日香港恒指成分股中信泰富突然惊爆，因投资杠杆式外汇产品而巨亏 155 亿港元！其中包括约 8.07 亿港元的已实现亏损和 147 亿港元的估计亏损，而且亏损有可能继续扩大。

2008 年 10 月 21 日中信泰富股价开盘即暴跌 38%，盘中更一度跌至 6.47 港元，跌幅超过 55.4%，当日收报于 6.52 港元，跌幅达 55.1%，远远超过业界预计的 20% 左右的跌幅。2008 年 10 月 22 日香港证监会确认，已经对中信泰富的业务展开调查，而由于中信泰富的股价在两天内已经跌了近 80%。2009 年 3 月 26 日中信泰富公布 2008 年全年业绩，大亏 126.62 亿港元。2009 年 4 月 8 日中信泰富在港交所网站发布公告称，荣智健卸任中信泰富主席，北京中信集团副董事长兼总经理常振明接任。

由于参与澳元期权的对赌，荣智健主政的中信泰富发生了巨额亏损。这位以斐然经营业绩颠覆了"富不过三代"商业定律的"红色资本家"后代因此丢失了中信泰富的最高管理权杖。从 30 余年商战风雨中走过来的荣智健为何如此惨败，扼腕叹息之余，人们更多的是诘问与思索。

加框效应：高估收益头寸。加框效应是指在投资决策时，对低概率事件作出过高的期望，从而使得投资者愿意承担更大的风险。加框效应的实质是没有看到真正的输赢概率，降低对损失可能性的估计，从而提高了对盈利可能性的估计，因此选择了与市场方向完全相反的决策。

由于特种钢生产业务的需要，中信泰富动用 4.15 亿美元收购了西澳大利亚两个分别拥有 10 亿吨磁铁矿资源开采权公司的全部股权。这个项目使得中信泰富对澳元有着巨

大的需求。而为了防范汇率变动带来的风险，中信泰富在市场上购买了数十份外汇合约，即中信泰富把宝完全押在了澳元多头上。在荣智健看来，澳元在最近几年的持续升值趋势还将保持，做多澳元肯定会盈利。然而，一场全球金融海啸最终让澳元飞流直下。对澳元价值前景的误判导致了荣智健决策的失误，并最终让中信泰富付出了惨痛的代价。

投入升级：误判市场风险。投入升级主要是指投资决策者为了证明自己最初选择的正确性，进一步向已经存在较大风险或者证明可能失败的地方继续追加新的投资，希望能够弥补过去的损失，并最终获得盈利。投入升级实际上是投资者对未来获取高额收益的期望，和即使在低概率条件下运气也会改变的信念相结合的产物。

中信泰富买入澳元期权合约共90亿澳元，比实际矿业投资额高出4倍多，并且其买入行为也不是一次完成的，而是采取分批买入的方式。如果中信泰富在投资澳大利亚磁铁矿时世界经济正处于上升时期的话，此时做多澳元完全可以理解；问题的关键在于，荣智健密集买入澳元的时段为2007年8月到2008年8月，而此时，全球经济已显危险征兆，所有不同经济体衰退的趋势非常明显。在这种情况下，尽管中信泰富已经发生明显亏损却仍在一味做多澳元。之所以如此，就是荣智健认为澳元跌势已经见底，并试图通过追加投资挽回前面的损失，结果窟窿越填越大，使中信泰富最终尝到了刀刃上舔血之苦。

少数人统治：群体决策缺陷。由于现代投资市场的高风险以及决策规范化和民主化的要求，国际上许多大型金融企业都实行群体决策制度，如董事会制、委员会制等。但是，对于一个组织而言，如果高层管理者中存在一个特殊人物，群体决策就会陷入少数人统治的境地。

中信泰富公司具有明显的"少数人统治"的特征：一方面，荣智健对中信泰富有着非同常人的"钳控力"，在公司重大投资决策中的特殊话语权，某种程度上可以影响和支配决策集团中其他决策成员的思想与态度；另一方面，中信泰富高层存在着明显的"内聚力"现象，主要决策者之间相互吸引或者彼此喜欢的程度很强。无论是"钳控力"还是"内聚力"，都最终导致对荣智健个人决策权监督的失控。

思考：

1. 中信泰富所面临的外汇风险及对企业的潜在影响有哪些？
2. 中信泰富风险管理失误对企业造成什么样的影响？

【任务小结】

本任务以背景案例分析企业面临的外汇风险引出基础知识内容，介绍了外汇风险的概念和构成因素、外汇风险的种类、外汇风险对企业的潜在影响，便于学生掌握外汇风险的基础知识，提高学习能力和分析能力。

【思考题】

1. 什么是外汇风险？
2. 企业的外汇风险有哪些？

【课后训练】

上网查询中国神华公司的基本情况，并分析该公司在经营中可能面临的外汇风险，形成简要报告（800 字左右）。

【知识链接】

"外汇暴露" 和 "外汇风险"

"外汇暴露" 和 "外汇风险" 这两个术语经常被人们等同使用，但事实上，它们却是完全不同的两码事。外汇暴露是指资产或债务的本币价值对汇率变化的敏感度。例如，若一公司的市值由于汇率的波动而发生变化，那么该公司就处于暴露状态。公司的市值变化越大，它就越敏感，或者说，它的暴露程度就越大。

而外汇风险却不同，它是指由于汇率发生未曾预料到的变化，而引起资产或债务本币价值的波动。例如，一家公司若面临外汇风险，则它必然处于暴露状态，同时汇率也必定发生不可预知的变化。汇率的不可预知性越大，外汇风险也就越大——至少在外汇暴露程度既定的情况下是这样。

到目前为止，最简单的外汇暴露和外汇风险是指资产或债务在外币价值不变时的情况。在这种情况下，只有在将外币换算成投资者的本币时，才会产生暴露。例如，假如一个美国投资商拥有一个以英镑标价的银行账户，那么该账户的美元价值变化，肯定是由于汇率引起的。很显然，此时暴露程度就等于银行账户上的英镑价值。如果英镑升值，那么这就是个 "长"（long）暴露，因为英镑升值表示相对于美元升值。倘若一个美国借贷者向银行贷款英镑，那么暴露程度就等于贷款的英镑价值：当英镑相对于美元升值，这就是个 "缩"（short）暴露，借款方便会蒙受损失。

如果所有的资产都像银行存款和贷款那样，英镑价值不随汇率改变而发生变化，那么就很容易计算暴露程度。此时，外汇暴露便只是资产或债务的外币价值，我们只需注意暴露是 "长" 还是 "缩" 即可。然而，假定有一个美国投资商，他拥有一家以出口为主的英国公司的股票，英镑的美元价值上升会减少公司的收入，进而降低它的市场价值。在这种情况下，暴露程度就小于股票的价值。因为英镑的美元价值上升，而股票的英镑市值下降，两种效应就可相互冲抵。如果英镑的升值幅度与股票英镑价值的下降幅度相等，那么两种效应就完全抵消，暴露程度就为零。而且，如果暴露程度为零，那么就不存在外汇风险，不管汇率有多么不可预测。

现在，我们来考虑，如果美国投资商买进一家以进口为主的英国公司（如服装连锁店等）的股票，情况将会如何。此时，英镑升值将使进口价格降低，商品的成本降低便会使该公司的利润增加。而这又可能使该公司的英镑市值增加。这样，我们便会看到两种强化效应，从美国投资商的角度来看，英镑价值上升，股票的英镑价值也上升，这便使得暴露程度大于英镑股票价格。

需要明白的是，即便是对做进出口贸易的本土公司进行投资，也会涉及暴露。例如，一家向英国出口或是与英国公司相竞争的美国公司，在英镑升值时便会获益。该公司顺英镑走势而 "长"：当英镑相对于美元升值时它会获益。而另一方面，从英国进口

商品的美国公司便逆英镑走势而"缩"。

虽然进口商和出口商都处于暴露状态是件很正常的事，但为何在本币债券上的投资会涉及暴露，而在国外房地产上的投资却可能不会，就不那么容易理解了。假设在美国联邦储备委员会实行"逆风而行"的系统政策（即提高利率以阻止美元下滑趋势）时，有一家美国企业投资美元债券，美元下滑会促使利率上升，导致美元债券价格下跌。投资商逆外币走势而"缩"，在外币升值时将亏损。虽然听起来有点不可思议，但是若要在本币资产（如债券等）上规避暴露，可能就得在外币上进行对冲了。

国外资产，如房地产之类，可能不会暴露。当贬值币种发生高度通货膨胀时，这种情况就可能存在。在这里发挥作用的是购买力平价（PPP）原理。根据此原理，英镑下跌的幅度，应与英国超过美国通货膨胀的程度相等。当房地产的英镑价值上升幅度与英镑下跌幅度相等时，两种效应互相抵消，房地产的美元价值便保持不变。这就意味着没有暴露存在。

最后一点，公司虽然没有与某货币直接相关的交易，但也有可能出现该货币的外汇暴露。例如，假定一家英国厂商在欧元区销售商品，并与日本和韩国厂商竞争欧洲市场。那么当日元或韩元相对于英镑升值时，英国公司便会获益。因此，它会顺日元及韩元走势而"长"，即使它在日本没有业务，也没有与这些外国货币相关的交易。

资料来源：鑫合汇，https：//www.xinhehui.com/zt-fjjj/view-8845.html。

【专业词汇】

外汇风险 Foreign Exchange Risk　外汇暴露 Foreign Exchange Exposure

任务3-2　选择外汇风险管理方法

【案例引入】

钱风根据所学的专业知识，详细分析了大唐贸易有限公司与力拓矿业公司（澳大利亚）的铁矿石进口交易所面临的外汇风险，并形成了详细的报告交给外汇风险管理部经理。经理对钱风的分析报告非常满意，并要求钱风进一步研究如何防范本次交易的外汇风险，选择可行的风险防范方法。

【学习任务】

一、企业防范外汇风险的方法

外汇风险是一种可能性，通过采取一定的措施，是可以避免的。企业应该从自己的经营目的出发，在保证预期收益的前提下，积极稳妥地采取适当的防范措施，将风险损失降至最低，以取得最大的收益。

企业面临的外汇风险主要是交易风险、会计风险和经济风险。企业外汇风险防范就是评估外汇风险的性质，在预测汇率变动的基础上，按照一定的风险管理战略，运用各种管理技术来防止汇率变动对企业造成的不利影响。外汇风险防范的目的是保值，从根本上讲就是取消产生外汇风险的时间差和地点差。因此，凡是取消外汇风险产生的时间差、地点差而达到保值目的的手段和方法，都是外汇风险的防范措施。

（一）交易风险的防范

交易风险是能在现实中引起盈亏的风险。交易风险的防范主要可分为内部经营法、套期保值法和国际信贷法。

1. 内部经营法。内部经营法是将交易风险作为企业日常管理的一个组成部分，通过采取一些经营策略对其加以防范、管理，尽量减少或防止风险性净外汇头寸的产生。

（1）货币选择法（Choice of Invoicing Currency）。货币选择法是指在商品进出口、劳务输出、资本借贷等国际经济交易中，需要双方签订合同，在合同中载明支付条款和结算货币。企业可以通过选择涉外业务中的结算货币来减少外汇风险。货币的选择实际上是外汇风险由谁来承担的问题，因此，选择以何种货币进行结算是一个相当关键的问题，其重要程度并不亚于交易价格的确定。结算货币往往是在本国货币、交易对方国货币和第三国货币之间进行选择。对交易双方来说，为避免承担外汇风险，都应以本币来结算，本币结算实际上是风险的转嫁。对一方来说是本币的，对另一方就一定是外币，没有消除外汇风险，在进出口贸易中，至少有一方需要承担外汇风险。

第一，在对外交易中，应尽力争取使用本国货币计价结算，这样可使交易主体避开货币兑换问题，从而避免外汇风险。在出口中用本币计价结算，就如同商品在国内销售，在进口中用本币作为支付手段，不仅能够避免使用外汇付款时外汇汇率上升造成的风险损失，还有利于成本核算。选用本国货币计价结算的前提是对方能够接受从而不使企业丧失贸易机会。

按国际惯例，国际黄金、石油等交易均以美元计价结算；而如果出口国或进口国的本国货币不是自由兑换货币，在实际的国际贸易活动中，也几乎不被使用。这样，以本币计价结算的愿望就难以实现。

第二，选择可自由兑换货币，如美元、日元、欧元等。选择可自由兑换货币本身并不能减少外汇风险，因为可自由兑换货币的汇率也是不断变动的。但选择可自由兑换货币可使企业日后在汇率变动对己不利时，易于通过国际金融市场进行各种套期保值，实现外汇风险的转移。

第三，争取"收硬付软"。即出口商争取用"硬币"结算，进口商争取用"软币"结算。硬币的汇率具有上升的趋势，软币的汇率具有下降的趋势。对于出口商或外币债权人而言，使用硬货币结算，虽然这些货币未来不一定升值，但从长远看贬值的可能性也小，具有保值的作用；对于进口商或外币债务人，争取使用软货币结算，以避免汇率上升带来的损失。

在实际业务中，由于交易双方的货币选择是相对的，且货币的选择与利益有关，如果僵硬地坚持"收硬付软"这一原则就会影响成交。同时在浮动汇率制度下，货币的走势及软硬区分变得难以预测和把握。为避免汇率风险，企业应根据进出口商品的供求状况，交易习惯及销售意图等情况，把它视作谈判的一个条件，灵活应用，综合考虑。

第四，多种货币组合法。即选择两种以上的货币进行计价和付款，对结算货币进行保值，以避免汇率波动的风险。

在一项国际交易中选择两种以上货币结算是 20 世纪 50 年代后出现的一种保值措施。该方法的基本思路是：在国际外汇市场上，各国货币汇率的变动在一定时期往往不一致，可以互相调节。在一项交易中使用两种及以上货币来计价和付款，当其中一种或几种货币升值，而另外一种或几种货币贬值时，可以用升值的货币带来的收益抵消贬值的货币带来的损失，从而减少外汇风险。这一方法也体现了公平、公正的原则。进出口双方可以风险共担、利益共享。

（2）提前或推迟结汇法（Leads & Lags）。提前或推迟结汇法，又称迟收早付或迟付早收法，是指在国际支付中，如果预期某种货币将要升值或贬值时，将收付外汇的结算日期提前或推迟，以达到避免外汇汇率变动风险或获取外汇汇率变动收益的目的。提前或推迟有以下两个基本做法。

第一，预期外汇汇率将要上升时，出口商或外币债权人应尽量推迟收汇日期，以期获得计价货币汇率上浮的利益；而进口商或外币债务人则应争取提前付汇，以避免将来计价货币升值多支付本国货币。

第二，预期外汇汇率将要下跌时，出口商或外币债权人应争取提前收汇，使其提前付款，以避免计价货币贬值带来的损失；而进口商或外币债务人则应尽量推迟付汇日期，达到用较少的本币换取计价货币的目的。

由于提前或推迟结汇变更了结算日期，这种方法一般更常见于跨国公司内部。跨国公司内部的提前或推迟结汇是从母公司利益出发的，而且这会使一些子公司的利益受到损失，另一些子公司获得收益。最终从母公司的总体范围来看，利益有所增加。但是，这种措施在资金的筹集和运用方面也带来一些问题：一方面提前支付和延期收汇的企业必须为此筹措所需资金，另一方面，延期支付和提前收汇的企业也必须及时为这笔资金找到合适的运用渠道。此外，该方法还具有一定的外汇投机性质，因为它涉及在预期基础上采取行动，以期获得外汇风险收益。最后，提前或推迟支付会影响有关国家的国际收支，对于实行强制性结售汇制的国家有必要在外汇管制允许的范围内使用这一方法。

（3）在合同中设立保值条款。企业在涉外活动中并不一定能完全如愿地选择结算货币，如果在交易中不得不使用对方愿意接受的货币时，则可采用货币保值法，即在合同中加列保值条款，对结算货币用某种稳定的价值单位进行保值，常用的保值法主要有以下几种。

第一，黄金保值条款。指在签订贸易合同时，按当时黄金市场价格将应支付的合同货币金额折合成若干黄金，到实际支付日，若黄金价格波动，支付的货币金额也相应变动。

黄金保值条款是一种传统的货币保值条款，从第二次世界大战到 20 世纪 70 年代初的 30 年左右的时间里，黄金的美元价值基本上是固定的，因此黄金具有保值作用。自从 1974 年黄金非货币化之后，黄金与货币之间的固定联系不复存在，因此黄金保值条款也从此失去了存在的基础。

第二，价格调整保值条款。又称加价保值与压价保值。在国际贸易中，如果不能做到"收硬付软"，有时出口不得不以"软币"成交，进口不得不以"硬币"支付，这时就需要运用价格调整保值条款。

加价保值主要用于出口贸易，指出口商接受软货币计价成交，将汇率损失摊入出口商品价格，以转嫁外汇风险损失。按国际惯例，加价保值公式为：

加价后商品价格 ＝ 原出口商品价格 × （1 ＋ 计价货币预期贬值率）

压价保值主要用于进口贸易，指进口商接受硬货币计价成交，将汇率变动可能造成的损失从进口商品价格中剔除。压价保值公式为：

压价后商品价格 = 原进口商品价格 × （1 - 计价货币预期贬值率）

【案例阅读】

加价保值条款

某英国公司出口货物，合同签订以软币计价，6个月后收汇。以市场即期汇率 GBP/USD = 1.8600 计价，其价值 10 万英镑的货物的美元报价为 18.6 万。已知美元对英镑 6 个月远期汇率贴水 60 个点，贴水率 0.0060/1.8600 = 0.32%，该出口商预计出口收汇时美元贬值，卖出美元远期以防范外汇风险。则到期收汇时，按远期汇率交割，收回英镑仅为 18.6 万/1.8660 = 9.968 万英镑，亏损 0.032 万英镑。于是，英国公司采取加价保值策略，将美元贴水率计入美元报价中，则新的出口价为 18.6 × （1 + 0.32%） = 18.66 万（美元）。出口商的收益得到了保证。

第三，外汇保值条款。又称货币风险条款，是指在合同中规定货币汇率变化幅度，从签约成交到实际结算付款的这段时间内，交易结算货币若发生贬值或升值以及贬值或升值超过双方规定的幅度时，适当调整汇率，实际收付的外汇金额按调整过的汇率计算；或者当结算日支付货币汇率下跌超过合约规定的幅度时，则按原合同金额和结算日支付货币的汇率重新调整支付金额，这样交易双方可以按一定比例共担外汇风险损失。在国际贸易合同中，外汇保值条款作为一项防范外汇风险的有效手段，运用已非常普遍。

第四，一揽子货币保值条款。是指交易双方在合同中规定用支付货币与多种货币组成的"一篮子"货币的综合价值挂钩的保值条款，即订立合同时确定支付货币与"一篮子"货币中各种货币的汇率，并规定每种入选货币的权数和汇率变化的调整幅度，如到期支付时汇率变动超过规定的幅度，则按支付当时的汇率调整，以达到保值的目的。特别提款权（SDR）就是由国际货币基金组织创设的，由多种货币进行定值的复合货币。实践证明，这是一种有效而实用的保值措施，在企业进出口业务及国际债权债务结算的应用中，收到了良好的效果。

【案例阅读】

一篮子货币保值条款

日本某公司从美国进口 100 万美元的货物，签约时即期汇率为 USD/JPY = 130 日元。为避免结算日美元汇率上升而加大进口成本，公司便以 SDR 进行保值。假设签约时，1SDR = 1.3282 美元，100 万美元折合 100 万/1.3282 = 75.29 万 SDR。如果结算日美元汇率上升为 USD/JPY = 136 日元，1SDR = 1.2386 美元，则日本公司为支付 100 万美元需支付 75.29 × 1.2386 × 136 = 12 682.57 万日元。若不保值，则需支付 100 万 × 136 = 13 600 万日元。相比之下，节约 13 600 - 12 682.57 = 917.43 万日元。

2. 金融法。金融法是当内部经营不足以消除净外汇头寸时，利用各种外汇交易市

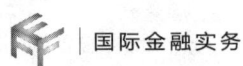

场，如远期外汇市场、期货市场、期权市场及互换市场进行套期保值，以降低交易风险。利用外汇市场的外汇交易进行套期保值主要通过创造与未来外汇收入或支出相同币种、相同金额、相同期限的债务或债权，以达到消除外汇风险的方法。

（1）远期外汇交易法。远期外汇交易法，就是具有远期外汇债权或债务的企业，与银行签订远期外汇交易，通过买卖远期外汇来消除外汇风险的方法。拥有外汇债权或债务的企业和银行达成的远期外汇买卖本身具有外汇风险所包含的时间、本币、外币三要素。利用远期合同法，把时间结构从将来转移到现在，并在规定的时间内实现本币与外币的冲抵。所以该方法可以使进出口商消除外汇的时间差和地点差的影响，最大限度地减少外汇风险。

目前，在我国外汇市场可利用的交易工具较少的情况下，远期外汇交易是我国企业防范外汇风险用得最多的一种方法。

在我国银行不但开设本币与外币的远期外汇交易，也开办外币与外币的远期外汇交易，这样企业不但可以规避外币与本币兑换的交易风险，也可以规避外币与外币兑换的交易风险。

（2）掉期交易法。掉期交易法主要运用于客户目前持有某种甲货币而需要另一种乙货币，经过一段时间又将收回乙货币并换回甲货币。通过掉期交易可固定换汇成本，防范风险。

（3）外汇期货交易法。外汇期货交易法是通过外汇期货市场进行外汇期货买卖，以消除外汇风险的方法。具体有多头套期保值和空头套期保值两种方法。多头套期保值是指进口商为防范付款日计价结算货币汇率上升带来的风险损失，在签订贸易合同时就在期货市场上先买进外汇期货，在期货交割日到来之前，再卖出期货合同对冲。空头套期保值是指出口商为防范收款日计价结算货币贬值带来的风险损失，在签订贸易合同时，就在期货市场上先卖出外汇期货，收回货款时再买进外汇期货合同进行对冲。

（4）外汇期权交易法。外汇期货交易法是通过外汇期权市场进行外汇期权买卖，以消除外汇风险的方法。具体做法有进口商买进看涨期权，出口商买进看跌期权两种。

（5）互换交易法。互换交易法是通过利率互换和货币互换，来防范筹资外汇风险的一种方法。

（6）外汇借款法。当企业拥有预期外汇收入时，可借入一笔与预期外汇收入相同币种、相同金额、相同期限的资金，并立即将其出售换回本币。到结算日一旦外汇汇率下跌，则外汇收入的风险损失可由外汇借款的风险报酬来弥补。外汇借款法的具体程序如下：

第一，出口企业在签订贸易合同后，立即在金融市场上借入所需外币。

第二，在即期外汇市场卖出外币取得本币，将本币资金投入经营取得收益。

第三，执行贸易合同后，出口商收汇，用收回的货款偿还贷款本金和利息。

【案例阅读】

外汇借款法

某出口企业有一笔100万美元的外汇收入，3个月后收汇。为防止美元贬值的风险，该企业从银行借入 3 个月期限的 100 万美元，并将这笔美元在现汇市场上卖出。3 个月后，用到账的 100 万美元外汇收入偿还银行贷款本息。这样，即使美元严重贬值，对该企业也无影响。

值得注意的是，由于外汇借款法要支付银行贷款利息，所以这种防范外汇风险的方法有一定的成本。只有利息的支出小于汇率波动所造成的损失时，才可起到保值和避免风险的作用。

（7）外汇投资法。当企业有预期外汇支出时，可买入一笔与预期支出外汇相同币种、相同金额、相同期限的外汇，并将其进行同期限的投资。等到付款日，可用收回的外汇支付外汇债务，如果外汇汇率出现上升，则可以将外汇投资的风险收益抵补外汇支出的风险损失。一般投资的市场是短期货币市场，投资的对象为规定到期日的银行定期存款、银行承兑汇票、国库券、商业票据等。

这里要注意的是，投资者如果用本币投资，则仅能消除时间差，只有把本币换成外币再投资，才能同时消除货币兑换的地点差的风险。

投资法和借款法都是通过改变外汇风险的时间结构来避险，但两者却各具特点：前者是将未来的支付移到现在，后者是将未来的收入移到现在。

（8）BSI 法。BSI 法（Borrow - Spot - Invest）即借款—即期合同—投资法，也可以很好地消除交易风险。公司在有应收外汇账款的情况下，为防止应收外币的汇价波动，首先借入与应收外汇相同数额的外币，将外汇风险的时间结构转变到现在办汇日。借款后，时间风险消除，但货币风险仍然存在，此风险则可通过即期合同法予以消除，即将借入的外币卖给银行换回本币，使外币与本币价值波动风险不复存在。此法虽有一定费用支出，但可将借外币后通过即期合同法卖得的本币存入银行或进行投资，以其赚得的投资收入抵冲一部分采取防险措施的费用支出。

【案例阅读】

BSI 法

德国 B 公司在 90 天后有一笔 50 000 美元的应收账款。为防止美元对欧元汇价波动的风险，B 公司可向美洲银行或德国银行借入相同金额的美元（50 000 美元）（暂不考虑利息因素），借款期限也为 90 天，从而改变外汇风险的时间结构。B 公司借得这笔贷款后，立即与某一银行签订即期外汇合同，按 EUR = USD1. 1857 的汇率，将该 50 000 美元的贷款换为欧元，共得 42 169. 18 欧元。随之 B 公司又将 42 169. 18 欧元投放于德国货币市场（也暂不考虑利息因素），投资期也为 90 天。90 天后，B 公司以 50 000 美元应收账款还给美洲银行，便可消除这笔应收账款的外汇风险。

（9）LSI 法（Lead - Spot - Invest）。LSI 法即提早收付—即期合同—投资法，是具有应收外汇账款的公司，征得债务方的同意，请其提前支付货款，并给其一定折扣的方法。公司应收外币账款收讫后，时间风险消除。以后再通过即期合同，换成本币从而消除货币风险。公司为取得一定的利益，可将换回的本币再进行投资。LSI 法与 BSI 法的全过程基本相似，只不过将第一步从银行借款对其支付利息，改变为请债务方提前支付，给其一定折扣而已。

此外，还有投保规避法。企业向保险公司投保汇率变动险，如果汇率波动幅度在保险公司规定的幅度内，则由保险公司负责赔偿企业遭受的损失，但是对超过规定波动幅度的汇率损失，保险公司不负责赔偿。尽管投保规避法可在一定程度上补偿企业的风险损失，但不足之处是企业运用这种方法避免外汇风险的成本很高，而且汇率变动所产生的外汇收益必须归保险公司所有。

（二）会计风险的防范

会计风险是跨国公司的母公司与海外子公司合并财务报表时由于汇率变化而引起资产负债表中某些以外币计量的资产、负债、收入、费用等项目在折算为本币时产生的金额变动的风险。

从本质上看，折算风险并不一定对跨国公司的收益与现金流产生实际影响，因此有些企业认为不必采取相应的措施去规避折算风险，如飞利浦石油公司、百事可乐公司在其年报中就表示不规避会计风险。但不可否认，折算风险对跨国公司的价值将产生一定的影响，因此，应当重视折算风险的管理。

会计风险管理的基本原则是：增加强势货币资产，减少强势货币负债；减少疲软货币资产，增加疲软货币负债。通常的做法是实行资产负债匹配保值。这种方法要求在资产负债表上以各种功能货币表示的受险资产与受险负债的数额相等，以使其会计风险头寸（即受险资产与受险负债之间的差额）为零。只有这样，汇率变动才不致带来任何折算上的损失。

1. 资产负债表中性化法。对于外币资产而言，在折算时使用现行汇率的资产对汇率的变动是敏感的，这些称为风险资产，而使用现行汇率折算的负债则为风险负债。

要求企业调整资产和负债，使得以各种功能货币表示的资产和负债的数额相等，折算风险头寸（即会计报表折算差额，等于受险资产与受险负债之差）为零。这样，无论汇率怎样变动，也不会带来会计折算上的损失。具体操作分为以下三个步骤：

（1）计量资产负债表各账户、科目中各种外币的规模，确定净折算风险头寸的大小。

（2）确定调整的方向。例如，如果以某种外币表示的受险资产大于受险负债，则需减少受险资产或增加受险负债，或同时进行。

（3）通过分析和权衡，进一步明确调整的具体的账户科目，使调整的综合成本最小。在考虑折算风险之前，假如该企业处于最佳的经营状况，对资产或负债的事后调整也许并非明智之举。可取的办法是事前调整资产或负债的计价货币，例如以本币借款，选择有利的销售和购货的计价货币，提前或滞后应收账款与应付账款等。

2. 外汇风险对冲法。外汇风险对冲法是指通过金融市场操作，利用外汇合约的盈亏来冲销折算盈亏。首先确定企业可能出现的预期折算损失（由资产负债表而来），再采取相应的远期交易避免风险。例如，假定在美国的法国子公司预期其资产负债表存在10万法郎的损失，在预测法郎将贬值的情况下，可以于期初在远期市场上卖出法郎，到期末再买进等额的法郎，并进行远期合约的交割。如果期初远期市场汇率大于预期的期末即期汇率，则在远期市场卖出法郎而获得的美元肯定大于购回等额法郎所花费的美元数，也即交易有利可图；反之，若期初远期市场汇率等于或小于期末的即期汇率，则进行远期交易无效。这种合约的保值方法与一般的保值方法不同，它以折算结果为基础，并且与预期期末折算货币密切相关，只要预测准确就可以避免汇率风险。

当然，这种方法也有许多缺陷：首先，在签订外汇合约时，折算风险头寸是未知的，远期或期货合约的避险金额很可能不同于折算风险暴露；其次，风险对冲法实际上是用实现的外汇合约盈亏抵冲未实现的账面折算盈亏，而外汇合约的这种盈亏要计入应税所得，折算盈亏通常并不纳入所得税的征收范围（视各国法规而异）。由于税收差异的存在，金融市场风险对冲操作并未有效地降低企业的实际风险。

3. 资产负债保值法。资产负债保值法是指通过调整短期资产负债结构，从而避免或减少外汇风险的方法。基本原则是：如果预测某种货币将升值，增加以此种货币持有的短期资产，即增加以此种货币持有的现金、短期投资、应收款、存货等，或者减少以此种货币持有的短期负债；反之，如果预期某种货币将贬值，则减少该种货币持有的短期资产，增加短期负债。

4. 债务净额支付法。债务净额支付法是指公司在清偿其内部交易所产生的债权与债务关系，对各子公司、母公司与子公司之间的应付账款和应收账款进行划转与冲销时，仅定期对净额部分进行支付，以此减少风险性现金流动。其包括：双边债务净额支付和多边净额支付。例如，某跨国公司各子公司之间，法国子公司欠英国子公司等值于500万美元的英镑，英国子公司欠意大利子公司等值于300万美元的里拉，意大利欠法国等值于300万美元的法郎，经过冲抵后，法国支付等值于200万美元的预先商定的货币，资金总量为1 100万美元，净流量200万美元，冲抵900万美元，这样减少了支付的数额和次数，从而在很大程度上化解了折算风险。

5. 及时澄清事实。向外界澄清汇总后公司利润受汇率变动影响的事实，也不失为公司管理折算风险的一种好方法。澄清事实后，股东和潜在的投资者会认识到折算风险表现出的是一种账面损失，而非实际损失。于是，即使子公司实现的当地货币利润被按照更疲软的汇率汇总到母公司后，公司以母国货币表示的利润出现大幅下降，公司股东和投资者也不会因此改变对公司的看法。

此外，企业还可采取其他一些处理折算风险的方法。例如，在某些国家会计制度和税法允许的情况下，企业可以将折算损益作为递延项目逐年累积，不计入企业当期损益，也不影响应纳所得税金。因此，递延处理可以在很大程度上降低会计风险的不利影响。又例如，企业还可以直接对股东、债权人等会计报表的重要使用者解释会计折算损益的性质，让使用者了解财务报表的真正意义，而无须担心折算损益导致的账面盈余波动。

（三）经济风险的防范

经济风险是由意料之外的汇率变动影响到企业未来现金流量，最终对企业的获利能力和整体价值造成影响。

经济风险不单来自国际经济合同签订之后，而且早在跨国公司决定在海外投资设立分公司起，就已经面临着经济风险了。防范经济风险的目标是预测和防止非预期汇率变动对企业未来净现金流的影响。这一目标要求跨国公司应及时发现市场出现的不均衡状况，并随时采取措施。因此，对经济风险的管理需要从长期入手，从经营的不同侧面全面考虑企业的发展。

1. 经济风险的市场营销管理

（1）市场选择与分割。市场选择是出口企业在汇率变动时要考虑的问题之一。一般来说，当一国货币升值时，其出口产品的外币价格将由于汇率的变化而上升，该国出口产品的价格竞争力将削弱，这时对于国外企业而言则是其产品依靠价格竞争优势扩大其在该国市场份额的好机会。

此外，适当地将其产品出口市场进行分割也是必要的。例如，福利水平比较高的发达国家对进口商品价格变动的敏感度低于福利水平较低的发展中国家。因此，当本国货币升值时，出口企业可以适当地增加对福利水平较高的国家出口，减少对福利水平较低的国家的出口，以降低汇率波动对出口企业的影响；反之，就扩大对福利水平较低的国家出口。

（2）定价策略。企业在调整定价策略时必须考虑两方面的问题，即市场占有率与利润额。按照经济学的原理，企业产品销售价格的确定应使利润最大化，即边际收益等于边际成本，同时也应该利用收入时本币真实预期价值的远期汇率对利润进行折算。

本币贬值时，本国的出口品自然在国际市场上具有更强的竞争力，这时出口商将面临两种选择：维持价格，扩大市场份额；或提高价格，维持市场份额，提高利润率。本币升值时，出口商的两种选择是：维持价格，降低市场份额；降低价格，维持市场份额。

企业在考虑价格调整政策是否可行时，需要考虑的因素包括：消费者对价格变动的敏感程度、汇率变动的时间性、产品的可替代性、潜在的竞争是否激烈、重新进入的难度和规模效益等。

当价格需求弹性足够大时，出口产品价格的下降将增加产品的销售，进而使利润增加。例如，2009 年 2 月，在美元对日元贬值 10% 之后，美国某公司将其钢笔的单位价格降低了 20%（由 10 000 日元降为 8 000 日元），假设单位产品的制造和运输成本 25 美元，销售成本 2 000 日元，则汇率变动前销售利润为 40.04 美元（10 000 ÷ 123 − 25 − 2 000 ÷ 123）。假设上述成本保持不变，则该公司在汇率变动之后的销售利润为 29.05 美元（8 000 ÷ 111 − 25 − 2 000 ÷ 111）。

当存在规模经济时，随着单位生产成本的降低，降低的价格将有助于扩大产品的销售。当然，如果不存在规模经济，或者价格需求弹性不够大的话，则降低产品价格对扩大产品销售影响不大。此外，当企业有明显的技术优势，其产品在市场有很大的垄断性且不可替代时，则该企业承担的经济风险将较小；反之将承担较大的经济风险。

（3）促销策略。任何一个企业，尤其是跨国公司，在确定用于广告、推销和直销的预算规模时，应该考虑由于汇率的变化而带来的风险，在全球范围内安排促销预算。当本国货币贬值后，出口企业用于广告或销售的单位本国货币支出带来的回报，将会由于出口产品的价格的提高而增加；相反，在本国货币升值时，营销支出所带来的回报将减少，此时企业需要进行产品策略调整。

（4）投融资策略。投融资策略是指投资与融资的多样化，即在多个资金市场寻求多个资金来源和去向。在融资方面，充分考虑汇率与利率的变化趋势，在货币趋于贬值的市场借入该种货币，如果判断正确的话，可以获得较大的利益，另外借入多种货币，以此来降低汇率波动的风险；对投资而言，可以选择多种货币进行投资，在一种币种中选择多种不同类型、不同期限的证券进行投资。公司在选择了不同种类和期限的证券后，往往根据其对未来市场发展趋势的预测，不断交易与更新其持有的证券，以达到增加收益、降低风险的目的。

（5）产品策略。产品策略是指企业在新产品投放市场的时机选择、新生产线的建立以及新产品的研制等方面进行调整，以规避汇率风险。

在新产品投放的时机选择上，如果本国货币贬值，企业利用贬值对出口所带来的价格竞争优势推销新产品；在建立新的生产线方面，当本国货币贬值时，企业将能够在国内外建立新的生产线，并扩大产品的消费群体。当本国货币升值时，企业将其新生产线建立在高福利、对价格变动不敏感的国家或地区；在新产品的研制方面，企业应注重在研究与开发方面投入足够的资金，以确保不断向市场投放新产品，增强市场竞争力，针对市场汇率的变化，根据不同的消费市场投放相应的新产品。

2. 经济风险的生产经营管理。经营多元化，即是跨国公司采购、生产、销售各方面的分散化策略。在竞争日益激烈的现代社会，公司要在全球拓展市场，单靠某一种或几种产品和过于依赖某一个或几个生产和销售市场都是不行的，必须考虑多种经营、开发多种产品、建立多个生产和销售市场，这种经营可以从横向和纵向两方面进行。实践证明，实行多种经营对分散企业的经济风险效果非常明显。

（1）改变原有的生产投入方式。如果企业产品生产投入实现分散化，则能够有效地应对汇率风险。例如，自 20 世纪 80 年代初美元升值后，许多美国跨国公司为了降低生产成本，纷纷到国外投资建立子公司，实现就地生产，有的则从海外进口低价零部件。那些进口成分较少的产品和劳务与含有高比例进口的商品和劳务相比，由于其本币价格较高，因此很有可能在市场竞争中处于劣势。

（2）调整产品生产和销售基地。当汇率变化后，比较不同国家和地区的子公司的生产与销售状况，据此迅速调整整个公司的生产和销售基地，增加有竞争力的子公司的份额，减少竞争力弱的子公司的份额，使整个公司的竞争力增强，避免依赖某一个或几个生产、销售基地的风险。如在当地货币升值时，可以减少在该国的生产，而在当地货币贬值时可以增加在该国的生产。

（3）全球范围选择合适的厂址。对于向货币贬值国家出口并且没有海外子公司的企业而言，从国外进口零部件可能还不足以维持其单位获利能力。面对本币升值，这些企业有必要在海外建立新的厂地。例如，20 世纪 90 年代初面对日元的升值，许多日本企业纷纷在美国设立子公司，而不是在日本扩大生产，到 1998 年为止，在美国市场上销售的日本汽车，有 60% 是在美国当地生产的。

3. 经济风险的自然套期保值。自然套期保值就是使企业的现金流入和流出币种匹配，或者现金流入时选择一些汇率变动与现金流出的货币具有正相关或负相关的货币，以达到规避风险的目的。这种方法既可以用于跨国公司内部也可用于与其他公司之间。

（1）自然匹配。自然匹配是指企业融资货币与其出口收益货币完全相同，即在收入某种外币时，不将其兑换成本币，而是直接用于支付，从而达到规避风险的目的。具体包括以下三种方法。

第一种是指交易者通过创造一个与存在风险相同货币、相同金额、相同期限、相反方向的外汇流动，使外汇资金有进有出，避免外汇风险。

例如，某公司在发生一笔 1 000 万加元的出口业务时，如果能同时签订一笔 1 000 万加元的进口合约，并且使付款时间与收款时间一致，那么该公司 1 000 万加元的进口支出就可用同时取得的 1 000 万加元的出口收入来支付，以消除外汇风险。同用远期交易的保值方法相比，这种方法可以节省银行手续费、外汇买卖价差和保险费的支付，提高经济效益。

第二种是指在外汇交易中做到收付币种一致，借、用、收、还币种一致，以避免或减少风险。

第三种是指在交易中使用多种货币，软硬货币组合，多种货币表示的头寸并存，由此使多空相抵消或在一个时期内各种收付货币基本平衡。该方法比前两种更具灵活性，效果也较显著。

（2）平行匹配。平行匹配是指企业收入与支出的不是同一种货币，但两种货币之间有固定或稳定的关系，如正相关性或负相关性，使现金流入与流出所承担的汇率风险相互冲抵。例如，西班牙的货币比塞塔与葡萄牙的货币埃斯库多有稳定的正相关关系，因此，如果有比塞塔收入，也可用埃斯库多的支付来配对，二者同升同降，可以避免较大汇率风险。但是这种方法没有使风险完全消除，如果这些货币之间的关系出现了偏离，那么组对的预期结果将无法实现。当然，若是两国货币呈稳定的负相关关系，同时保有两国货币的多头或两国货币的空头，也可避免风险，减少损失。

自然套期保值可以大大减少为换汇而承担的汇率风险，但要求跨国公司内部或跨国公司与其他公司之间存在着双向的资金往来，这种双向的资金往来一旦遭到破坏，对方不能如期支付，企业将面临资金困难。

【案例阅读】

F 公司规避汇率风险失误案

2016 年 7 月美元兑人民币汇率到达 6.7 的关键点位，银行公布的对客美元结汇价是 6.69，市场上对人民币继续贬值依然有所预期。F 公司认为美元已经到达阶段性高位，但不会快速回落，应该在 6.7 附近盘整一段时间，在未来一个月的时间内银行结汇价有可能到达 6.695。因此 F 公司计划在 7 月将 6 000 万美元存款分批结汇，预期结汇汇率 6.69 以上，结得人民币 4.02 亿元用于 8 月公司分红。但是美元兑人民币在 7 月 18 日达到 6.7047 的高位后，突然一路下跌，F 公司仅在 7 月 18 日结汇了 1 000 万美元，汇率 6.69。7 月底，美元结汇汇率依然没有到达 F 公司设定的 6.69 以上的价格，7 月 29 日银行对客结汇价报 6.6195 左右，最终 F 公司剩余 5 000 万美元结汇均价在 6.62，比计划少结汇了人民币 350 万元。幸运的是，F 公司 7 月底人民币活期存款可以弥补 350 万元资金缺口，否则 F 公司不得不将部分人民币理财资金提前赎回，可能导致理财资金本金损失。

资料来源：韩滨阳．F 公司汇率风险管理问题研究［D］．郑州大学，2016.

二、银行外汇风险的防范方法

从 2005 年 7 月 21 日起，我国开始实行以市场供求为基础、参考一篮子货币进行调节、有管理的浮动汇率制度，原来集中由国家承担的汇率风险分散到外汇持有者手里，外汇风险管理成为商业银行不得不面对的一个问题。随着本币汇率波动幅度的逐渐扩大，我国商业银行面临的外汇风险程度也渐渐增大，这就使商业银行的外汇风险管理变得非常重要。

外汇银行是外汇市场的主要参与者，它不但可为客户买卖充当经纪人，还可自营买卖，赚取差价利润，对其进行外汇风险管理主要从以下三个方面分析。

（一）外汇买卖风险的防范

外汇银行在从事外汇业务过程中所遇到的外汇风险主要是外汇买卖风险。当银行代理客户买卖中形成外汇头寸时，风险也随之降临。因此，外汇银行管理买卖风险的关键是要制定适度的外汇头寸，加强自营买卖的风险管理。

为了控制好外汇头寸，就要确定好外汇交易的交易额度。首先要考虑以下几点因素。

（1）外汇交易的损益期望。在外汇交易中，风险与收益成正比。银行最高领导层对外汇的业务收益的期望越大，对外汇风险的允许程度就越强，其外汇交易限额度也就越大。

（2）银行的资本规模。银行的资本规模决定了其亏损的承受能力，资本规模越大，风险的承受能力越强，则交易额就可以定得越大。

（3）银行在外汇市场上扮演的角色。银行参与外汇市场活动，既可以是一般参加者，也可以是市场活跃者，银行在市场扮演的角色不同，其限额大小也不同。

（4）外汇交易的币种。在国际外汇市场上，交易最频繁的货币主要有十几种可兑换货币，交易的币种越多，交易量自然也越大，允许的交易额度也应大一些。

（5）交易人员的状况。交易人员的水平越高、经验越丰富，允许的交易额也应当越大。

银行在充分考虑了上述几个因素的前提下，根据自身的条件制定适合自己的外汇交易限额，控制好外汇头寸。

【案例阅读】

澳大利亚国民银行外汇期权交易案

在澳大利亚的四大银行中，澳大利亚国民银行的海外业务规模最大，其30%的利润来源于欧洲和新西兰业务。2004年1月12日晚上，在国民银行墨尔本分行工作的一名职员发现了一些非常可疑的外汇交易记录，并立刻报告了国民银行总部。随后，澳洲历史上最大的银行业丑闻由此被曝光。

这桩丑闻是从2003年10月开始的。国民银行的一名外汇交易员在前期操作澳元、新西兰元期权时损失惨重，他寄希望于自己的另三名同事能够帮他尽快弥补前期的损失。这四名交易员都瞄准了当时兑美元已走强近一年的澳元和新西兰元，不断地进行做空交易。然而美元持续疲软，澳元和新西兰元持续升值。从2003年10月初起，这两种货币兑美元均已升值近15%，对贸易加权货币指数则分别上升10.3%和8.1%。这四名交易员所进行的未经授权的交易，一直到三个月之后才被发现。东窗事发的第二天，他们立刻被国民银行紧急停职，并接受银行以及司法部门的调查。同时，澳大利亚国民银行立即召开了紧急董事会，会议作出决定，马上请求澳大利亚证券投资委员会、英国金

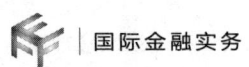

融服务管理局两大机构介入，协助调查此事。

业界人士当然知道，这类银行业务丑闻并非澳洲土产，全球其他银行均曾遇到过一系列类似问题。但是澳大利亚国民银行在丑闻出现后被舆论格外关注，主要是因为该银行破了澳大利亚一直保持着的良好记录。在过去的几年中，世界各国屡有经济、金融丑闻见诸报端，澳大利亚却没有发生一件，令该国业界倍感自豪。然而此次事件却使得澳洲银行业的清白已不能延续。

面对舆论攻击，澳大利亚国民银行也曾试图化解消极影响。该行发表声明表示，前述四名交易员三个月前的违规操作，最多只可能带来 1.8 亿澳元的税前亏损。实力雄厚的国民银行年利润大约在 40 亿澳元，1.8 亿澳元的损失当然只占其中的很小部分。但是，这个损失在资本市场上却被急剧放大。丑闻曝光后，国民银行投资者的信心受到严重打击，来自国民银行的抚慰很难赢得他们的信任。丑闻被公布后，国民银行的股市价值骤减了近 10 亿澳元。

资料来源：http：//doc. qkzz. net/article/3348102f－0ea6－4595－8d9b－dfb6e3a3c246. htm，全刊杂志赏析网。

（二）外汇信用风险的防范

银行为了防范信用风险，应根据客户的资本实力、经营作风、财务状况等因素，制定能够给予的限额，并根据情况变化对该限额进行周期性调整。另外对于同业银行，应根据其资产和负债、经营状况和财务状况，确定拆放额度。对于不同的同业银行，拆放的额度不同，拆放额度应根据情况的变化进行调整，可以一年调整一次，可使风险投资得以控制，而且交易员必须根据规定的额度进行拆放，超额拆放则视为越权。

（三）外汇借贷风险的防范

外汇借贷风险的管理，应采用分散筹资或投资。这种分散化策略可以减轻某一外币汇率下跌所带来的影响程度，可以使借款货币或投资货币结构与经营中预期收入货币结构相适应，可以分散由政治因素而引起的风险。另外，银行本身要设立专门的机构，对外汇借贷活动进行统一的管理、监督和运用。尤其是在借贷货币种类的选择上、借贷的期限上，以及利率、汇率和费用上，要有一套完善的管理措施和规定。同时，内部审计部门应该针对外汇风险设计全面的审计内容，制定合理有效的审计方法。

【知识链接】

银行外汇风险管理方法

银行外汇风险管理方法主要包括以下几个方面：

1. 限额管理方法。对外汇敞口头寸以及交易头寸设定一个最高限额，以避免外汇风险造成巨额损失。

2. 为了对冲风险，利用各种外汇衍生工具进行套期保值。商业银行常用的外汇衍生品主要有外汇远期、期货、期权以及货币互换等。

3. 风险隔离方法。若银行发生外汇风险，将风险进行分离或复制，控制在可接受范围内，以避免风险造成所有财产损毁或灭失。

4. 监控风险，设定止损限额。当注意到止损额已经达到止损金额时，银行应该采取相应措施，例如对所有外汇头寸进行强行斩平，以避免损失过大而陷入无法控制的局面。

资料来源：周亮球．风险管理流程视角下商业银行外汇风险管理研究［D］．湖南大学，2014.

【任务小结】

本任务通过分析大唐贸易有限公司贸易交易所面临的外汇风险，引出企业外汇风险管理方法的主要内容，并简要介绍了银行外汇风险控制的基础知识，便于学生掌握基本理论知识，并培养学生分析总结能力。

【思考题】

在企业的外汇风险防范中，经济风险的应对措施与交易风险的应对措施有关联吗？

【课后训练】

卡特彼勒公司的外汇风险管理

卡特彼勒公司是世界上最大的重型机械设备制造商之一，曾面临着两个主要问题——来自日本柯马公司的竞争和美元汇率浮动。20世纪80年代，美元对日元的汇率上浮了30%，这样日本商品在美国和第三国市场上价格下降，柯马公司也因此获得了充分的竞争优势。

20世纪80年代初期，美元开始稳步升值，在美元升值期间，卡特彼勒公司承受着巨大的竞争压力。该公司很大程度上依赖于美国产的部件和成品的对外出口。公司超过3万名雇员在美国的工厂工作，并且8%的资产在美国。反观柯马公司，直到1980年，凭借着低于卡特彼勒公司40%的价格优势，占有了超过17%的设备销售额。在美国市场上，柯马公司则以卡特彼勒公司的利益损失为代价，将其市场份额由5%提高到了25%。另外，卡特彼勒公司产品的一些主要市场正面临着严重的困难。由于石油价格的下降和第三世界债务的上涨，采矿设备及有关能源的项目所需机械的销售变得不景气，尤其在发展中国家，情况更是如此。为了解决这些问题，卡特彼勒公司开展了一个"三步走计划"。第一步是公开要求美元汇率下调。第二步是关闭工厂和解雇员工。雇员人数从53 000名缩减到35 000名，减少了40%。通过关闭9家工厂，工厂面积也减少了。第三步是利用美元坚挺的优势，该公司开始进行国外生产，与此同时，许多独立的在美分销商则以较低的价格购买卡特彼勒公司的国外产品，再将其进口到美国市场，这样就抢占了卡特彼勒公司自己的市场。因此，卡特彼勒公司决定让国外生产商制造卡特彼勒品牌的产品，并且用国外供应商取代了美国供应商。通过这种改变，卡特彼勒公司产品的国外生产从1982年的19%上升到了1987年的25%，来自国外的零部件也于同期增长了4倍。

资料来源：沈晶璐，林园．跨国公司的外汇风险管理——卡特彼勒公司案例分析［J］．华裔，2007（2）．

分析思考：卡特彼勒公司在经营中面临什么样的外汇风险？公司选择何种外汇风险管理方法转危为安？

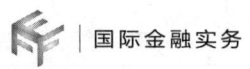

【知识链接】

可解除目标利润远期产品（TPF）

远期外汇合约虽然能够在一定程度上达到套期保值，规避风险的目的，但是远期外汇在规避损失的同时，也使企业失去了额外收益的可能。同时在进行远期外汇合约时还受到了市场因素的限制。毕竟企业在进行交易时，是在汇率达到一个可接受的范围时进行的，但是如果即时汇率始终居高不下，或者超出企业的目标范围时，交易就难以开展。同时作为企业毕竟不是专业的投资机构，也不一定会设置专门的岗位去研读市场行情。那么在这种情况下，就需要借助外部的资源来达到套期保值，规避风险的目的。

目前很多外资银行借助自己成熟的外汇衍生工具业务技术，以及外资银行更为宽松的经营范围，往往会提供一些新的金融工具以达到套期保值的目的。银行通过对远期外汇产品的设计，使企业可以获得比即期汇率更为优惠的交易汇率，TPF 就是其中的一种（见表 3 - 1）。

表 3 - 1　　　　　　　　　　可解除目标利润远期产品（TPF）

交易日期	产品名称	双倍或单倍	清算编号	汇率对比日	清算日	远期汇率（欧元/美元）	购入总额（欧元）	银行名称	目标利润
2009 年 11 月 3 日	TPF	双倍	2 - 1	2010 年 2 月 10 日	2010 年 2 月 12 日	1.4000	76 000	DB	
2009 年 11 月 3 日	TPF	双倍	2 - 2	2010 年 2 月 23 日	2010 年 2 月 25 日	1.4000	76 000	DB	
2009 年 11 月 3 日	TPF	双倍	3 - 1	2010 年 3 月 11 日	2010 年 3 月 15 日	1.4000	76 000	DB	
2009 年 11 月 3 日	TPF	双倍	3 - 2	2010 年 3 月 23 日	2010 年 3 月 25 日	1.4000	76 000	DB	
2009 年 11 月 3 日	TPF	双倍	4 - 1	2010 年 4 月 13 日	2010 年 4 月 15 日	1.4000	76 000	DB	
2009 年 11 月 3 日	TPF	双倍	4 - 2	2010 年 4 月 23 日	2010 年 4 月 27 日	1.4000	76 000	DB	0.6000
2009 年 11 月 3 日	TPF	双倍	5 - 1	2010 年 5 月 13 日	2010 年 5 月 17 日	1.4000	76 000	DB	
2009 年 11 月 3 日	TPF	双倍	5 - 2	2010 年 5 月 21 日	2010 年 5 月 25 日	1.4000	76 000	DB	
2009 年 11 月 3 日	TPF	双倍	6 - 1	2010 年 6 月 11 日	2010 年 6 月 15 日	1.4000	76 000	DB	
2009 年 11 月 3 日	TPF	双倍	6 - 2	2010 年 6 月 23 日	2010 年 6 月 25 日	1.4000	76 000	DB	
2009 年 11 月 3 日	TPF	双倍	7 - 1	2010 年 7 月 13 日	2010 年 7 月 15 日	1.4000	76 000	DB	
2009 年 11 月 3 日	TPF	双倍	7 - 2	2010 年 7 月 22 日	2010 年 7 月 26 日	1.4000	76 000	DB	

表 3 - 1 是一个可解除目标利润远期产品（TPF），是于 2009 年 11 月 3 日达成的交易，当时的即期汇率为 1.4800，但是远期汇率明显要优于即时汇率。根据表 3 - 1 可以发现所有的远期汇率都为 1.40，这个被称为平价远期，即所有的将来各期的远期汇率不会基于执行时间而升贴水。实际上这只是对于所有远期汇率的一个取平均值的方法。对于这个远期产品相对于传统产品增加了很多限制条款。一方面公司可以取得较即期汇率低很多的远期汇率，但另一方面合约也增加了很多附加条款，即额外的风险。（1）执行价格，合约规定在交割日如果即期汇率大于执行价格，公司可以按照执行价格买入 38

万欧元，这时公司取得实际收益，但是如果即期汇率小于执行价格则公司必须加倍买入欧元，即在损失的情况下仍需买入 76 万欧元，从实际执行的情况来看，公司基于这个合约所有执行日的即期汇率均小于执行情况。（2）这个合约又规定了一个对于每一个欧元 0.6 美元利润的上限，即整个合约，公司的累计损益不得超过 22.8 万欧元，累计损益为交易日当天的即期汇率和执行价格之差乘上交易金额。（3）企业可以通过支付 250 万欧元来中止所有的交易。那么为什么公司会签订这样一个合约呢？因为从合约条款来看并不是很合理，而且从最后执行的情况来看，公司确实是用了比即期汇率更加高的执行价格购买了欧元。但这个例子正是反映了套期保值的目的是锁定成本，规避风险，而不是减少成本增加收益。公司在签订合约时已经锁定了执行价格，并确定执行价格在目标汇率以下，从这个角度来说已经完成了目标。至于后面的附加条款 1、2 这个只是银行对于自己承担的一个超额风险所要求的一个超额回报。而条款 3 则是一个保障条款。作为公司本身来说是不会真正打算去使用这一条款的。

资料来源：陈杰. 如何规避外汇风险给企业带来的不利影响——UAEs 套期保值业务的研究 [D]. 上海财经大学，2012.

【专业词汇】

套期保值　Hedge；Hedging　风险对冲　Risk Hedging

LSI（Lead – Spot – Invest）　提早收付—即期合同—投资

BSI（Borrow – Spot – Invest）借款—即期合同—投资

任务 3 – 3　制定外汇风险管理方案

【案例引入】

大唐贸易有限公司外汇管理部经理对钱风外汇风险方法报告非常满意，对他的工作也非常认可，要求他全权负责制定本次交易的风险管理方案，并进行模拟实施测算，将风险管理方案及模拟实施测算结果形成报告，交给经理。

【学习任务】

一、外汇风险管理原则

外汇风险是开放经济中客观存在不可避免的一种风险。无论政府、企业还是个人都在不同程度上受到外汇风险的影响，必须高度重视外汇风险管理问题，将之列为日常经济管理中一个不容忽视的内容，以达到充分利用有效的信息、减少汇率波动带来的不利影响的目标。

1. 全面重视原则。全面重视原则，要求对涉外经济交易中出现的外汇风险所有受险部分给予高度的重视，对风险进行准确测量，及时把握风险额的动态变化情况，避免顾此失彼而造成人为的更大损失。对企业外汇风险要进行全面管理，从总量上进行控制。由于企业是很多要素相互作用形成的综合体，那么企业风险管理就不能仅仅对单独的项目进行管理，还要把企业看作整体，在企业内达到最优配置。

我国开展涉外业务的企业特别是跨国公司，因在外汇交易、国际信贷、国际投资以及国际结算等许多经济活动中都面临着外汇风险，企业要尽可能通过抵消不同项目下过多的头寸，从而降低或消除外汇风险。这就要求企业有外汇风险管理的意识。

2. 分类管理原则。在外汇风险管理过程中要主次分明。并不是所有的外汇风险都要进行管理，企业应区别对待风险，对于重点的风险进行针对性的控制，对于非重点的风险，自然不能投入太多的资源。这样一来资源得到合理分配，风险管理也能更加有效率。分类管理原则，要求能够针对外汇风险不同的形成原因、风险头寸和结构以及自身的风险管理能力，在充分考虑国家的外汇管理政策、金融市场发达程度、避险工具的成熟程度等外部制约条件的前提下，选择不同的外汇风险管理方法，进行灵活多样的外汇风险管理。

针对外汇风险多种多样的特点，应具体问题具体分析，不仅要选择外汇风险管理方法中最符合其特点的方法，还要综合考虑来自内部和外部的各种因素，并随着这些因素的变化而相应改变外汇管理策略，因为任何一种风险管理方法都不可能完全消除外汇风险。

3. 收益最大原则。外汇风险管理是一种经济行为，要遵守经济学基本原则成本收益原则。如果进行风险管理的成本远远高于收益，那么从经济学角度来看就不应当进行这样的管理。因此，在进行风险管理过程中，企业必须考虑成本与收益匹配，选取适当的管理方法。收益最大原则，要求对外汇风险管理的成本和收益进行精确的核算，在确保实现风险管理预期目标的前提下，以综合收益最大为出发点，制定具体的风险管理战术。在外汇市场上，运用远期外汇交易、互换、期货、期权等风险管理工具进行风险规避，都需要支付一定的成本和代价。规避外汇风险所支付的成本越小，外汇风险管理的收益就越大，效果就越好，企业对外汇风险管理的积极性也就越高。因此，外汇风险管理中必须注意投入与产出，力求做到避险效果相等时管理成本最小，管理成本相等时避险效果最大。

二、外汇风险管理的策略

企业进行外汇风险管理的目标在于通过合理控制并管理外汇风险，锁定企业的风险成本，从而有效地降低企业价值波动。具体来说，企业外汇风险管理的短期目标是降低企业现金流波动，长期目标是提升企业的整体价值。为实现上述目标企业在进行外汇风险管理时，一定要做好战略管理和战术管理的配合。战略管理层在完成战略规划后，交由战术管理层去执行，并对战术管理层进行领导、协调、监督和控制。从战略管理来看，企业的外汇风险管理基本分析包括营销、生产、财务各个方面；从战术管理来看，不仅要考虑相关战略规划的要求，还要考虑各战术计划的横向联系，将各项战术看作有机整体，从而更有效地完成战略规划目标，为此需要制定具体的战术策略，主要包括以下内容。

1. 全额管理策略。也可称为完全避免外汇风险的管理策略，即采取各种措施消除外汇敞口，固定预期收益或固定成本，以达到避险的目的。对银行来说，就是对于持有的外汇头寸进行全部抛补。对于企业来说，就是涉外业务经营中采取一切手段避免外汇风险的形成，或者通过各种套期保值手段使头寸消除，从而避免因汇率变动而带来外汇风险。对于实力单薄、涉外经验不足、市场信息不灵敏、汇率波动幅度大等情况，采用这种策略比较稳妥，但这种策略要求对外汇风险管理的成本较低。

2. 限额管理策略。也可称为积极的外汇管理策略，即采取措施清除部分敞口，保留部分受险金额，试图留下部分赚钱的机会，当然也留下了部分赔钱的可能。这类经济主体一般以套期保值作为控制风险的手段，以牟取外汇收益为目的，它们具有一定的条件，如较强的外汇市场操作能力，拥有较多的专业人才、信息来源能够较准确地预测汇率变动的方向，对外汇风险有较强的抵御能力，可以承担风险管理失误下带来的较大的损失等。

3. 零额管理策略。也可称为消极的外汇风险管理策略，即任由外汇敞口暴露在外汇风险之中，对其采取不管不问的态度，自主承担汇率变动可能带来的各种风险，包括收益或损失。采用这种策略的经济主体相信市场的自我调整力量，即购买力平价和利率平价的作用，认为长期看来机会收益与损失是可以抵消的，这样做能节省大量的外汇风险管理费用。这种管理战略具有较大的随机性，而且要求经济主体具有很强的抵抗外汇风险能力，或者涉外业务在其经营中比重很低。

这三种外汇风险管理策略各有利弊，经济主体可根据不同的情况选择不同的外汇风险管理策略。在汇率相对稳定的时期经济主体选择消极的外汇风险管理策略，可以获得节约风险管理成本的利益；在汇率剧烈波动的时期经济主体选择完全避险策略，可以保证生产和经营的正常进行。预测能力较强的大企业可以选择积极的外汇风险管理策略，预测能力较差的小企业选择消极的或完全避险的外汇风险管理策略。同一企业也可在不同时期针对不同情况调整风险管理策略，如流动资金较多时其抵御风险的能力较强，从而可以选择较为积极的风险管理策略。

三、选择外汇风险管理的方法

（一）识别外汇风险

要对企业外汇风险进行有效的管理和控制，首先必须准确识别企业存在的外汇敞口风险，并将风险以数量形式加以确定。因此，识别、度量外汇风险成为企业在进行风险管理具体实务时遇到的首当其冲的难题。所要识别的外汇风险，实际上是指企业的经济风险，这是因为，虽然外汇风险按照其影响企业的具体内容可分为经济风险、交易风险和会计风险，但是会计风险对企业的现金流量并不产生实质影响，而交易风险实质上是经济风险的一部分，只是由于其对企业的影响较为明显才单独列出。

从企业外汇管理实务的角度出发，外汇识别的度量方法分为工作底稿法、报表法和敏感性分析法。

1. 工作底稿法。工作底稿法主要包括两个目标：一是识别企业是否存在经济风险；二是识别企业在哪些方面存在经济风险。具体的流程如图 3 - 2 所示。

（1）企业通过工作底稿法对风险识别的成果。经过外汇风险识别工作底稿法的一系列流程操作，企业可以初步判断自身是否存在外汇经济风险，如有风险，风险程度是大还是小。更重要的是，工作底稿法为企业的外汇风险管理方法的选择提供了基础信息，有助于企业正确判断方法的可行性。另外，如图 3 - 2 设计的识别流程具有通用性，不仅适用于涉及外汇业务的跨国公司，也适用于不涉及对外业务的国内公司。

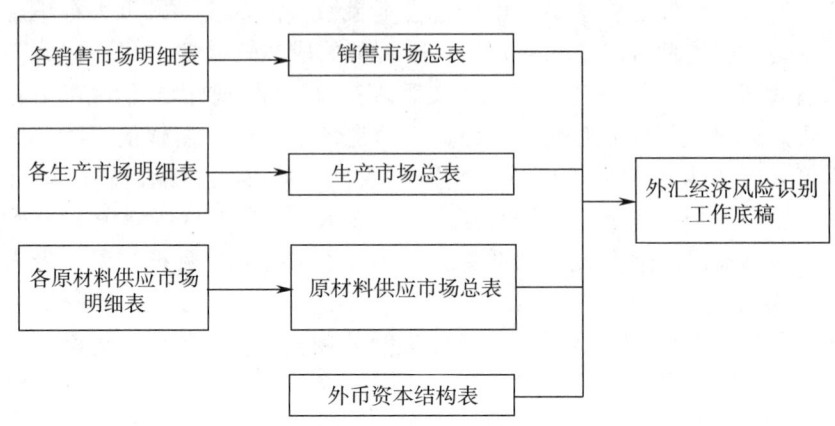

图 3 - 2　工作底稿法的流程

（2）工作底稿法对风险识别的局限性。企业通过工作底稿法识别外汇经济风险时，存在一定的局限性。一是设计的流程虽然在理论上是可行的，但是在实际工作中会遇到很多阻碍，例如空间（地域差别）、时间（数据时滞）的阻碍，企业必须收集多方资料才能够完整填列部分工作底稿；二是各个阶段所涉及的指标的界定只停留在理论层面，操作性不强，需要填写者的主观职业判断，这势必给风险预测带来更大的不稳定性。

2. 报表法。报表法从企业的资产负债表和利润表出发，通过对表内数据的分析，可以准确识别企业存在的外汇风险敞口，是一种定量的以企业报表数据为基础的外汇风险识别与度量方法，也是企业实务中最常采用的一种外汇风险识别方法。

（1）从资产负债表出发识别企业外汇风险敞口。资产负债表是体现企业管理层资产管理能力以及经营生产能力的一张表。其反映了企业在某一特定期间内的财务状况，反映了企业在某一特定期间内所拥有或控制的经济资源、所承担的现时义务和所有者对净资产的权益。资产负债表一目了然地向报表使用者提供了企业的资产总额和资本结构信息，也向管理层指明了企业的外汇交易风险和折算风险敞口所在。在依据资产负债表识别外汇风险时，应从以下两方面入手。

第一方面是企业流动资产中含有的风险敞口。流动资产是企业资产的重要组成部分，主要包括货币资金、应收账款、其他应收款、股权投资等。货币资金是企业资产中流动性较强的一种资产，可分为库存现金、银行存款和其他货币资金。现金是流动性最强的货币性资产，由于在国内只允许本币为计价及流通货币，因此企业的外币现金库存一般较少，风险敞口最小。银行存款是企业存放在银行等金融机构的货币资金，企业收妥的外币款项，在本企业核定的外汇账户限额内，可以保留外汇，不进行结汇，这就导致了以本币为本位币计量的企业银行外汇存款随着汇率的波动而波动，形成了外汇风险敞口，如果汇率波动幅度比较大，企业须加强对这部分风险的管理。

应收账款和其他应收款项是企业销售商品或对外提供劳务形成的债权，在实际度量外汇交易风险敞口时，企业应当按照销售或劳务合同规定的收款进度以及与购买方约定的应收款项期限来分时段计算各时期的风险暴露头。

境外短期投资是企业外汇折算风险敞口的重要组成部分：在投资持有期间，投资企业根据境外被投资单位当年实现的净收益，按其投资份额确认收益，若汇率波动，则投资收益随之波动，从而产生外汇折算风险；当企业拥有其投资的境外公司半数以上表决权或满足其他编制合并报表的条件时，企业必须将境外公司报表纳入国内报表，进而编制合并报表，此时就会产生外汇折算风险，且汇率波动幅度越大，企业资产总额的不确定性也随之增大。

第二方面是企业负债及权益中的外汇风险敞口。企业在购买材料、商品或接受劳务时，由于买卖双方在购销活动中取得物资与支付货款时间上不一致而产生的负债，在会计上计入应付账款，企业应按照供应商提供的信用期限，结合企业的付款计划，分步管理该项外汇交易风险；当企业为职工支付外币劳务费时，也可能出现外汇风险敞口，在度量此风险时，应按照劳务合同的工资薪酬和约定的支付期间进行。

（2）从利润表出发识别企业外汇风险敞口。利润表反映企业一定会计期间的经营成果，该表包括企业在该期间的全部交易活动，充分体现了企业的经营业绩，同时也反映了企业经营活动的成果，即净利润的实现情况。

首先，企业可从收入中发现外汇风险敞口。企业在对境外进行正常的销售时，一般会为购买方提供赊销政策，以促进销售的增长。赊销的存在，使得外汇交易风险不可避免，对外赊销的金额即为交易风险的敞口，且敞口的大小与赊销金额的大小成正比。企业在度量风险敞口时，不仅要以应收账款的总额作为计算依据，也要按照不同的收款期限综合计算，才能更准确地度量外汇风险敞口。对劳务收入，如果企业提供的劳务涉及期限较长，且在每个会计期间的资产负债表能够准确计量劳务交易的结果的，企业一般采用完工百分比法确认收入。由于劳务收入通常涉及较大的外汇金额，因此，企业应着重加强外汇交易的风险管理。

其次，企业的成本、费用方面也可能产生外汇风险敞口。当企业对外除赊购商品时，会产生外汇交易风险，由于进口业务已经发生，负债已经确认，且企业将在未来某一时刻履行支付义务，因此为了避免外汇波动增加主营业务成本，企业应当重点控制和锁定对外购货成本。当汇率变动，影响进口商品的未来价格时，会为企业带来外汇经济风险，引起企业的价值和外部经营环境的变化，因此对于以进口业务占主导地位的外贸企业来说，控制管理经济风险尤为重要。对于企业的财务费用，风险敞口一部分是由外币借款引起的支付义务产生，另一部分是由于外币业务发生时的记账汇率和实际收付时的结算汇率不一致产生的汇兑损益。

企业进行外汇风险管理的宗旨是控制企业的外汇风险敞口，尽可能在事先确定企业将要发生的汇兑损失，并将其控制在企业可承受的范围内。

（3）会计报表法识别外汇风险敞口的局限性。会计报表法可以识别外汇风险中的交易风险和折算风险，但是无法识别外汇风险中的经济风险。经济风险是由于汇率变动引起的公司价值及企业外部经营环境变化的可能性，是一种潜在的、未来的风险，这类风险并不在企业的报表上体现，因而无法从企业报表着手，识别和计量经济风险敞口。就企业的长期生存力来看，经济风险对其有着较强的影响力，在一定程度上强于交易风险和会计风险企业的影响，且交易风险和会计折算风险对企业的影响是一次性的，而经济风险对企业的影响是长期的，所以为了更有效全面地开展外汇风险管理，帮助企业长期稳定地发展，企业有必要结合宏观经济政策、客观市场环境、汇率波动趋势等对企业面临的经济风险进行综合评价。

3. 敏感性分析法。敏感性分析法是借助数学模型，利用企业的历史数据，度量企业的外汇风险敞口。该种分析法银行及其他金融机构采用比较多，进出口贸易企业一般不使用该种方法。因为该种方法测量的外汇风险敞口虽然比较准确，但是工作量非常大，所以尽管采用会计报表法测算的外汇风险敞口不够准确，贸易企业仍然选择使用报表法而放弃敏感性分析法，以最有效的财务人员的工作量在最短时间内计算出外汇风险敞口。

（二）确定外汇风险管理具体方法

企业风险管理的具体方法一般有三种：风险消除、风险转移和风险自留。对于由企业自身行为策略引起的风险，可以通过自我完善得以消除；对于企业外部客观存在的风险，企业无法通过自我改良来消除风险，在企业成本允许的前提下，可以通过一定的合约，将风险转移给对手；对于因成本过高而无法转移给对手的风险，或者对企业影响不大的风险，企业可以不做处理，风险自留。

涉外企业常用的外汇风险管理方法包括：经营性套期保值和金融性套期保值。

1. 经营性套期保值。经营性套期保值是指企业用来规避风险的除金融工具外的其他所有方法，包括市场策略和财务策略的运用。此种套期保值的主要实现方式是将企业资源在企业分布于不同地区的生产、销售和财务机构间转换，以使生产成本降到最低，在不同市场中套利。经营性套期保值主要运用于经济风险的战略性管理中。

（1）经营性套期保值中对于会计风险的管理。首先是对资金的管理。对资金进行管理，需要调整母公司和子公司的币种来减少公司当地货币的会计风险。如果预测当地货币贬值，直接调整资金可以采取以硬通货标价出口、以当地货币标价进口、以当地货币贷款替代硬通货贷款等措施；间接调整可以采取提前支付费用、提前或延后公司之间账务的结汇、调整子公司间货物买卖转移价格等措施；还有一种方法是延迟收回子公司之间的应收账款和提前支付子公司之间的应付账款。当然，如果预测当地货币升值，则进行相反的操作。

其次是对风险进行规避。对风险规避可采用风险对冲的方式，所谓风险对冲，是用一种货币的风险抵消同种货币或另一种相关货币的风险。采用这种方式避险，关注的是整个货币风险组合的净收益或损失，而不是单个币种的收益或损失。这种方法适用于有着多种外币资产或在同一种货币上拥有可以互相抵消的头寸的跨国公司。

（2）经营性套期保值中对于交易风险的管理。首先，要对货币市场套期保值。货币市场套期保值包括同时借入和贷出两种不同的货币来锁定未来外币现金流的本币价值。如果未来收到外币，则现在应借入外币，并将其兑换为本位币，然后用本位币投资，在期末收到外币时恰好用于偿还当初借入的外币。如果是未来支付外币，则现在应该贷出外币，在期末需要支付外币时，刚好可以用收回的贷出外币进行支付。以上套期保值操作实际上为公司形成了一份远期合约。举例来说，企业出口一批商品，总价值1 000万欧元，贸易合同规定3个月后收款。如果3个月后结算时欧元贬值，则企业出口收益下降。为避免这种损失，企业可以在贸易合同签订时就向银行借入欧元来规避欧元贬值的风险。假设银行还款年利率为5%，则向银行借款的金额为98.77万欧元，然后用兑换成的本币投资3个月。3个月后，企业收到100万欧元，正好用于偿还欧元贷款本利。

其次，企业应选择合适的计价货币。当然，计价货币的选择不是由一方说了算，必须经过进出口双方谈判协商。但是在谈判时，企业应尽量朝着对自己有利的方向进行。

比如，企业在出口时应尽量选择汇价趋于上升的货币计价，在进口时应尽量选择汇价趋于下降的货币计价。在谈判中，由于选择的货币可能对一方有利，对另一方不利，所以协商是非常必要的。企业可以与对方协商采用一些比较灵活的手段，比如提出计价货币在货物总值中各占一半，使贸易双方利益风险共担，或者也可以协商商品价格，最终达到协调利益，规避汇率风险的目的。

再次，通过预测汇率的变动趋势，适当提前或延后收付款项，也可以规避汇率风险。当预测计价货币将升值时，出口企业可以通过推迟交易、允许进口方延迟付款等方式获得汇率上升带来的收益；而进口企业应提前购买或采用预付货款的方式规避汇率上升增加的进口成本。当预测计价货币将贬值时，出口企业应尽早签订合同，并尽早以即期收汇的方式收回货款，避免汇率下跌带来损失；而进口企业则应尽量推迟购货行程时间，或向出口方要求延期付款，以便在计价货币升值后，能用较少的本国货币兑换计价货币来支付货款。此外，在开立外汇信用证时也应当考虑计价货币的涨跌预测，有利的信用期也是进出口企业规避外汇风险的有效策略。如果计价货币看涨，延长支付信用期就会对出口企业有利，对进口企业不利；反之，如果计价货币看跌，进口企业就应尽量延长支付信用期。

最后，还有几种企业常采用的规避交易风险的方法：一是出口押汇，二是贴现法。出口押汇是出口企业将外汇收入押汇到银行，银行在审核后，把与该货款等额的外汇押给出口企业，实际上等于把外汇及汇率风险全部转嫁给银行，是企业的一种"提前收汇"。出口企业押汇后，不必再担心国外进口商是否付汇、何时付汇等问题，此外，出口企业在获得押汇后，可以根据此种汇率的涨跌预测，选择将其留存或及时兑换为本位币，这就给企业外汇管理带来了许多主动权，也更容易规避汇率风险。贴现法是指国际贸易中，使用汇款结算方式时，出口企业收到进口商远期承兑汇票后，可向银行贴现。贴现法也可以防范汇率风险，这是因为，虽然贴现也需要支付一定的贴现息，但是，贴现后外汇现金立即划入出口企业账户，从而给出口企业带来存款利息收入，实际的贴现成本其实只是贴现息减去存款利息收入的那一部分，企业用较小的代价获得了外汇现金，实现了其外汇管理的主动权，对企业来说利大于弊。

【案例阅读】

DT 公司利用金融工具远期结售汇业务成功规避汇率风险

2017 年 3 月，DT 公司出口一批货物，价值 1 000 万美元，货款按合同规定收汇的时间为 6 个月后，此时美元兑人民币的即期汇率为 6.9100/40。为防范 6 个月后人民币汇率升值带来的汇率损失，公司通过银行的远期结售汇业务来固定将来的结汇成本，银行 6 个月远期美元兑人民币的报价为 6.9122/6.9519。DT 公司在同银行签订了远期合同后，锁定美元兑人民币汇率，即 6 个月后可按远期汇率协议 1 美元兑换 6.9122 元人民币的价格向银行卖出 1 000 万美元。6 个月后人民币果然升值，结汇日美元兑人民币即期汇率为 6.5499/6.5525，当时如果公司未采取任何措施，企业的损失将高达（6.9122 − 6.9010）×1 000 万 =362.3 万元人民币。此次，公司通过远期结售汇业务，锁定远期收入的成本，避免了汇率波动可能带来的损失，达到保值的目的。

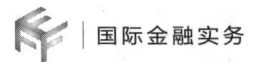

（3）经营性套期保值中对于经济风险的管理

首先，外汇风险影响的是企业长期的竞争力，设计有利于企业竞争的营销策略能很好地提高企业的竞争力。企业管理层在识别币值变动的可能影响后，应调整企业的定价策略和产品策略。定价策略的制定会影响到企业的利润或市场份额。如果本币贬值，中国出口企业会获得世界市场上的相对价格优势，企业在制定定价策略时，就应当提高商品的本币价格而保持外币价格不变，从而提高产品的利润率，或者企业也可以降低商品的外币价格保持本币价格不变，从而增加商品的市场份额。产品策略的制定包括新产品的推出、产品的革新和产品系列等，这些策略若得到恰当运用，也可以应对外汇风险。如果本币贬值，企业可以扩大产品系列，赢得更多的国内外消费者，也可以很好地利用价格竞争优势占领市场，获得消费者认可；如果本币升值，企业就应该收缩产品系列，把目标市场定位在高收入、对价格敏感性小的消费群体，也可以通过加大研发投入进行产品创新，开发出新产品或高质量产品来尽量降低本位币升值带来的负面影响。

其次，当汇率变动比较剧烈的情况下，用生产管理来应对外汇风险也很必要。当本币升值时，可以将生产基地转移到货币疲软的国家，这时生产成本会因为外币的贬值而变小，从而可以保持企业产品价格的竞争力。此种生产转移的策略适应于已在世界范围内建立各类生产基地、项目机构的跨国企业。同时，企业还应提高自身的劳动生产率来应对本币升值带来的竞争冲击。跨国企业可以关闭低效益的子公司，采取提高生产效率、产品质量，激励职工提高生产力，或者改变企业的产品组合和定位等措施，以配合本位币的汇率变化趋势。

2. 金融性套期保值。金融性套期保值通过金融衍生工具的使用来调整企业外汇风险暴露水平，即通过在金融市场上持有一个相反的头寸来抵消企业可能面临的交易风险。金融性套期保值主要用于管理企业短期的外汇交易风险和折算风险，由于经济风险是长期存在的，很难在短期用金融工具来规避，因此只能用经营性套期保值来管理。

（1）金融性套期保值中对于会计风险的管理。对于会计风险的规避，金融性套期保值采用远期合约来创造另一种货币的对冲资产或负债来减少公司的会计风险，会计风险上的任何损失或收益都将被远期合约上的相对收益或损失所抵消。例如，一家跨国企业的美国子公司有1亿美元的多头风险，该公司就可以出售1亿美元的远期合约来完全消除其会计风险。不过，远期合约的收益或损失是真实的现金流量，而会计风险产生的收益或损失只是账面数字，不存在真实现金流，这种套期保值的方法需要管理层更用心地权衡利弊。

（2）金融性套期保值中对于交易风险的管理。在规避企业外汇交易风险时，可以选用的金融衍生工具很多，其中以下三种是比较常见的套期保值方法。

①远期市场套期保值。企业应有选择性地使用远期合约来进行套期保值，已经达到降低预期套期保值成本的目的。拥有多头外币头寸的公司卖出外币远期，拥有空头外币头寸的公司买入外币远期，之所以要有选择性地使用远期套期保值，是因为在外币远期买卖的过程中，企业需要承担一个机会成本。即：（即期汇率－远期汇率）×外汇头寸额度。例如，当企业拥有多头外汇，如果远期升水，则卖出远期外汇；如果远期贴水，要考虑这个机会成本，根据实际情况而定。

②期货套期保值。对于进出口企业的保值，外汇期货交易在某些方面与远期外汇买

卖很相似。外汇期货交易是指协议双方同意在未来某一日期按照约定的汇率买卖一定数量外币的交易。虽然期货保值与远期保值相似，但是两种方法也有区别，主要表现在参与者、合同金额、交割日、清算方式、交易成本等方面。从参与者来看，只要按规定缴纳了保证金，任何投资者都可以在外汇期货市场上通过经纪人进行外汇期货交易，但在远期外汇买卖交易中，一般只鼓励与银行有良好业务关系的大企业进行投资；从合同金额来看，外汇期货交易的金额是标准化的，而远期外汇买卖金额是可以根据需要任意确定的；从交割日来看，外汇期货交易的交割日是标准化的，而远期外汇买卖交割日可以根据需要任意确定；从清算方式来看，外汇期货交易大多数被对冲，极少出现实物交割，而远外汇买卖大多数是实物交割，很少出现对冲；从交易成本来看，外汇期货交易的交易成本由交易双方协商而定，而远期外汇买卖的交易成本由银行的买卖价差决定。当币种、金额、期限等条件满足外汇期货交易要求时，进出口企业可以在外汇期货市场与经纪人签订外汇期货合同，从而规避汇率风险。

③外汇期权。外汇期权是赋予期权的买方在一段时间内或在到期日当日，以协定的执行汇率向期权的卖方买入或卖出某一特定货币的权利。目前国际外汇市场上最常见的是买方只在期权到期日才能执行期权。期权的买方购买了在到期日执行或不执行期权的权利，作为代价，买方要支付一定的期权费用；而期权的卖方则在卖出期权时，就承担了一旦期权买方要求执行期权，就必须履行的义务。当然，期权买方只有在市场汇率行情对自身有利时，才会执行期权，否则就放弃期权。例如，一进口企业贸易合同项下的货款支付在将来某天进行，为了规避汇率波动带来的损失，又希望能够得到汇率波动带来的收益，此时，企业就可以考虑做外汇期权交易，即支付一定的期权费后，有权在到期日按约定的汇率向银行买入约定数额的一种货币，同时卖出另一种货币。不过，在实践中，进出口企业很少通过卖出外汇期权规避汇率风险，因为对于外汇期权卖方来说，其收益是有限的，潜在的损失是无限的，除非企业对汇率走势有强烈的准确预期，并极想在外汇市场上赢取期权费，实际上此时的企业已不仅仅是在规避汇率风险了，更多的是转向了博取盈利机会的投资方向。

四、风险管理措施评价与调整

企业在外汇风险管理策略的指导下，采取了一系列外汇风险管理措施来控制企业的外汇风险。这种措施是否对降低风险有效，是企业应当关注的重点，因此，企业在对外汇进行风险管理后，还应当对风险管理措施的效果进行管理评价，撰写评价报告，以便管理层及时调整风险管理策略和措施，并且进一步完善企业的外汇风险管理体系。

对外汇风险管理措施的管理评价分为外部评价和内部评价。外部评价是由外部的监管部门对实施措施后的管理效果进行评价；内部评价是企业自身的风险管理部门撰写评价报告，报送企业管理层和股东。此外，在对企业外汇管理措施进行评价时，应当持续进行，不能中断，否则就失去了评价的意义。同时，根据不同外汇风险管理的重要性程度，应有针对性地进行评价，对重点管理措施进行个别评价。

通过对外汇风险管理措施的有效性的评价，企业可以及时调整外汇风险管理措施，运用更加适合企业实际情况的风险管理策略。

【任务小结】

本任务通过大唐贸易有限公司外汇管理人员制订外汇风险管理方案，引出外汇风险管理的原则、策略和具体方法，并提供相关案例阅读，便于同学在学习理论知识的同时掌握分析方法，提高思考能力，加强职业素质。

【思考题】

如果你是一家年出口营业额为 1 000 万美元的外贸公司的业务经理，如何选择应对外汇风险的策略？

【课后训练】

A 公司是广东一家生产型的涉外企业，原材料大部分从欧美国家进口，生产的产品中约有三分之一销往国外。企业出口收汇的货币主要是美元，进口支付的货币除美元外，主要还有欧元和英镑。该企业每个月大约还有 1 000 万美元的外汇收入，400 万美元左右的非美元（欧元、英镑）对外支付。2014 年以来，随着美联储量化宽松货币政策和美元进入加息周期，美元兑人民币和主要非美货币大幅升值，人民币兑欧元和英镑汇率波动幅度也加大。A 企业在经营中遭受了很大损失。

思考：1. 该企业面临的主要外汇风险是什么？

2. 如果你是企业负责人，请为该企业制订外汇风险防范方案。

【知识链接】

外汇对冲交易

对冲在外汇市场中最为常见，重在避开单线买卖的风险。所谓单线买卖，就是看好某一种货币就做买空（或称揸仓），看淡某一种货币，就做沽空（空仓）。如果判断正确，所获利润自然多；但如果判断错误，损失也会非常大。

所谓对冲，就是同一时间买入一外币，作买空；另外也要沽出另外一种货币，即沽空。理论上，买空一种货币和沽空一种货币数量相等，才算是真正的对冲盘，否则两边大小不一样就达不到对冲的目的。

所谓对冲了结，就是交易者在期货市场建仓后，大多并不是通过交割（即交收现货）来结束交易，而是通过对冲了结。买入建仓后，可以通过卖出同一期货合约来解除履行责任；卖出建仓后，可以通过买入同一期货合约来解除履约责任。对冲了结使投资者不必通过交割来结束期货交易，从而提高了期货市场的流动性。

这样做的原因，是世界外汇市场都以美元做计算单位。所有外币的升跌都以美元作为相对的汇价。美元强，即外币弱；外币强，则美元弱。美元的升跌影响所有外币的升跌。所以，若看好一种货币，但要降低风险，就需要同时沽出另一种看淡的货币。买入强势货币，沽出弱势货币，如果估计正确，美元弱，所买入的强势货币就会上升；即使估计错误，美元强，买入的货币也不会跌太多。沽空了的弱势货币却跌得重，做成蚀少赚多，整体来说仍可获利。

资料来源：http：//baike. baidu. com/link？ url＝MVa _ f3Av6q6fC1vT8tIV4fuxHPGG6ezI pKzf3ETNvaIC9WcaUSQUEyXIEBmnKP4hLpv1q4FIBK1UHqfqU28UYyQzik7qvnk9Rxm2Givr2Vi。

【专业词汇】

外汇风险管理 Foreign Exchange Risk Management
外汇风险识别 Foreign Exchange Risk Identification

【项目测试题】

一、单项选择题

1. 某企业为支付进口货款所需 1 000 万日元将承受日元汇率上升的风险，该风险属于（   ）。

A. 交易风险　　　　B. 外汇借贷风险　　　C. 经济风险　　　　D. 会计风险

2. 在进出口贸易中，如果预测计价货币将要贬值或汇率下降，就可采取如下措施中的（   ）。

A. 迟收早付

B. 迟付早收

C. 更换计价货币

D. 在外汇市场上买进计价货币以改变其供求

3. 当外汇汇率上升时，银行持有外汇多头可以（   ）。

A. 获利　　　　　　B. 受损　　　　　　C. 没有影响　　　　D. 不能确定

4. （   ）原则就是根据不同的情况选择不同的外汇风险管理战略。

A. 具体情况具体分析　　　　　　　B. 分类防范

C. 货币组合　　　　　　　　　　　D. 管理成本最小化

5. 银行外汇风险管理的主要措施是（   ）。

A. 防止交易风险　　B. 防止会计风险　　C. 银行头寸管理　　D. 防止信用风险

6. （   ）的分析在很大程度上取决于公司的预测能力，带有一定的主观性，直接影响到涉外企业在经营、投资和筹资等方面的战略决策。

A. 经济风险　　　　B. 会计风险　　　　C. 交易风险　　　　D. 外汇风险

7. 进口商与银行签订远期外汇合同，是为了（   ）。

A. 防止因外汇汇率下跌而造成的损失　　B. 防止因外汇汇率上涨而造成的损失

C. 获得因外汇汇率上涨而带来的收益　　D. 获得因外汇汇率下跌而带来的收益

8. （   ）就是为了降低债务成本或远期债务汇率变动的风险，通过外汇交易，将一种货币计价的债务转换为另一种货币计价的债务。

A. 综合货币保值　　B. 货币互换法　　　C. 平衡法　　　　　D. 价格调整法

9. 由于外汇汇率波动而引起的应收资产与应付债务价值变化的风险，即为（   ）。

A. 技术操作性风险　　　　　　　　B. 经济风险

C. 会计风险　　　　　　　　　　　D. 交易风险

10. 外汇规避风险的方法很多，关于选择货币法，下列说法错误的是（   ）。

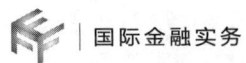
A. 收软币，付硬币　　　　　　　　B. 尽量选择本币计价

C. 尽量选择可自由兑换货币　　　　D. 软硬货币搭配

11. 在防范外汇风险的过程中，（　　）是指在同一时期内创造一个与存在风险相同货币、相同金额、相同期限的反方向流动。

A. 提前或推迟结汇法　　　　　　　B. 多种货币组合法

C. 平衡法　　　　　　　　　　　　D. 组对法

12. 由于意料之外的汇率变动，通过影响企业产品的销售数量、价格和成本，引起企业在将来一定时期减少或现金流量的一种潜在的可能性，称为（　　）。

A. 交易风险　　　　　　　　　　　B. 技术操作性风险

C. 会计风险　　　　　　　　　　　D. 经济风险

13. 运用货币选择法来防范外汇风险时，企业进口应选择（　　）。

A. 硬货币　　　　B. 软货币　　　　C. 关键货币　　　　D. 第三国货币

14. 在进出口交易中，防范交易风险首要的是（　　）。

A. 灵活选择和使用计价与结算货币　　B. 签订货币保值条款

C. 金融交易防范　　　　　　　　　D. 借款和投资法

15. 运用提前或延期结汇法来防范外汇风险时，进口企业在预期外汇汇率将要上升时，应争取（　　）付款。

A. 提前　　　　　　B. 延期　　　　　　C. 按时　　　　　　D. 不确定

16. 会计风险（　　）。

A. 是把外币折算成本币会计处理业务导致的账面金额的变动

B. 是由于财务会计决策不当引起的

C. 是由于会计处理方法的变更引起的

D. 是在清算、交割时出现的风险

17. 企业运用外汇期货交易防范外汇风险是通过（　　）。

A. 买卖与风险头寸货币种类相同、金额相同、期限相同、资金流向相同的外币期货合同

B. 买卖与风险头寸货币种类不同、金额相同、期限相同、资金流向相同的外币期货合同

C. 买卖与风险头寸货币种类相同、金额相同、期限相同、资金流向相反的外币期货合同

D. 买卖与风险头寸货币种类相同、金额相同、期限不同、资金流向相同的外币期货合同

18. LSI 法和 BSI 法十分相似，它们的区别仅在于（　　）。

A. 第二步的做法不同　　　　　　　B. 同一步做法的不同名称

C. 第三步的做法不同　　　　　　　D. 前者要求对方提前支付外汇

19. 外汇风险头寸是（　　）。

A. 全部外汇资产的总额

B. 全部外汇负债的总额

C. 外汇资产与外汇负债之总和

D. 暴露于外汇风险之中的那部分资产和负债

20. 某国际企业拥有一笔美元应收账款，且预测美元将要贬值，它会采用（　　）的方法来防止汇率风险。

A. 提前收取这笔美元应收账款

B. 推后收取这笔美元应收账款

C. 签订一份买进等额美元的远期外汇合约

D. 签订一份买进等额美元的外汇期货合约

21. 不能同时消除外汇的时间风险和价值风险的是（　　）。

A. 借款法　　　　　B. 即期合同法　　　　C. 远期合同法　　　　D. 掉期合同法

22. 有外币债权或债务的公司，与银行签订购买或出售远期外汇合同的是所谓的（　　）保值法。

A. 货币期货合同　　B. 货币期权合同　　C. 即期合同　　　　D. 远期合同

23. 当一个企业有（　　）时，它具有双重外汇风险。

A. 同时间的相同外币、相同金额的流出、流入

B. 一种外币流出，另一种外币流入，且流出、流入的时间不同

C. 流出的外币和流入的外币时间相同，金额相等

D. 本币收付

24. 防止出口收汇风险最好的方法是（　　）。

A. 以预测上浮趋势最强的一种货币作为计价货币

B. 以预测上浮趋势较强的两种货币作为计价货币

C. 以预测具有上浮趋势的多种货币作为计价货币

D. 以欧元作为计价货币

25. 防止进口付汇风险最好的方法是（　　）。

A. 以预测下浮趋势最强的一种货币作为计价货币

B. 以预测下浮趋势较强的两种货币作为计价货币

C. 以预测具有下浮趋势的多种货币作为计价货币

D. 以欧元作为计价货币

26. 在资本输出入中，如果外汇汇率在外币债权债务清偿时较债权债务关系形成时发生下跌或上涨，当事人就会遭受风险。这属于（　　）。

A. 时间风险　　　　B. 交易风险　　　　C. 经济风险　　　　D. 转换风险

27. BSI消除外汇风险的原理是（　　）。

A. 在有应收账款的条件下，借入本币　　　B. 在有应收账款的条件下，借入外币

C. 在有应付账款的条件下，借入本币　　　D. 在有应付账款的条件下，借入外币

28. 外汇风险的不确定性是指（　　）。

A. 外汇风险可能发生，也可能不发生

B. 外汇风险给持汇者或用汇者带来的可能是损失也可能是盈利

C. 给一方带来是损失，给另一方带来的必然是盈利

D. 外汇汇率可能上升也可能下降

29. 出口收汇的计价货币要尽量选择（　　）。

A. 硬币   B. 软币   C. 黄金   D. 篮子货币

30. 如果我国某进出口公司从美国进口一批设备，约定 3 个月之后支付货款。签约时按合同价需支付 80 350 美元，3 个月后汇率变化，需支付为 80 490 美元，这种外汇风险属于（　　　）。

A. 经济风险   B. 会计风险   C. 税收风险   D. 交易风险

二、多项选择题

1. 当预测外汇汇率将要上升时，提前或推迟收付的一般做法有（　　　）。

A. 进口方或债务人就要提前支付，出口方或债权人就要推迟结算

B. 进口方或债务人就要推迟支付，出口方或债权人就要提前收款

C. 出口方或债务人就要提前支付，进口方或债权人就要推迟结算

D. 出口方或债务人就要推迟支付，进口方或债权人就要提前收款

2. 货币保值技术主要包括（　　　）。

A. 单一货币保值   B. 综合货币保值   C. 物价指数保值   D. 黄金保值

3. BSI 消除外汇风险的原理有（　　　）。

A. 在有应收账款的条件下，借入本币

B. 在有应收账款的条件下，借入外币

C. 在有应付账款的条件下，借入本币

D. 在有应付账款的条件下，借入外币

4. 消除外汇风险的基本方法有（　　　）。

A. 远期合同法   B. 掉期合同法   C. BSI 法   D. LSI 法

5. 按照行使期权的时间是否具有灵活性，外汇期权分为（　　　）。

A. 美式期权   B. 欧式期权   C. 看涨期权   D. 看跌期权

6. 外汇风险主要包括（　　　）等类型。

A. 政治风险   B. 经济风险   C. 交易风险   D. 统计风险

E. 会计风险

7. 公司可以在外汇市场上通过进行（　　　）来抛补外头寸，避免汇率风险。

A. 现汇交易   B. 期货和期权交易

C. 掉期交易   D. 远期交易

E. 外汇倾销

8. 经济风险是由于预料之外的汇率变动对企业的（　　　）等产生影响，从而引起企业在未来一定期间收益增加或减少的一种潜在的可能性。

A. 产销数量   B. 技术水平   C. 价格政策   D. 成本

E. 折算后的资产

9. 套汇业务可以分为（　　　）。

A. 利率裁定   B. 抛补套利   C. 现汇交割   D. 间接套汇

10. 外汇风险的构成要素包括（　　　）。

A. 本币   B. 外币   C. 时间   D. 汇率

11. 防范外汇风险做好计价货币的选择，包括（　　　）。

A. 争取使用本币计价   B. 采用收软付硬法

C. 采用收硬付软法   D. 平衡法

E. 加价保值法

12. 通过外汇交易转嫁外汇风险的方法有（   ）。

A. 远期合同法   B. 外汇期货合同法

C. 外汇期权合同法   D. 掉期合同法

E. 借款法

13. 货币保值法一般采取（   ）方法。

A. 黄金保值条款   B. 外汇保值条款

C. 一篮子货币保值条款   D. 硬币保值条款

14. 某英国公司从美国进口设备，价值 100 万美元，90 天后付款，当日伦敦外汇市场牌价为：即期汇率为 1 英镑 = 6.6068/6.6076 美元，三个月远期升水 0.93/0.90 美分，该公司为防止美元汇率上涨的风险，当天，利用远期合同法，该公司（   ）。

A. 消除时间风险   B. 消除价值风险

C. 向银行交纳保险费   D. 不要向银行交纳保险费

15. 如上题，利用远期合同法，在伦敦市场用英镑买美元远期（   ）。

A. 按买入价汇率计算

B. 按卖出价汇率计算

C. 美元远期升水，其实际汇率是在即期汇率基础上加上升水数字

D. 美元远期升水，其实际汇率是在即期汇率基础上减去升水数字

16. 下列交易方式中，可以有效弥补外汇风险的有（   ）。

A. 承做延期付款的出口商——卖出远期美元

B. 承做延期付款的出口商——买进远期美元

C. 持有长期外汇贷款的债权人——卖出远期美元

D. 承做延期付款的进口商——买进远期美元

17. 运用外汇期权交易法防范外汇风险的独特作用在于（   ）。

A. 期权合约中载明的期权价格一经确定就不会随市场实际汇率的变化而变化

B. 当期权合约的价格对自己不利时，期权合约的买方可以放弃执行合约

C. 当期权合约的价格对自己有利时，期权合约的买方可以选择执行合约

D. 将未来确定的汇率转化不确定的汇率

18. 当企业选择货币法防范外汇风险时，下列正确的做法有（   ）。

A. 如果本币是合同计价货币，则可以完全避免外汇风险

B. 出口商应选择具有汇率下降趋势的货币作为合同的计价货币

C. 出口商应选择具有汇率上升趋势的货币作为合同的计价货币

D. 进口商应选择具有汇率上升趋势的货币作为合同的计价货币

19. 下列几种情形下，企业会面临外汇风险的有（   ）。

A. 企业对外收支都使用本币

B. 企业对外收支都使用外币，并且币种相同、金额相同和时间相同

C. 企业在不同时间收支币种相同、金额相同的外汇

D. 企业在不同时间收支币种不相同、金额也不相同的外汇

20. 一般来说,外汇风险的种类有 (　　　)。

A. 交易风险　　　　B. 会计风险　　　　C. 经济风险　　　　D. 政治风险

21. 外汇风险的构成要素有 (　　　)。

A. 外币　　　　　　B. 本币　　　　　　C. 时间　　　　　　D. 空间

22. 如果企业的收付汇期限较为自由,那么 (　　　)。

A. 当外币债权人或出口商预测外汇汇率将要上升时,争取提前收汇

B. 当外币债权人或出口商预测外汇汇率将要上升时,争取延迟收汇

C. 当外币债务人或进口商预测外汇汇率将要下降时,争取提前付汇

D. 当外币债务人或进口商预测外汇汇率将要下降时,争取延迟付汇

23. 下列有关外汇风险的论述中,不正确的有 (　　　)。

A. 外汇的会计风险是由于外汇的财务管理的失误而导致的风险

B. 如果一个企业在同一时刻内能使外汇流入又能使外汇流出,那么就能消除外汇头寸暴露带来的风险

C. 外汇多头是指买进外汇而非卖出,拥有外汇多头的企业就会面临一定的外汇风险

D. 借助于远期合同,创造与外币流入相对应的外币流出就可以消除外汇风险

24. 只能消除时间风险的防险方法有 (　　　)。

A. 即期合同法　　　B. 提前收付法　　　C. 拖延收付款　　　D. 借款法

25. 软硬货币此降彼升,具有负相关性质。进行合理搭配,其主要方式有 (　　　)。

A. 软硬货币各半　　　　　　　　　　B. 软或硬货币多些

C. 介于软硬货币之间　　　　　　　　D. 随意搭配

26. 时间结构对外汇风险的影响有 (　　　)。

A. 时间越长,风险越大　　　　　　　B. 时间越长,风险越小

C. 时间越短,风险越大　　　　　　　D. 时间越短,风险越小

27. 公司可以在外汇市场上通过进行 (　　　) 来抛补头寸,避免汇率风险。

A. 现汇交易　　　　　　　　　　　　B. 期货交易和期权交易

C. 掉期交易　　　　　　　　　　　　D. 期汇交易

E. 外汇倾销

28. 外汇风险的防范可以采取 (　　　) 方法。

A. 优化货币组合　　B. 签订保值条款　　C. 选好结算方式　　D. 投资业务

29. 消除外汇风险的基本方法有 (　　　)。

A. 远期合同法　　　B. 掉期交易法　　　C. BLI 法　　　　　D. SLI 法

30. 下列能避免外汇时间风险的做法有 (　　　)。

A. 提前收付法　　　　　　　　　　　B. 拖延收付法

C. 平衡法　　　　　　　　　　　　　D. 货币期货合同法

三、判断题

1. 外汇的会计风险是由于外汇财会管理失误而导致的风险。　　　　　　　　(　　)

2. 某企业为支付进口货款所需 1 000 万美元将承受美元汇率下降的风险。　　(　　)

3. 加价保值法主要用于出口交易，压价保值法主要用于进口交易。 （   ）

4. 外汇保值条款的实质是当交易结算货币发生贬值或升值并超过一定幅度时，买卖双方可以改变计价货币。 （   ）

5. 交易风险和会计风险是汇率变动对过去的、已经发生的以外币计价的交易的影响，而经济风险则是要衡量将来某一段时间内出现的外汇风险。 （   ）

6. 黄金保值条款现在仍然可以采用。 （   ）

7. 外汇风险是一种实实在在的损失，而不是一种损失的可能性。 （   ）

8. 交易风险和会计风险的影响是长期的，而不是一次性的。 （   ）

9. 不管是多头还是空头，银行只要有头寸余额就会有风险。 （   ）

10. 为了降低风险，即期外汇交易每日有最高和最低波动幅度的限制。 （   ）

11. 时间套汇常被称为防止汇率风险的保值手段。 （   ）

12. 只要企业在进出口贸易中不使用外币，就不存在外汇风险。 （   ）

13. 交易风险是指在约定的外币计价的交易过程中，由于结算时汇率和签订合同时汇率不同而面临的风险。 （   ）

14. 外汇风险是一个组织、经济实体或个人的以外币计价的资产或负债因汇率变动而蒙受的损失。 （   ）

15. 外汇风险的一般管理方法，是多元种类的外汇风险防范措施，既能消除时间风险，又能消除价值风险。 （   ）

16. 在进出口合同中使用综合货币单位计价，有分散外汇风险的作用。 （   ）

17. 出口收汇，以软币计价，硬币支付，叫外币保值。 （   ）

18. 经济风险是一种潜在风险。 （   ）

19. 通常情况下，推迟软币债权收取的时间可以降低外汇风险。 （   ）

20. 某贸易公司在 90 天内有一笔英镑收入，预期英镑汇率趋于下跌，该公司通过提前收款可避免外汇风险损失。 （   ）

21. 通过价格调整可以完全消除外汇风险。 （   ）

22. 由于远期外汇交易的时间长，风险大，一般要收取保证金。 （   ）

23. 具有执行或不执行合约选择权特点的外汇业务是择期交易。 （   ）

24. 出口收汇应选择软货币，进口付汇应选择硬货币。 （   ）

25. 进出口若采用外币期权的方法来避免外汇风险，出口商应购买的是买权，进口商应购买的是卖权。 （   ）

26. 由于汇率变化而引起资产负债表中某些外汇项目金额变动的风险称为交易风险。 （   ）

27. 与欧式期权相比，美式期权较灵活，因此，美式期权的价格也较低。 （   ）

28. 掉期交易是指一种同时买进或卖出期限相同的某种外币的交易。 （   ）

29. 企业在进出口贸易中选择硬币或具有上浮趋势的货币计价可减少汇率波动可能带来的外汇风险损失。 （   ）

30. 外汇风险一般包括三个因素：本币、外币和汇率。 （   ）

四、简答题

1. 简述外汇风险的构成要素及其相互关系。

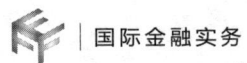

2. 简述外汇风险的概念及种类。

3. 简述利用远期外汇交易的参加者及避免外汇风险的优缺点。

4. 何为 BSI 法？简述 BSI 法在应收外汇账款中的运用。

5. 何为 LSI 法？简述 LSI 法在应收外汇账款中的运用。

五、实务操作题

1. 2006 年 12 月下旬外汇市场行情为：USD/SGD 即期汇率为 1 美元 = 1.5358 新加坡元，3 个月远期贴水为 15 个点。此时，新加坡出口商签订向美国出口价值 150 000 美元设备的协议，预计 3 个月后才会收到美元，到时需将美元兑换成新元核算盈亏。假如新加坡出口商预测 3 个月后 USD/SGD 的即期汇率将贬值到 1 美元 = 1.5260 新元（不考虑交易费用）。

请问：

（1）若新加坡出口商现在不采取外汇风险的防范措施，则 3 个月到期将收到的美元折算为新元时，相对 12 月下旬兑换新元将会损失多少新元（暂不考虑美元和新元利率因素）？

（2）若新加坡出口商现在采取外汇风险的防范措施，如何利用远期交易技术进行操作？

2. 一家日本公司现有两笔业务：①1 个月后将收到的 50 万美元。可是公司担心届时美元汇率下跌而蒙受损失（以日元来衡量）；②3 个月后要向外支付 50 万美元。而公司又担心届时美元汇率上涨而支付数额增加（以日元来衡量）。该公司准备用掉期交易方式进行风险防范，试问如何操作？结果如何？

假定当时外汇市场的即期汇率和远期汇率为：

即期	USD/JPY	118.20/30
1 个月远期	USD/JPY	114.50/62
3 个月远期	USD/JPY	114.50/62

3. 某公司出口一批商品，收到 10 万美元的 3 个月远期汇票，为防止到期美元贬值，该公司与外汇银行签订出卖 10 万美元 3 个月远期合同，远期汇率为 USD/RMB = 6.6632/6.6769，则该公司 3 个月之后应收入多少元人民币？

4. 某英国出口商在出口中以软货币美元报价，如果按签订合同时 1 英镑 = 1.8500 美元汇率来计算，其价值为 100 万英镑的货物的美元报价为 185 万美元，考虑到 6 个月后美元对英镑要贬值，当时 6 个月的远期汇率美元兑英镑的贴水为 0.0060，该英国出口商该怎样用加价保值法来进行保值？

5. 我国某进出口公司在 5 月 6 日与美国公司签订了进口成套设备的合同，约定 3 个月后用美元支付 100 万货款，另外该公司与德国签订出口一批服装，价值约 100 万欧元，3 个月后收款。分析该公司是否存在汇率风险？如果存在，该公司应如何防范外汇风险？

六、综合案例分析

2016 年，人民币贬值的压力逐渐增大，不少企业已做了相应的准备。但即便如此，汇率依然成为困扰经营进口产品企业的难题之一。

　　一个经营服装进口公司的经理比较头痛：公司准备从美国进口一批高档服装。双方将在 2016 年 3 月 9 日签订合同，约定以美元支付总额为 500 万美元的货款，结算日期为 2016 年 10 月 9 日。当前汇率为 1 美元兑人民币 6.80 元。

　　由于美元处于升值趋势，公司付汇时所支付的人民币收入可能会明显增加，如何回避美元贬值所导致的外汇风险呢？如果选用避险工具后，美元贬值了，又如何处理呢？

　　通过向银行了解，目前的汇率风险回避工具包括远期、掉期、期权及它们的组合。具体的使用，要看企业使用外汇的实际状况。

　　结合该服装公司的情况，银行设计了以下两种方案。

　　（1）用远期外汇交易锁定汇率，即在 10 月 1 日以实现约定的价格（1 美元兑人民币 6.85 元）购汇。这样就回避了汇率变动可能带来的风险，到时候该企业可以用 6.85 的汇率购汇 500 万美元。

　　（2）企业买入一笔看涨美元期权。期权的标的是美元兑人民币，执行价为 6.85，期限是 6 个月，名义本金为 500 万美元。按照目前报价，看涨期权的期权费是 3 万美元。期权到期日，美元兑人民币的汇率如果高于 6.85 就可执行看跌期权，如果低于 6.85，可视情况放弃执行期权。

　　思考：

　　1. 该企业面临什么样的外汇风险？

　　2. 银行设计的两种外汇风险防范方案使用的是哪种风险管理方法？

　　3. 如果 2016 年 10 月 9 日企业付汇时，美元对人民币汇率是 6.88，请分别分析两种方案与企业不实行外汇风险管理时经济上的损益。

　　4. 如果你是经理，面对银行设计的两种方案，你选择哪个？（说明原因）

【实训活动】

　　1. 以小组为单位，对本项目中大唐贸易有限公司的铁矿石交易设计两套外汇风险防范方案。

　　2. 给出假设条件，以小组为单位分别模拟测算本组外汇风险防范方案的经济损益。

【参考资料】

　　［1］赵海荣. 国际金融实务［M］. 北京：中国金融出版社，2012.

　　［2］刘瑛，孟庆海. 国际金融（第三版）［M］. 大连：东北财经大学出版社，2014.

　　［3］姜波克. 国际金融新编［M］.（第 5 版）上海：复旦大学出版社，2012.

　　［4］蓝发钦，岳华，冉生欣，等. 国际金融［M］. 上海：华东师范大学出版社，2015.

　　［5］孟昊. 国际金融理论与实务［M］. 北京：人民邮电出版社，2014.

　　［6］刘玉操. 国际金融实务（第四版）［M］. 大连：东北财经大学出版社，2013.

项目四
宏观经济分析

【能力目标】

能够读懂国际收支平衡表；能够根据给定条件正确填写国际收支平衡表；能够对国际收支平衡表进行分析和解读；能够分析国际储备构成及其对汇率的影响；能够根据主要经济数据及其他影响因素分析判断汇率走势。

【知识目标】

掌握国际收支基本含义、主要内容；掌握国际收支平衡表的记录方法；掌握国际收支不平衡的原因；掌握国际收支平衡表的分析方法；掌握国际储备构成和来源及其变动对汇率的影响；掌握主要货币重要经济数据名称与发布时间及对汇率影响。

【素质目标】

敏感的宏观事件反应能力：对一国国际收支、国际储备的变动以及经济政策的变化能马上与汇率的走势与变动联系起来；良好的分析能力：对经济数据的变化能做出与汇率走势相符合的判断。

【项目导入】

KVB 昆仑国际公司是久负盛名的外汇交易公司，主要提供外汇交易、财资管理、外汇结算、证券投资、基金管理等产品与服务。

KVB 昆仑国际公司的一项重要业务是从事各种外汇交易。为了更好地把握外汇交易方向，在外汇交易中获取利润，公司每年都要根据国际收支、国际储备等宏观经济数据进行世界主要货币汇率的长期走势分析，并在每个月根据世界主要货币国家发布的宏观经济数据提交一份短期汇率走势分析报告，作为外汇投资决策的参考。

张宏是 KVB 昆仑国际公司的外汇分析员，负责根据每月的主要货币国家发布的宏观经济数据对货币汇率走势进行分析并写出汇率分析报告。2016 年人民币加入 SDR 后，NDF 波动加大，总经理要求分析员张宏研究 USD/CNY 汇率走势，并在每月 1 日提交一份报告，以便公司进行投资决策。

☞ 启发：（1）什么是国际收支？如何分析国际收支与汇率的走势？（2）什么是国际储备？国际储备与一国汇率走势有何关系？（3）影响世界主要货币的宏观经济数据有哪些？这些数据是如何影响汇率走势的？

通过完成本项目的任务，对国际收支和国际储备的基础知识与分析方法，以及宏观经济数据对汇率走势的影响有深入的理解和掌握，并能够将所学知识和技能应用于汇率走势分析。

任务4-1 读懂国际收支平衡表

【案例引入】

2016年12月30日，中国国家外汇管理局发布了2016年第三季度国际收支平衡表。KVB昆仑国际公司经理要求外汇分析员张宏将外汇收支基本情况进行简要说明，并汇报给经理。

【学习任务】

一、认知国际收支

（一）国际收支的含义

国际收支（Balance of Payment）的含义有广义和狭义之分。狭义的国际收支是在第一次世界大战后到第二次世界大战结束，各国所采用的概念。广义的国际收支概念，则是从第二次世界大战以后才广泛流行起来的。

1. 狭义的国际收支。狭义的国际收支是指一个国家或者地区在一定时期内（通常为1年），同其他国家为清算到期的债权债务所发生的外汇收支总和。

世界各国由于政治、经济、文化等各种对外交往频繁，在国与国之间形成了债权债务关系，这些债权债务到期时必须以货币形式（外汇）结清支付，从而形成一国的国际收支。狭义的国际收支，更加强调到期立即结清和以现金支付。某些国际债权债务虽然已经产生，但因为国际信用的存在，在未到期前无须办理结清收付，对一国的国际收支不会产生实际影响，按狭义的国际收支概念，则不应计入该年的国际收支范围。

2. 广义的国际收支。广义的国际收支是指一个国家或者地区内居民与非居民之间发生的所有经济活动的货币价值之和。它既包括清偿债权债务所发生的国际货币收支，也包括无偿的对外援助、其他单方面转移以及易货贸易等不发生货币收支的行为。

广义的国际收支特别强调居民与非居民之间的交易，只有居民与非居民之间的经济交易才构成国际收支的内容。所谓居民，是指在一个国家的经济领土内居住达1年或1年以上的具有一个经济利益中心的个人和机构单位；否则为非居民。居民与居民之间的经济交易属于国内交易，不属于国际收支范畴。只有居民与非居民之间的经济交易才属于国际收支范畴。居民与公民在概念上有交叉，但二者并不等同。公民是一个法律上的概念，仅指个人，是基于国籍标准来划分的；而居民是一个经济上的概念，是以居住地为标准划分的，包括个人、政府、企业和非营利机构等。居民与非居民的概念与划分具体标准如下：

（1）居民指在一国（或城区）居住或营业的自然人或法人，在一国（或地区）以外居住的自然人或法人为非居民。

（2）身在国外但不代表政府的任何个人，依据经济利益中心或长期居住地确定其居

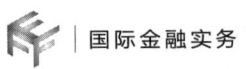

民身份。

（3）法人组织是其注册国（地区）的居民。

（4）大使馆、驻外军事人员是所在国家的非居民。

（5）联合国、国际货币基金组织等国际机构，对任何国家都是非居民。

（6）受雇在本国驻外使领馆工作的外交人员属他们本国的居民，是驻在国的非居民；而受雇在外国使领馆工作的雇员，属于本国居民。

（二）国际收支的起源与发展

商品生产和商品交换是人类社会生产和发展的必然结果，而当商品交换超越了国界，就形成了国际贸易。而随着社会生产的发展和国际交通运输及电信通信的发展，各国的经济关系日益密切。各国的商品和劳务贸易、各国间流动的资本、政府间的转移支付（援助、捐赠等）都会引起债权债务关系以及与之相联系的货币支付。这种债权债务关系必须在一定时期内进行清算、结算，这就产生了国际收支。

国际收支的概念最早出现于17世纪初期。根据当时的国际经济情况，重商主义学派认为经常维持出口超过进口是国家致富的永恒原则，贸易顺差可以聚集金银。他们把国际收支简单地解释为一个国家的对外贸易收支差额，这反映了资本主义形成时期，商品交易在国际经济往来中占据了统治地位。在这以后很长一段时间内，一直到第一次世界大战，国际收支即为贸易差额这种概念一直通行。

第一次世界大战到第二次世界大战之间，各国通行的国际收支概念转变为当年结清的外汇收支。这一阶段的国际收支被定义为：一个国家在一定时期内，同其他国家为清算到期的债权债务所发生的外汇收支的总和。这反映了当时黄金已退出流通领域，被纸币流通所替代的状况。外汇已成为国际贸易、国际结算和国际投资的主要手段。这一阶段的国际收支概念即为狭义的国际收支概念，有如下特点：（1）仍主要局限于贸易收支。（2）以支付为基础，即只有以现金支付的国际经济交易才计入国际收支。（3）强调到期立即结清。即到期的债权债务，不计入当年的国际收支。这一概念未能包括全部的国际经济交易，如易货贸易、补偿贸易、无偿援助等。

第二次世界大战后，上述狭义的国际收支逐渐难以满足实际的要求，国际收支概念又有了新的发展。由于国与国之间政治、经济和文化等方面的往来更加频繁和广泛，贸易方式更加灵活，国际结算方式也更加多样化，各种国际融资和资本流动更加频繁，甚至大大超过了现汇收支的范围。为了满足实际需要，世界各国开始普遍采用广义的国际收支概念，以适应当前国际经济交易的多样性和灵活性的现状。这一阶段的国际收支是指一个国家或者地区内居民与非居民之间发生的所有经济活动的货币价值之和，包括全部的国际经济交易。国际收支概念的演变如图4-1所示。

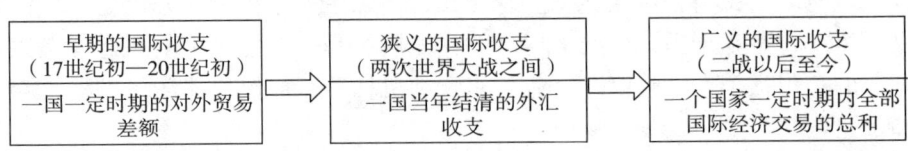

图4-1　国际收支概念的演变

（三）正确理解国际收支的概念

要正确理解广义的国际收支概念及国际货币基金组织对国际收支的定义，必须把握以下几点内容。

1. 国际收支所反映的内容是以经济交易为基础，而不是以外汇支付为基础的。国际收支中的经济交易涉及所有的从一个经济实体向另一个经济实体转移的经济价值，既包括用外汇收付的经济交易，也包括以实物、技术形式进行的经济交易。主要有：（1）物物交换：商品劳务与商品劳务之间的交换；（2）物币交换：金融资产与商品劳务之间的交换；（3）金融资产与金融资产之间的交换；（4）无偿的商品转移；（5）无偿的金融资产转移。

2. 国际收支是一个流量概念，也是一个事后的概念。它记录的是在一段时期（通常指1年）内，一国与他国发生的各项经济往来情况。这与记录一个国家在一定日期对外资产和对外负债的国际借贷不同。

3. 国际收支记录的交易必须是在一个国家的居民与非居民之间进行的。

二、读懂国际收支平衡表

（一）什么是国际收支平衡表

根据国际货币基金组织（IMF）《国际收支和国际投资头寸手册》（第六版）制定的标准，国际收支平衡表是反映某个时期内一个国家或地区与世界其他国家或地区间的经济交易的统计报表。它是运用货币计量单位以简明的表格形式总括地反映一个国家在一定时期内（通常为一年）全部对外经济交易活动的报告文件，是反映一定时期一国同外国的全部经济往来收支流量表。

国际收支平衡表，可以综合反映一国的国际收支平衡状况、收支结构及储备资产的增减变动情况，为制定对外经济政策，分析影响国际收支平衡的基本经济因素，采取相应的调节控制措施提供依据，并为其他核算表中有关国外部分提供基础性资料。

（二）国际收支平衡表的编制原则和基本内容

1. 国际收支平衡表的编制原则

（1）权责发生制与复式记账法。国际收支统计以权责发生制为统计原则，并采用复式记账法。国际收支平衡表的记账原则是会计上"有借必有贷，借贷必相等"的复式簿记原理，贷方记录资产的减少、负债的增加，借方记录资产的增加、负债的减少。对于一项资产，不论是实际资产还是金融资产，作为贷方项目是表示其持有额的减少，作为借方项目则表示其持有额的增加；而对于负债，作为贷方项目是表示其持有额的增加，作为借方项目则表示其持有额的减少。

根据"有借必有贷、借贷必相等"的复式簿记原理，应记入国际收支交易贷方的项目包括：①实际资源（包括货物、服务和收益）的出口；②反映经济体对外资产减少或经济体的对外负债增加的金融项目。应记入借方的项目包括：①实际资源（包括货物、服务和收益）的进口；②反映经济体的对外资产增加或经济体的对外负债减少的金融项目。

此外，对于赠予或其他非交易原因的价值，平衡表设立转移项目加以记录。当转移对应的平衡项目记录在借方时，转移项目记录在贷方，当转移对应的平衡项目在贷方

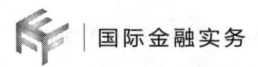

时，转移项目记录在借方。

例如：

①贸易往来，即各种物质商品的输出入。出口列为贷方金额，进口列为借方金额。国际货币基金组织规定，在国际收支平衡表的统计过程中进出口贸易额计价，无论进口还是出口都使用 FOB 价格。

②非贸易往来，主要包括劳务收支、投资所得等。收入列为贷方金额，支出列为借方金额。

③无偿转让。从外国转入本国列为贷方金额，从本国转向外国列为借方金额。

④资本往来，分为长期和短期。从外国流入本国的资本列为贷方金额，从本国流向外国的资本列为借方金额。

⑤储备。包括本国作为国际货币基金组织的成员国分配得到的特别提款权以及作为国际储备的黄金和外汇等。储备本身是存量，其增减额是流量。本年度储备增加额列为借方金额，其减少额列为贷方金额，二者相抵得出储备净增额或净减额。

国际收支平衡总表虽然平衡，但各类项目却经常是失衡的。贸易项目中商品输出大于输入，则贷方金额大于借方金额，形成外贸顺差；相反，则形成外贸逆差，或称外贸赤字。资本项目中流入大于流出，则贷方金额大于借方金额，形成资本净流入；相反，则形成资本净流出。储备项目中本年度增加额大于减少额，则借方金额大于贷方金额形成借方净增金额，即本国的国际储备增加；相反，则形成借方净减金额，即本国的国际储备减少。

（2）经济领土、居民和经济利益中心原则。国际收支统计与国民账户体系使用同样的经济领土、居民和经济利益中心的概念。其中，经济领土由政府所管辖的地理领土组成。在其内，人员、货物和资本自由流动。居民是指在该国经济领土内的一处，从事或计划继续（长期地或在一定时期内）从事相当规模的经济活动和交易的机构或个人。居民以该经济领土为其经济利益中心。一般，以 1 年或更长时间来衡量居民与其经济利益中心。

以我国为例，中国居民是指：①在中国境内居留 1 年以上的自然人，外国及香港、澳门、台湾地区在境内的留学生、就医人员、外国驻华使领馆外籍工作人员及其家属除外；②中国短期出国人员（在境外居留时间不满 1 年）、在境外留学人员、就医人员及中国驻外使领馆中方工作人员及其家属；③在中国境内依法成立的企业事业法人（含外商投资企业及外资金融机构）及境外法人的驻华机构（不含国际组织驻华机构、外国驻华使领馆）；④中国国家机关（含中国驻外使领馆）、团体、部队等。

（3）计价和记录时间的原则。原则上，国际收支平衡表使用成交的实际市场价格作为计价基础。这有助于各国国际收支账户实现统一计价。交易记录的时间采用所有权转移原则。一旦经济价值产生、改变、交换、转移和消失，就需要进行有关记录。

2. 国际收支平衡表的基本内容。中国国际收支平衡表是根据国际货币基金组织《国际收支手册》第六版规定编制，反映特定时期内我国（不含中国香港、澳门和台湾）与世界其他国家或地区的经济交易的统计报表，主要内容由三大部分构成，即经常账户、资本和金融账户、净误差与遗漏。

（1）经常账户（Current Account）。经常项目是一国国际收支平衡表中最基本、最重要的账户，可细分为货物和服务账户、初次收入账户、二次收入账户，主要反映一国与他国之间实际资源的转移。

①货物（Goods）。货物指经济所有权在一国居民与非居民之间发生转移的货物交易，是经常项目乃至整个国际收支平衡表中最重要的项目，记录一国商品的进口和出口。其中贷方记录货物出口，借方记录货物进口。在国际进出口业务惯例中，出口国以离岸价格（Free on Board，FOB）来计算其金额，而进口国则以包括成本、保险费和运费在内的价格（到岸价格，CIF）来计算。为了统一进口与出口的计价，国际货币基金组织建议进出口均采用离岸价格来计价，保险费和运费另列入劳务开支。

货物包括一般商品、用于加工的货物、货物修理、各种运输工具在港口购买的货物及非货币黄金。一般商品指居民向非居民出口或者从非居民那里进口的可移动货物；用于加工的货物包括跨境运到国外加工的货物的出口以及随之而来的再进口；货物修理包括向非居民提供的或从非居民那里得到的船舶和飞机等上面的修理活动；各种运输工具在港口购买的货物包括非居民在岸上采购的所有货物，如燃料、给养、储备、物资；非货币性黄金，即不作为官方储备资产的所有黄金的进出口，等同于一般商品。

②服务（Services），是经常项目中的第二大项目。相对于商品的有形贸易来说，服务贸易是无形贸易（Invisible Trade），主要记录劳务的输出和输入。包括加工服务，维护和维修服务，运输，旅行，建设，保险和养老金服务，金融服务，知识产权使

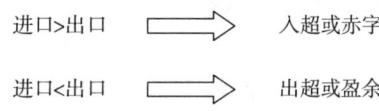

图4-2 出超和入超

用费，电信、计算机和信息服务，其他商业服务，个人、文化和娱乐服务以及别处未提及的政府服务。贷方记录提供的服务，借方记录接受的服务。

③初次收入。初次收入指由于提供劳务、金融资产和出租自然资源而获得的回报，包括雇员报酬、投资收益和其他初次收入三部分。

a. 雇员报酬：指根据企业与雇员的雇佣关系，因雇员在生产过程中的劳务投入而获得的酬金回报。贷方记录一国居民个人从非居民雇主处获得的薪资、津贴、福利及社保缴款等。借方记录一国居民雇主向非居民雇员支付的薪资、津贴、福利及社保缴款等。

b. 投资收益：指因金融资产投资而获得的利润、股息（红利）、再投资收益和利息，但金融资产投资的资本利得或损失不是投资收益，而是金融账户统计范畴。贷方记录一国居民因拥有对非居民的金融资产权益或债权而获得的利润、股息、再投资收益或利息。借方记录一国因对非居民投资者有金融负债而向非居民支付的利润、股息、再投资收益或利息。

c. 其他初次收入：指将自然资源让渡给另一主体使用而获得的租金收入，以及跨境产品和生产的征税和补贴。贷方记录一国居民从非居民获得的相关收入。借方记录一国居民向非居民进行的相关支付。

④二次收入。二次收入指居民与非居民之间的经常转移，包括现金和实物。贷方记录一国居民从非居民处获得的经常转移，借方记录一国居民向非居民提供的经常转移。

（2）资本和金融账户（Capital and Financial Account）。资本和金融账户是对资产所有权在国际间的流动行为进行记录的账户，它由资本账户和金融账户两部分组成。它反映的是国际长期或短期的资本流出和资本流入，是国际收支平衡表的第二大类账户。

①资本账户。指居民与非居民之间的资本转移，以及居民与非居民之间非生产非金

融资产的取得和处置。贷方记录一国居民获得非居民提供的资本转移，以及处置非生产非金融资产获得的收入，借方记录一国居民向非居民提供的资本转移，以及取得非生产非金融资产支出的金额。

②金融账户。指发生在居民与非居民之间、涉及金融资产与负债的各类交易。根据会计记账原则，当期对外金融资产净增加记录为负值，净减少记录为正值；当期对外负债净增加记录为正值，净减少记录为负值。金融账户细分为非储备性质的金融账户和储备资产。

A. 非储备性质的金融账户。包括直接投资、证券投资、金融衍生工具和其他投资。

a. 直接投资：以投资者寻求在本国以外运行企业获取有效发言权为目的的投资，包括直接投资资产和直接投资负债两部分。相关投资工具可划分为股权和关联企业债务。股权包括股权和投资基金份额，以及再投资收益。关联企业债务包括关联企业间可流通和不可流通的债权和债务。

b. 证券投资：包括证券投资资产和证券投资负债，相关投资工具可划分为股权和债券。股权包括股权和投资基金份额，记录在证券投资项下的股权和投资基金份额均应可流通（可交易）。

c. 金融衍生工具：又称金融衍生工具和雇员认股权，用于记录我国居民与非居民金融工具和雇员认股权交易情况。

d. 其他投资：除直接投资、证券投资、金融衍生工具和储备资产外，居民与非居民之间的其他金融交易。包括其他股权、货币和存款、贷款、保险和养老金、贸易信贷和其他。

B. 储备资产（Reserve assets）。储备资产也被称为平衡项目，包括某一经济体的货币当局认为可以用来满足国际收支和在某些情况下满足其他目的的各类资产的交易，它所涉及的项目包括货币化黄金、特别提款权、在基金组织的储备头寸、外汇资产以及其他债权。储备资产变动情况，反映的是官方部门的国际交易活动。

一国的国际收支中经常账户的差额和资本与金融账户（不包括储备资产）的差额形成的总差额经常会出现不平衡，需要用储备资产来调节。如果总差额为顺差，则官方储备增加，其中主要是外汇储备增加；或者将顺差余额贷放给外国，从而使官方对外短期债权增加；或者以此顺差余额偿还官方的对外债务，从而使官方短期负债减少。资产增加、负债减少记入借方。如果总差额为逆差，则官方储备减少，其中主要是外汇储备减少；或者索回原来中央银行贷放给外国官方的贷款加以弥补，从而使官方短期债权减少；或者向外国中央银行借入外汇资金加以弥补，从而使官方短期债务增加。资产减少、负债增加记入贷方。

（3）净误差与遗漏（Error and Omissions）。国际收支平衡表采用复式记账后，会形成经常账户与资本和金融账户不一致，形成统计残差项，称为净误差与遗漏。出现净误差与遗漏的原因是：①编制国际收支平衡表的原始资料来自各个方面，在这些原始资料上，当事人出于各种原因，故意改变、伪造或压低某些项目的数字，造成资料失实或收集资料不齐。②由于某些交易项目属于跨年度性的，从而导致统计口径不一致。③短期资本的国际流动，由于其投机性非常强，流入流出异常迅速，而且为了逃避外汇管制和其他官方限制，常采用隐蔽的形式，超越正常的收付渠道出入国境，因此很难得到真实资料。

由于以上原因，官方统计所得的经常账户、资本和金融账户两者之间实际上不能真正达到平衡，从而导致国际收支平衡表的借方总额与贷方总额之间往往存在差额。因此，设立一个误差和遗漏账户，以此项目的数字来抵补前面所有账户借方和贷方之间的差额，从而使借贷双方最终达到平衡。

【案例阅读】

资本账户下的资本转移和经常账户下的经常转移有什么不同

经常转移指的是所有非资本转移项目，包括商品、劳务、金融资产的单方面转移，且该项目经常发生，规模较小，并直接影响捐助者与受援者的可支配收入和消费，所以记录在经常账户下；而资本转移不经常发生，但规模较大，也不直接影响捐助者与受援者的可支配收入和消费，记录在资本和金融账户下，主要记录的是投资捐赠（如非居民遗产税的征收、交通设备的捐赠等）和债务注销。

表4-1是国际收支平衡表的格式。

表4-1　　　　　　　　　　　　　**中国国际收支平衡表**　　　　　　　　单位：亿元人民币

项目	行次	×××年×季度	×××年
1. 经常账户	1		
贷方	2		
借方	3		
1. A　货物和服务	4		
贷方	5		
借方	6		
1. A. a　货物	7		
贷方	8		
借方	9		
1. A. b　服务	10		
贷方	11		
借方	12		
1. A. b. 1　加工服务	13		
贷方	14		
借方	15		
1. A. b. 2　维护和维修服务	16		
贷方	17		
借方	18		
1. A. b. 3　运输	19		
贷方	20		
借方	21		

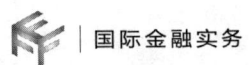

续表

项目	行次	×××年×季度	×××年
1. A. b. 4　旅行	22		
贷方	23		
借方	24		
1. A. b. 5　建设	25		
贷方	26		
借方	27		
1. A. b. 6　保险和养老金服务	28		
贷方	29		
借方	30		
1. A. b. 7　金融服务	31		
贷方	32		
借方	33		
1. A. b. 8　知识产权使用费	34		
贷方	35		
借方	36		
1. A. b. 9　电信、计算机和信息服务	37		
贷方	38		
借方	39		
1. A. b. 10　其他商业服务	40		
贷方	41		
借方	42		
1. A. b. 11　个人、文化和娱乐服务	43		
贷方	44		
借方	45		
1. A. b. 12　别处未提及的政府服务	46		
贷方	47		
借方	48		
1. B　初次收入	49		
贷方	50		
借方	51		
1. C　二次收入	52		
贷方	53		
借方	54		
2. 资本和金融账户	55		
2.1　资本账户	56		
贷方	57		

项目	行次	×××年×季度	×××年
借方	58		
2.2　金融账户	59		
2.2.1　非储备性质的金融账户	60		
其中：2.2.2.1　直接投资	61		
2.2.2.1.1　直接投资资产	62		
2.2.2.1.2　直接投资负债	63		
2.2.2　储备资产	64		
2.2.2.1　货币黄金	65		
2.2.2.2　特别提款权	66		
2.2.2.3　在国际货币基金组织的储备头寸	67		
2.2.2.4　外汇储备	68		
2.2.2.5　其他储备	69		
3. 净误差与遗漏	70		

资料来源：国家外汇管理局。

【知识小结】

本任务以 KVB 昆仑国际公司的日常工作任务引出国际收支的概念、国际收支平衡表的基本内容和编制方法，使学生能够通过学习掌握读懂国际收支平衡表的方法，并能够通过阅读国际收支平衡表找出主要数据。

【思考题】

国际收支平衡表中，国际储备增减是如何记录借贷双方的？

【课后训练】

阅读表 4-2 中国国际收支平衡表（2016 年第一季度至第三季度），说明平衡表中的三个项目在三个季度中有什么变化？引起这种变化的原因可能是什么？

表 4-2　　　　　　　　　　中国国际收支平衡表（季度表）　　　　　单位：亿元人民币

项目	2016Q1	2016Q2	2016Q3
1. 经常账户	2 569	4 190	4 616
贷方	35 818	41 224	45 005
借方	−33 249	−37 034	−40 390
1.A　货物和服务	3 022	4 574	4 505
贷方	32 025	36 863	39 785
借方	−29 003	−32 290	−35 280
1.A.a　货物	6 786	8 220	9 140

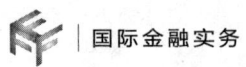

续表

项目	2016Q1	2016Q2	2016Q3
贷方	27 787	32 317	35 116
借方	−21 001	−24 097	−25 976
1. A. b　服务	−3 764	−3 646	−4 634
贷方	4 238	4 546	4 669
借方	−8 002	−8 193	−9 303
1. A. b. 1　加工服务	284	300	313
贷方	287	302	316
借方	−3	−2	−2
1. A. b. 2　维护和维修服务	69	52	42
贷方	94	80	80
借方	−25	−28	−37
1. A. b. 3　运输	−510	−648	−766
贷方	523	518	571
借方	−1 033	−1 165	−1 336
1. A. b. 4　旅行	−3 614	−3 275	−4 195
贷方	1 625	1 967	1 982
借方	−5 239	−5 242	−6 177
1. A. b. 5　建设	53	48	56
贷方	201	187	193
借方	−148	−139	−136
1. A. b. 6　保险和养老金服务	−161	−91	−143
贷方	54	72	70
借方	−215	−163	−213
1. A. b. 7　金融服务	13	19	17
贷方	48	49	47
借方	−35	−30	−30
1. A. b. 8　知识产权使用费	−321	−421	−397
贷方	14	12	13
借方	−335	−433	−409
1. A. b. 9　电信、计算机和信息服务	229	218	238
贷方	408	420	424
借方	−179	−202	−186
1. A. b. 10　其他商业服务	251	204	265
贷方	953	910	942
借方	−702	−706	−678
1. A. b. 11　个人、文化和娱乐服务	−21	−24	−21
贷方	12	10	13

项目	2016Q1	2016Q2	2016Q3
借方	− 32	− 34	− 34
1. A. b. 12 别处未提及的政府服务	− 36	− 29	− 43
贷方	19	19	21
借方	− 55	− 48	− 64
1. B 初次收入	− 268	− 357	193
贷方	3 276	3 821	4 702
借方	− 3 544	− 4 178	− 4 509
1. B. 1 雇员报酬	365	337	338
贷方	464	434	448
借方	− 100	− 97	− 111
1. B. 2 投资收益	− 637	− 701	− 151
贷方	2 804	3 378	4 242
借方	− 3 441	− 4 079	− 4 393
1. B. 3 其他初次收入	5	7	6
贷方	7	9	11
借方	− 3	− 2	− 5
1. C 二次收入	− 186	− 27	− 83
贷方	517	540	518
借方	− 703	− 567	− 601
2. 资本和金融账户	− 11	− 934	337
2.1 资本账户	− 7	− 2	− 13
贷方	12	3	2
借方	− 19	− 5	− 15
2.2 金融账户	− 3	− 932	350
资产	878	− 5 970	− 5 260
负债	− 881	5 038	5 609
2.2.1 非储备性质的金融账户	− 8 051	− 3 187	− 8 735
资产	− 7 171	− 8 225	− 14 344
负债	− 881	5 038	5 609
2.2.1.1 直接投资	− 1 062	− 1 983	− 1 936
2.2.1.1.1 资产	− 3 747	− 4 181	− 3 682
2.2.1.1.1.1 股权	− 1 810	− 3 304	− 2 716
2.2.1.1.1.2 关联企业债务	− 1 938	− 877	− 965
2.2.1.1.2 负债	2 685	2 198	1 746
2.2.1.1.2.1 股权	2 911	2 105	1 582

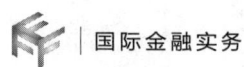

项目	2016Q1	2016Q2	2016Q3
2.2.1.1.2.2　关联企业债务	−226	93	164
2.2.1.2　证券投资	−2 670	508	−702
2.2.1.2.1　资产	−1 439	−1 024	−2 138
2.2.1.2.1.1　股权	−803	−450	−897
2.2.1.2.1.2　债券	−637	−574	−1 241
2.2.1.2.2　负债	−1 231	1 532	1 436
2.2.1.2.2.1　股权	273	133	729
2.2.1.2.2.2　债券	−1 504	1 399	707
2.2.1.3　金融衍生工具	67	−223	−51
2.2.1.3.1　资产	−111	−190	−56
2.2.1.3.2　负债	178	−34	5
2.2.1.4　其他投资	−4 387	−1 488	−6 046
2.2.1.4.1　资产	−1 873	−2 830	−8 469
2.2.1.4.1.1　其他股权	0	0	0
2.2.1.4.1.2　货币和存款	26	−300	−1 121
2.2.1.4.1.3　贷款	−1 332	−1 547	−2 476
2.2.1.4.1.4　保险和养老金	−13	489	11
2.2.1.4.1.5　贸易信贷	2 005	−699	−3 812
2.2.1.4.1.6　其他	−2 559	−774	−1 070
2.2.1.4.2　负债	−2 513	1 342	2 423
2.2.1.4.2.1　其他股权	0	0	0
2.2.1.4.2.2　货币和存款	455	980	207
2.2.1.4.2.3　贷款	−2 280	201	359
2.2.1.4.2.4　保险和养老金	8	−7	−24
2.2.1.4.2.5　贸易信贷	−2 220	216	1 793
2.2.1.4.2.6　其他	1 523	−47	88
2.2.1.4.2.7　特别提款权	0	0	0
2.2.2　储备资产	8 048	2 255	9 085
2.2.2.1　货币黄金	0	0	0
2.2.2.2　特别提款权	−2	0	19
2.2.2.3　在国际货币基金组织的储备头寸	−393	13	34
2.2.2.4　外汇储备	8 443	2 242	9 032
2.2.2.5　其他储备资产	0	0	0
3. 净误差与遗漏	−2 558	−3 256	−4 953

资料来源：国家外汇管理局网站：《中国国际收支平衡表时间序列数据（BPM6）》。

【知识链接】

国际收支与国际借贷概念的比较

国际借贷是指一个国家或地区在一定日期对外资产和对外负债的汇总记录，它反映的是某一时点上一国居民对外债权债务的综合情况。国际借贷与国际收支既有联系，又有区别。二者的联系是，在非现金结算条件下，国家之间的经济交往总是先形成债权债务关系，如商品、劳务和资本的输出输入等发生后，两国在未进行结算前，输出国形成对外债权，输入国形成对外债务，这种关系就是国际借贷关系。国际借贷关系一经结算即告消失，但在结算过程中却引起国际收支的发生，债权国会得到外汇收入，债务国会支出外汇，这就分别形成两个国家的国际收支。可见，国际借贷是产生国际收支的直接原因。但有时国际收支又反作用于国际借贷，因为国际收支的某些变化会引起国际借贷活动的展开。

二者的区别表现在：（1）国际借贷表示一个国家在一定日期对外债权债务的综合情况；而国际收支则表示一个国家在一定时期内对外全部经济交易的综合情况。（2）国际借贷是一个静态的概念，表示的是一种存量（余额）；国际收支是一个动态的概念，表示的是一种流量（发生额）。（3）国际借贷只包括形成债权债务关系的经济交易，范围小；国际收支则包括一切对外发生的经济交易，范围大。

【专业词汇】

国际收支 Balance of Payment　国际收支平衡表 Balance of Payment Presentation
经常项目 Current Account　资本和金融项目 Capital and Financial Account
误差与净遗漏 Error and Omissions

任务4-2　分析国际收支平衡表

【案例引入】

KVB 昆仑国际公司经理收到外汇分析员张宏对中国第三季度国际收支平衡表的摘要内容后，要求张宏分析 2016 年前三季度中国的国际收支情况，形成分析报告上交。

【学习任务】

一、国际收支平衡表分析的用途

国际收支平衡表不仅综合记载了一国在一定时期内与世界各国的经济往来情况和在世界经济中的地位及其消长对比情况，而且还集中反映了该国的经济类型和经济结构，因此，国际收支平衡表是经济分析的重要工具。对国际收支平衡表进行分析，对编表国家或非编表国家都具有重要的意义。

1. 对于编表国家来说，首先通过对国际收支平衡表的分析，能够全面、实时掌握本国对外经济交易的综合情况，找出造成国际收支顺、逆差的原因，以便于采取正确的调

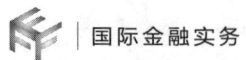

节措施。其次，它能使本国政府充分掌握其外汇资金来源和运用方面的资料，特别是官方的储备变动情况，以便于编制切实可行的外汇预算计划。而且它能使一国全面地了解本国的国际经济地位，制订出与本国国力相适应的贸易、投资、经济援助、借贷等方面的对外经济政策。

2. 对于非编表国家来说，它同样具有重要的意义和作用。这是因为：随着世界经济一体化的不断发展，各国在经济、政治等各方面的联系日益密切，一个国家不仅要了解自己，而且要了解外国的政治经济实力与对外经济政策的动向，以及世界经济发展的趋势。而通过对别国国际收支平衡表的分析，有助于预测编表国家的国际收支、货币汇率及其对外经济政策动向，也有助于了解各国的经济实力和预测世界经济与世界贸易的发展趋势。

二、国际收支的顺差和逆差

（一）国际收支顺差

国际收支顺差也称国际收支盈余，是指某一国在国际收支上收入大于支出。国际收支顺差会对一国造成如下的影响。

1. 有利影响。国际收支顺差促进经济增长；国际收支顺差增加了外汇储备，增强了综合国力，有利于维护国际信誉，提高对外融资能力和引进外资能力；国际收支顺差有利于经济总量平衡；国际收支顺差加强了一国抗击经济全球化风险的能力，有助于国家经济安全；国际收支顺差有利于一国货币汇率稳定和实施较为宽松的宏观调控政策。

2. 不利影响。国际收支顺差使得顺差国货币升值的压力加大，国际贸易摩擦增加；国际收支顺差弱化了货币政策效应，降低了社会资源利用效率；国际收支顺差提高了外汇储备成本；国际收支顺差易使经济对外依存度过高，出口结构难以调整；国际收支顺差影响了一国金融业利率的市场化。

（二）国际收支逆差

国际收支逆差也称国际收支赤字，是指某一国在国际收支上支出大于收入。国际收支逆差会导致本国外汇市场上外汇供给减少，需求增加，从而使得外汇的汇率上涨，本币的汇率下跌。如果该国政府采取措施干预，即抛售外币，买进本币，将直接引起本国货币供应量的减少，而货币供应量的减少又将引起国内利率水平的上升从而导致经济下滑，失业增加。如果国际收支逆差是由经常项目的逆差所引起的，那么必然导致与出口有关的部门就业机会的减少，导致经济下滑。如果国际收支的逆差是由资本项目逆差所引起的，那么意味着大量资本外流，国内资金供应紧张，推动利率水平的上升，导致失业增加，经济下滑。与国际收支顺差比较起来，国际收支逆差所产生的后果更为险恶和紧迫，调节的难度也较大。

三、国际收支平衡表的分析方法

国际收支平衡表的分析方法一般包括静态分析法、动态分析法和比较分析法，其中静态分析法中的差额分析是对国际收支平衡表进行分析的基本方法。如果要对一国经济进行全面、正确深入的分析，就一定要把这三种分析方法结合起来一起应用进行分析。

（一）静态分析法

静态分析法是分析某国在某一时期（一年、一季或一个月）的国际收支平衡表。具体地讲是计算和分析表中各个项目及其差额，分析各个项目差额形成的原因与对国际收支总差额的影响。

分析国际收支平衡表必须首先了解国际收支平衡表的结构，即弄清国际收支平衡表的项目构成及其相互关系。如前所述，国际收支平衡表是由经常项目、资本与金融项目和错误与遗漏项目所构成，每一项目下又分为若干小项目。国际收支平衡表的每个项目都有借方、贷方和差额三栏数字，分别反映一定时期内各项对外经济活动的发生额。由于国际收支平衡表是采用复式簿记法入账，因此，借贷双方总额总是相等的，但其中的某些项目或账户可能出现盈余或赤字，需由其他项目或账户的赤字或盈余来抵消，这就形成了不同的项目差额。按照人们的传统习惯和国际货币基金组织的做法，项目差额主要有以下四种。

1. 贸易收支差额。贸易收支差额是指一国进出口收支差额。尽管贸易项目仅仅是国际收支的一个组成部分，不能代表国际收支的整体，但是，对于某些国家来说，贸易收支在全部国际收支中所占比重相当大，以至于经常性地把贸易收支作为国际收支的近似代表。此外，贸易收支在国际收支中还有它的特殊重要性。商品的进出口情况综合反映了一国的产业结构、产品质量和劳动生产率状况，反映了该国产业在国际上的竞争能力。因此，即使对于发达国家这样资本项目比重相当大的国家，仍然非常重视贸易收支的差额。

2. 经常项目差额。经常项目包括贸易收支、服务收支、收益和经常性转移收支，前两项构成经常项目收支的主体。虽然经常项目的收支也不能代表全部国际收支，但由于它综合反映了一个国家的进出口状况（包括服务贸易）而被各国广为使用，并被当作是制定国际收支政策和产业政策的重要依据。同时，国际经济协调组织也经常采用这一指标对成员国经济进行衡量，例如国际货币基金组织就特别重视各国经常项目的收支状况。

3. 资本和金融项目差额。资本和金融项目差额反映该项目下直接投资、证券投资和其他投资交易（包括贸易信贷、贷款和存款）及储备资产交易的差额（假设资本转移净额为零），它记录了世界其他国家对本国的投资净额或贷款/借款净额。

资本和金融项目具有两个方面的分析作用：首先，通过资本和金融项目规模可以看出一个国家资本市场的开放程度和金融市场的发达程度，一般而言，资本市场越开放，金融市场越发达，资本与金融项目的流量总额就越大。其次，资本与金融项目和经常项目之间具有融资关系，所以，资本与金融项目的余额可以折射出一国经常项目的状况。根据复式簿记法原则，在国际收支中一笔贸易流量通常对应一笔金融流量，可以说，经常项目中实际资源的流动与资本和金融项目中资产所有权的流动是一个活动的两个方面。因此，如果不考虑错误与遗漏，经常项目的余额与资本和金融项目的余额必然数量相等，符号相反。也就是说，经常项目的余额与资本和金融项目的余额之和等于零。

4. 综合项目差额或总差额。综合项目差额是指经常项目加上资本和金融项目中的资本转移、直接投资、证券投资、其他投资后的余额，也就是将国际收支项目中官方储备剔除后的余额。由于综合项目差额必然导致官方储备的反方向变动，所以，可用它来衡

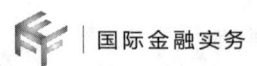

量国际收支对一国储备带来的压力。

当一国实行固定汇率制时，综合项目差额的分析意义更为重要。因为，国际收支的各种行为将导致外国货币与本国货币在外汇市场上的供求变动，影响到两个币种比价的稳定性。为了保持外汇市场汇率的稳定，政府必须利用官方储备介入市场以实现供求平衡。所以，综合项目差额在政府有义务维护固定汇率制时是极其重要的。而在浮动汇率制度下，政府原则上可以不动用官方储备而听任汇率变动，或是动用官方储备调节市场的任务有所弹性，相应地，这一差额的分析意义略有弱化。

5. 静态分析法应注意的问题

（1）货物。一国贸易收支出现顺差或逆差，主要受多个方面的因素影响，它包括经济周期的更替、财政与货币政策变化所决定的总供给与总需求的对比关系；气候与自然条件的变化；国际市场的供求关系；本国产品的国际竞争力；本国货币的汇率水平等。结合这些方面的资料进行分析，有助于找出编表国家贸易收支差额形成的原因。

（2）服务。服务收支反映着编表国家有关行业的发达程度与消长状况。如运费收支的状况直接反映了一国运输能力的强弱，一般发展中国家总是支出的，而一些经济发达的国家由于拥有强大的商船队而收入颇丰；还有银行和保险业务收支状况反映了一个国家金融机构完善状况。分析这些状况之后，对其本国来说可以为寻找改进对策提供依据；对别国来说，为选择由哪个国家提供相关业务的服务提供依据。

（3）经常转移，重点研究官方转移收入。二战后，国际援助相对来说在不断增加，这种援助包括军事援助和经济援助两种，其中又分低息贷款和无偿援助两部分。在分析这个项目时除考虑其数额大小外，还要分析这种援助的背景、影响及其后果，并对趋势作一分析。

（4）资本与金融项目中涉及许多子项目，比如直接投资、间接投资、国际借贷和延期付款信用等，一般来说前三项处于主要地位。直接投资状况反映一国资本国际竞争能力的高低（对发达国家而言）或一国投资利润前景的好坏（对发展中国家而言）。国际借款状况反映了一国借用国际市场资本条件的优劣，从而反映了该国的国际信誉高低。二战后，短期资本在国际间移动的规模与频繁程度都是空前的，它对有关国家的国际收支与货币汇率的变化都有主要影响。因而研究、分析短期资本在国际间移动的流量、方向与方式，对研究国际金融动态和发展趋势具有重要意义。

（5）分析官方储备项目，重点分析国际储备资产变动的方向，因为这些反映了一国对付各种意外冲击能力的变化。错误与遗漏项目，主要分析其数额大小的变化。因为错误与遗漏的规模一方面反映了一国国际收支平衡表虚假性的大小，规模越大，国际收支平衡表对该国国际经济活动的反映就越不准确；另一方面在某种程度上它也反映了一国经济开放的程度，一般来说经济越开放，错误与遗漏的规模就越大。

（二）动态分析：历史地、连续地分析

动态分析是指对一国若干连续时期的国际收支平衡表进行分析的方法。国际收支平衡表虽只反映某一特定时期的情况，但应看到，它绝不是孤立存在的，而是与以前或以后的发展过程紧密相连的。可以说，它既是前一时期演变的结果，又是后一时期状况的原因。因此，要研究一国的国际经济地位、国际金融状况，必须遵循动态性原则，连续分析不同时期的国际收支平衡表，以掌握这个国家固有的经济结构和对外经济发展的特点，掌握其长期变动情况，从而了解一国的经济周期对国际收支的影响以及改变经济结构的可能性，同时还可以掌握这个国家对外货物贸易发展的总体情况和其国际经济地位的变化、国际金融活动的特点及货币币值的升降趋势。此外，还要分析一国的国际收支顺差或逆差是长期持续性的还是短期性的，由此判断这个国家对外货物贸易状况的好坏及投资环境的优劣，并据此制定相应的对该国的外资政策、投资策略等，通过一系列调节措施，促使该国保持最佳的国际储备水平，促使该国货币汇率均衡与经济正常发展。

（三）比较分析

比较分析法是指将一国的国际收支平衡表与其他国家，尤其是主要的经济大国的国际收支平衡表或是对国际金融有重大影响的国家的国际收支平衡表进行比较，找出本国与他国国际收支顺逆差的异同及原因，分析本国与他国的国际收支结构以及调节措施。通过这样的比较分析，可以了解各国的不同特点、相互关系以及各国在国际经济中的地位，进而认清已经形成的国际金融格局，对于调节本国的国际收支失衡是十分有利的。一旦这些国家的国际收支发生了变化，并对国际金融产生影响时，本国就可以采取相对灵活机动的措施避免遭受损失。这种比较分析较为困难，因为各国的国际收支平衡表在项目的分类与局部差额的统计上不尽相同，我们可以利用联合国或国际货币基金组织的资料克服这一困难，因为这两个机构公布的若干重要资料，都是经过重新整理后编制的，可以互相比较。

【案例阅读】

我国国际收支的静态分析实例

2016 年 3 月 31 日，国家外汇管理局公布 2015 年第四季度及全年我国国际收支平衡表（注：表见国家外汇管理局网站），按美元计价，2015 年第四季度，我国经常账户顺差 919 亿美元，其中，货物贸易顺差 1 579 亿美元，服务贸易逆差 399 亿美元，初次收入逆差 225 亿美元，二次收入逆差 36 亿美元。资本和金融账户逆差 506 亿美元，其中，资本账户顺差 0 亿美元，非储备性质的金融账户逆差 1 659 亿美元，储备资产减少 1 153 亿美元。

2015 年，我国经常账户顺差 3 306 亿美元，其中，货物贸易顺差 5 670 亿美元，服务贸易逆差 1 824 亿美元，初次收入逆差 454 亿美元，二次收入逆差 87 亿美元。资本和金融账户逆差 1 424 亿美元，其中，资本账户顺差 3 亿美元，非储备性质的金融账户逆差 4 856 亿美元，储备资产减少 3 429 亿美元。

从公布的数据来看，资本和金融账户第四季度逆差 506 亿美元，年度逆差 1 427 亿美元，说明第四季度的收支总体上延续更加恶化的局面。具体来看，无论是境内投资者还是境外投资者都在大幅腾挪资金出国，但第四季度境内投资者恐慌情绪明显好转，而境外投资者撤离速度仍在加速。

值得注意的是，金融账户项下的非储备性金融资产，非投机性境外资金 FDI 在第四季度扩大了流入中国的幅度，而中国对外直接投资持续扩大，表现为直接投资净额在第三季度大幅回落后小幅反弹。从具体数值来看第三季度直接投资的负债端，即境外投资者的流入资金从第二季度的 708 亿美元，下降到增加 392 亿美元，第四季度又反弹到

601 亿美元；而资产端，即中国国内投资者对外直接投资，从第二季度的 293 美元，扩到第四季度的 521 亿美元。

金融账户"证券投资"项下的资产和负债在第四季度分别为 −159 亿美元和 −93 亿美元，说明在证券投资项下，资产和负债端都表现为资金的流出，资产流出说明，中国境内投资者大量增持国外的证券资产，而外国投资者则陆续减持在中国持有的二级市场股票和债券。

金融账户下，最大的资金流出来自"其他投资"，2015 年逆差达到 4 791 亿美元，可以说 2015 年非储备性金融资产逆差 4 856 亿美元，主要就是来自这里。具体考察，主要是三项即货币存款、贷款和贸易信贷，货币存款和贸易信贷项下的资产和负债，都表现为资金流出，可以理解为中国境内的投资者更多意愿持有国外的货币存款或贷款给国外，而国外的投资和大幅坚持持有的中国国内货币存款和贸易信贷头寸；而贷款项目，负债端延续恶化情形，四个季度国外投资者分别净抽回资金 79.88 亿美元、178.85 亿美元、75.03 亿美元、533 亿美元，但是资产端去先抑后扬，国内投资者前三个季度持续净贷给国外主体 184.94 亿美元、355.80 亿美元、308.81 亿美元，但第四季度却净回流 375 亿美元。

在重点考察了 2015 年国际收支平衡表、资本和金融账户的情况下，我们可以得出结论，总体上中国国际收支平衡并不乐观，中国的证券市场、货币存款和信贷资产不能够吸引国内外的资金青睐，长期来看处于不断失血的状态，我们认为这与当前宏观经济下行、高杠杆和过剩产能以及信贷市场、债券市场和资本市场存在的风险有关，市场正期待更有诚意的结构性改革。但是我们也看到，国际收支平衡的新变化，中国的对外直接投资持续的增加，也反映一带一路背景下，中国企业和居民全球配置资产的新时代来临，这对于更有效率地利用中国的巨额外汇储备大有裨益。

资料来源：https：//sanwen8.cn/p/1e9DnET.html,《2015 年中国国际收支平衡表解读》。

四、国际收支失衡的调节

（一）国际收支平衡与不平衡的判断标准

国际收支平衡表是根据会计学中的复式记账法来编制的，因而借方与贷方总是可以达到平衡，这种平衡是会计学上的平衡而非国际收支的平衡。即国际收支平衡表本身永远是平衡的，但反映的国际收支状况通常是失衡的，国际收支失衡是一个规律。在实际当中，国际收支经常存在不同程度的顺差或逆差，这就是国际收支失衡（Disequilibrium）的含义。

国际收支平衡表所列的全部项目中，除了误差与遗漏项目之外，其余所有的项目都代表着实际的交易，涉及外汇的收支，关系到国际收支平衡表的平衡与否，也关系到一国国际收支的平衡与否。因此，在考察一国的国际收支是否平衡时，必须考察除误差与遗漏项目之外的其余所有项目所代表的交易活动的总结果。

在国际收支平衡表上的各个项目可以划分为两种类型：一种是自主性交易（Autonomous Transactions），或称事前交易（EX—Ante Transactions），它是经济实体或个人出自某种经济动机和目的如追求利润、资产保值、逃税避税、逃避管制或投机等而独立自主地进行的交易活动。自主性交易具有自发性，因而交易的结果出现平衡是偶然的，出现失衡是必然的。当出现失衡时，会使外汇市场出现供求失衡和汇率的波动，从而会带来一系列的经济影响。一国货币当局如不愿接受这样的结果，就要运用另一种交易来弥补自主性交易失衡所造成的外汇供求缺口。另一种交易就是调节性交易（Accommodating Transactions）。它是指中央银行和货币当局出于调节国际收支差额、维护国际收支平衡、维持货币汇率稳定的目的而进行的各种交易。它是在自主性交易收支失衡之后进行的弥补性交易（Compensatory Transactions），因而也称为事后交易（Ex—Post Transactions）。通常将经常账户和资本金融账户的各个项目归属于自主性交易，而储备与相关项目则归属于调节性交易。

由于自主性交易反映的是国际收支中最主要的也是最重要的内容，其本质代表着一个国家的对外交易能力，因此一国在一个较长时期里自主性交易平衡（自动相等或基本相等），无须依靠调节性交易来弥补，那么这个国家的国际收支就是平衡的；反之，一国自主性交易失衡，需要通过调节性交易来实现平衡，而形成一种虚假的形式上的平衡时，那么国际收支就是不平衡的。因此，自主性交易是否平衡，是衡量国际收支平衡与否的一个重要标准。

应该说，绝对的国际收支平衡是没有的，一般地说，收略大于支，产生的储备额为该国年进口额的25%。不同的国家有所不同，发展中国家国际收支平衡能力较弱，应对紧急的国际经济变化能力较弱，要求的盈余额高一些。

（二）国际收支失衡的表现及其影响

1. 国际收支逆差的三种情况及其影响

（1）资本和金融项目顺差不足以弥补经常项目的逆差。第一种情形说明国内需求旺盛，但本国企业的盈利前景与竞争力不足以吸引外部资金的流入，这将逐步导致国内经济走向通货紧缩，经济增长难以维持，失业率的逐步增加，国内收入的逐步下降，本国货币趋向贬值。

（2）经常项目顺差不足以弥补资本和金融项目逆差。第二种情形说明本国产品在国际市场上仍然具有竞争力，但国内资本市场缺乏吸引力，国内资本外流严重，这将导致本国企业遭受通货紧缩，生产能力无法提升，影响经济长期增长，并导致失业率的增加与本国货币的贬值。

（3）经常项目与资本项目双逆差。第三种情况说明本国需求旺盛，但本国企业盈利前景与竞争力不足，需求旺盛只不过是一种历史累积需求的释放。本国处在一个经济高泡沫时期，在需求与资本市场双重泡沫下，国内资金将大规模出逃，很可能引发金融危机，经济危机的后果是本国经济大幅下滑，本国资本市场面临崩盘的危险，本国货币有可能大幅贬值。

无论如何，上述三种情形造成的国际收支逆差，都会极大地削弱外国投资者与本国投资者持有本币的信心，随着外国投资者与本国投资者大量抛出本币或本币表示的资产，本币汇率会面临较大的下跌压力。如果该国货币当局不愿接受本币贬值的后果，就需要对外汇市场进行干预，即动用外汇储备抛出外币收回本币。其后果将导致耗竭储备，引发危机。

2. 国际收支顺差的三种情况及其影响

（1）经常项目顺差弥补资本和金融账户的逆差而有余。第一种情况表明了一国国内需求不足而外国需求旺盛，本国公司发展前景黯淡，本国经济长期增长乏力，由于国际收支顺差的累积效应，本币面临升值压力，而本币的升值将导致经济走向衰退。

（2）资本和金融账户顺差弥补经常项目逆差而有余。第二种情况表明一国国内需求强劲，国内公司有较好的发展前景，国内经济增长前景良好，将导致通货膨胀与货币升值。

（3）经常项目与资本项目双顺差。第三种情况表明一国产业竞争力很强，国内企业有良好的发展前景，国内经济呈现很好的发展态势，将导致通货膨胀、货币升值，引起国内经济泡沫的膨胀。

（三）国际收支失衡的原因及类型

一国的国际收支不平衡可以由多种原因引起，按照这些原因，国际收支不平衡可以分为以下六种。

1. 结构性失衡。结构性失衡是指当国际分工的结构（或世界市场）发生变化时，一国经济结构的变动不能适应这种变化而产生的国际收支失衡。结构性失衡通常反映在贸易账户或经常账户上。

结构性失衡有两层含义。第一层含义是指因经济和产业结构变动的滞后和困难所引起的国际收支失衡。比如，一国的国际贸易在一定的生产条件和消费需求下处于均衡状态。当国际市场发生变化、新产品不断淘汰老产品、新款式高质量产品不断淘汰旧款式低质量产品、新的替代品不断出现的时候，如果该国的生产结构不能及时根据形势加以调整，那么其原有的贸易平衡就会遭到破坏，贸易逆差就会出现。像这种含义的结构性不平衡，在发达国家和发展中国家都有发生。第二层含义的结构性不平衡，是指一国的产业结构比较单一，或其产品出口需求的收入弹性低，或虽然出口需求的价格弹性高，但进口需求的价格弹性低所引起的国际收支失衡。这层含义的结构性不平衡在发展中国家表现得尤为突出。结构性不平衡具有长期性，扭转起来相当困难。

2. 货币性失衡。货币性失衡，是指在一定的汇率水平下，一国货币成本与一般物价水平与他国相比发生变化而引起的国际收支失衡。在一定的汇率水平下，一国的物价与成本高于其他国家，该国的出口必然减少，从而使经常项目顺差减小或逆差增加；反之，一国的物价与成本低于其他国家，该国的出口必然增加，从而使经常项目顺差增加或逆差减少。货币性失衡可以是短期的，也可以是中期或长期的。

3. 周期性失衡。周期性失衡是指一国经济周期波动所引起的国际收支失衡。经济周期的不同阶段对国际收支会产生不同的影响。如图 4-3 所示，在经济衰退阶段，国民收入减少，总需求下降，物价下跌，会促使出口增长，进口减少，从而出现顺差；而在经济繁荣阶段，国民收入增加，总需求上升，物价上涨，则使进口增加，出口减少，从而出现逆差。随着周期的演变，这种不平衡现象交替发生。而且，由于当今国际关系日益密切，主要发达国家的经济周期，往往会影响其他国家的经济情况，使各国的国际收支发生不均衡现象。

4. 收入性失衡。收入性失衡是指因一国国民收入发生变化而引发的国际收支不平衡。国民收入变动的原因很多，一种是经济周期波动所致，这属于周期性失衡；另外一种是因经济增长率的变化而产生的，在这里是指这种失衡，它具有长期性。当国民收入相对快速增长，导致进口需求的增长超过出口增长或其他方面的国际支付增加时，国际

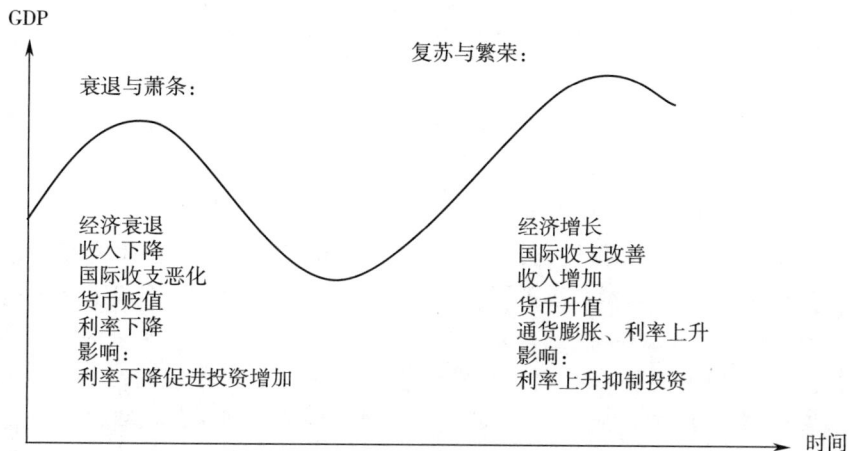

图4-3 周期性失衡

收支容易发生逆差；相反，国民收入减少，居民消费和投资的需求都会下降，进口也会减少，国际收支容易发生顺差。

5. 资本性失衡。如果一国不实行外汇管制或实行较宽松的外汇管制，经济实力较强，而对资本的需求较大，国际资本就会大量流入，从而使该国国际收支大幅增加，造成资本性不均衡。例如，一国国际收支顺差，且有大量资本流入，将会使顺差扩大，我国的长期双顺差状况就是如此。而如果一国国际收支逆差，大量资本因国内经济不稳定大量外逃，会使逆差进一步扩大，恶化国际收支。

6. 偶然性失衡。一些偶然性的因素也会导致一些国家的国际收支失衡，如政局动荡、自然灾害、战争、债务危机、金融危机等。政局动荡与战争是最大的国际投资风险，可能导致巨额国际资本的流动，从而使一国国际收支不均衡。比如，一国政局动荡的时期往往世界各国的投资者都唯恐避之不及，随着资本的大量流出，该国的国际收支必然面临着失衡。如2003年的美伊战争使俄国、法国等许多国家在伊朗的利益损失巨大。但这种性质的国际收支失衡，程度一般较轻，持续时间也不长，带有可逆性，因此，可以认为是一种正常现象。

一般而言，由经济结构性因素和经济增长率变化造成的收入性因素所引起的国际收支不平衡，具有长期性和持久性，被称为持久性不平衡。其他因素所引起的国际收支不平衡仅具有临时性，被称为暂时性不平衡。

【案例阅读】

中国国际收支不属于严重失衡

中国人民银行国际司司长朱隽2017年2月15日接受中国证券报独家专访时表示，人民币对美元汇率从高点6.05到目前已回调13%左右，调整幅度业已不小。当前中国国际收支不属于严重失衡，不认同人民币会经历巨大调整的观点。资本流动受汇率预期的影响比较大，也受到很多投机因素影响。而投机力量可以自我实现。随着人民币汇率趋向均衡点，理性预期会逐渐占据主流。从基本面因素来看，决定人民币汇率走势的主要是经常项目，资本项目虽也可能在短期影响汇率走势，但其在某些程度上受预期、心理因素影响，波动性比较大。总体上看，国际国内外汇市场上看空人民币的力量近来已大幅减弱。

朱隽认为，国际收支失衡分严重失衡和轻度失衡两种，实践中虽不乏国际收支严重失衡的案例，但也存在很多国际收支的轻度失衡并成功调整的案例。在国际收支轻度失衡的情况下，一国也会面临如何调整的痛苦和选择，但整体上调整不至于过于剧烈，也不见得必须走过几个特定的阶段。例如，亚洲金融危机期间，一些知名经济学家建议人民币大幅贬值，中国未接受，中国国际收支也经历了调整，但幅度并不大。就目前情况来看，中国国际收支有以下特点：一是在2002—2014年国际收支盈余的积累过程中人民币渐进式升值，到2014年下半年人民币升值出现一定的过冲现象，但幅度不大，人民币对美元汇率曾达到6.05的高点，此后回落，截至目前已回调13%左右，调整幅度业已不小。二是从国际收支平衡状态来看，当前中国货物贸易仍存在较大顺差，服务贸易有些逆差，经常项目总体保持较大顺差，国际收支状况整体良好。而前述若干国家都曾在失衡阶段出现巨大经常项目逆差，汇率远离均衡点。总的来看，我们认为当前中国国际收支不属于严重失衡，不认同人民币会经历巨大调整的观点。

因此，在评估和计算国际收支调整所需的人民币汇率调整幅度时，还是应以经常项目为主要依据。在经常项目下，中国当前仍有较大顺差。当然也有一些阶段性流出因素，如中国有大量的外商直接投资，许多外商直接投资企业在过去一段时间内不分红或分红不汇回，积累了一些待分配收益，近两年较多汇出。在资本项目下，中国的外商直接投资（FDI）和对外直接投资（ODI）差距已不大。2015年，中国实际利用外资1 260多亿美元，同期对外直接投资（不含金融类直接投资）接近1 200亿美元；2016年，对外直接投资超过实际利用外资约440亿美元。中国正在完善相关政策，积极利用外资，同时加强对外直接投资指导，预计FDI和ODI会保持大体平衡。

在从封闭经济走向开放经济的过程中，中国最开始是开放贸易，投资"走出去"是近十多年来才刚开始。过去，中国企业缺少"走出去"的知识和经验，随着近年来慢慢开始了解国外的法律，掌握各种投资机会，企业"走出去"热情出现大幅升温。这不排除有跟风的现象，会适时冷却并回归正常。中国人出去旅游、求学也存在类似的短期过热和跟风现象，不见得持续高涨。因此，在评估中国国际收支状况时，不应把开放过程中一些阶段性因素视为长期趋势。

此外，就资本项目来看，资本流动受汇率预期的影响比较大，也受到很多投机因素影响。而投机力量可以自我实现。随着人民币汇率趋向均衡点，理性预期会逐渐占据主流。

资料来源：中国金融信息网 http：//rmB. xinhua08. com/a/20170216/1688090. shtml。

（四）国际收支失衡的调节

国际收支不平衡的调节包括自动调节和政策调节。从理论上讲，在完全或接近完全的市场经济条件下，国际收支不平衡可以通过市场经济变量的调节自动恢复平衡。但这只能在纯粹的自由经济中才会起作用，而且需要的中间过程较长，其作用的程度和效果也无法衡量。因此，当国际收支发生失衡时，一国政府或货币当局往往要采取各种政策措施加以调节。

1. 国际收支的自动调节机制。国际收支自动调节机制，即国际收支市场调节机制，是指国际收支失衡必然会直接或间接地引起市场经济系统内其他经济变量发生变化，后者又反作用于国际收支，在不考虑政府干预的情况下，这一相互作用的过程会引起国际收支失衡缩小并趋于平衡。在不同的货币制度下，自动调节机制也有所差异。

（1）货币—价格机制。"货币—价格机制"的较早阐述者是 18 世纪英国哲学家和经济学家大卫·休谟（David Hume），他在 1752 年提出"物价—铸币流动机制"（即"价格—现金流动机制"，或称"休谟机制"）。"货币—价格机制"与"价格—现金流动机制"的主要区别是货币形态。休谟处在国际间普遍实行金本位制的时期，金属铸币参与流通，而在当代，则完全是纸币流通。不过，这两种机制论述的国际收支自动调节原理是一样的。

当一个国家国际收支发生逆差时（顺差情况正好相反），意味着对外支付大于收入，货币外流；在其他条件既定的情况下，物价下降，本国出口商品价格也下降，出口增加，贸易差额因此得到改善。货币—价格自动调节机制的过程如图 4-4 所示。

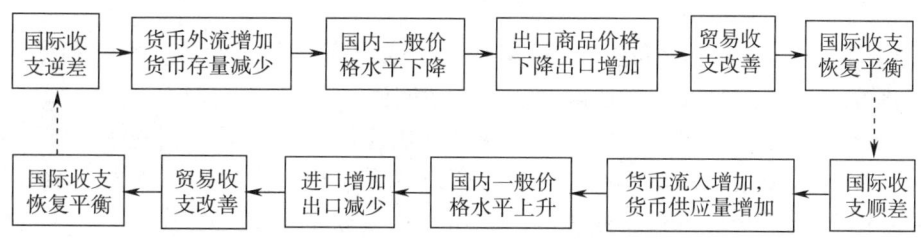

图 4-4 货币价格自动调节机制

上述过程描述的是国内货币存量与一般物价水平变动对国际收支的影响。"货币—价格自动调节机制"的另一种表现形式是相对价格，而不是一般价格水平变动对国际收支的影响。当国际收支发生逆差，对外支出大于收入，对外币需求的增加使外国货币汇率上升，本国货币汇率下降，由此引起以外币表示的本国出口商品价格相对下降、以本币表示的外国进口商品价格相对上升，从而出口增加、进口减少，贸易收支得到改善，如图 4-5 所示。

图 4-5 货币价格自动调节机制的另一种形式

（2）国民收入的自动调节机制。国民收入的自动调节机制是指在一国国际收支失衡时，该国的国民收入、社会总需求会发生变动，而这些变动反过来又会减弱国际收支的失衡。

当一国国际收支出现顺差时，会使其外汇收入增加，从而产生信用膨胀、利率下降，总需求上升，国民收入也随之增加，因而导致进口需求上升，贸易顺差减少，国际收支恢复平衡。

当一国国际收支出现逆差时，会使其外汇支出增加，引起国内信用紧缩、利率上

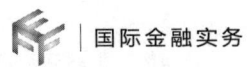

升，总需求下降，国民收入也随之减少，国民收入的减少必然使进口需求下降，贸易逆差逐渐缩小，国际收支失衡也会得到缓和。

国民收入机制的自动调节过程如图4-6所示。

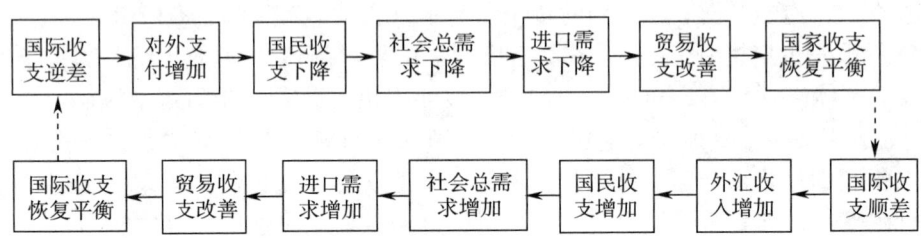

图4-6 国民收入机制的自动调节过程

国民收入变动不仅能改善贸易收支，而且也能改善经常项目的其他收支和资本项目收支。比如，国民收入下降会使对外国劳务和金融资产的需求也不同程度地下降，从而促使国际收支得到全面改善。

（3）利率机制。利率的自动调节机制是指一国国际收支不平衡会影响利率的水平，而利率水平的变动反过来又会对国际收支不平衡起到一定的调节作用。

当国际收支发生逆差时，本国货币的存量（供应量）相对减少，利率上升，表明本国金融资产的收益率上升，从而对本国金融资产的需求相对增加，对外国金融资产的需求相对减少，于是资金外流减少或资金内流增加，国际收支得到改善；反之，国际收支顺差时则呈现相反的运作过程，顺差缩小。利率机制的作用过程如图4-7所示。

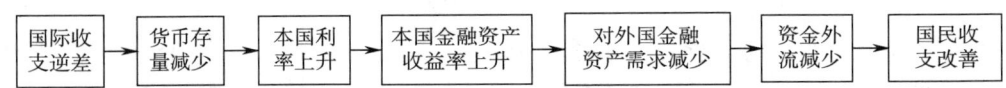

图4-7 利率机制的自动调节过程

（4）汇率机制。汇率机制是指在浮动汇率制度下，汇率的自发变动在很大程度上具有自动调节国际收支的功能。

当一国国际收支出现逆差时，外汇市场上本外币供求关系发生变化，外汇需求大于外汇供给，导致外汇汇率上升，本币汇率下降，出口商品以外币计算的价格下跌，而进口商品以本币计算的价格上升，刺激出口、抑制进口，贸易收支逆差逐渐减少，国际收支不平衡得到缓和。当一国国际收支出现顺差时，外汇供给大于外汇需求，本币汇率上升，进口商品以本币计算的价格下跌，而出口商品以外币计算的价格上涨，因此出口减少、进口增加，贸易顺差减少，国际收支不平衡得到缓和。汇率机制的作用过程如图4-8所示。

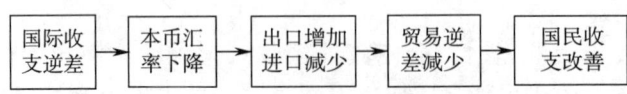

图4-8 汇率机制的自动调节过程

国际收支市场（自动）调节机制能够自发地促使国际收支趋向平衡，不需要政府付出成本加以干预，可以避免各种人为的价格扭曲。因此，各国政府都不同程度地为市场调节机制创造适宜的环境。

2. 国际收支的政策调节。国际收支的政策调节是指国际收支失衡的国家通过改变其宏观经济政策和加强国际间的经济合作，主动地对本国的国际收支进行调节，以使其恢复平衡。当各国面临国际收支失衡时，不能完全依靠经济体系的自动调节机制来使国际收支恢复均衡，政府或货币当局一般会主动采取各种适当的经济政策和措施对国际收支加以人为的调节。人为的政策调节相对来说比较有力，但也容易产生负作用（如考虑了外部平衡而忽视了内部平衡），有时还会因时滞效应达不到预期的目的。

当一国国际收支出现失衡时，政府面临着三个层次的政策选择。以国际收支赤字为例，首先，必须决定是通过融资来弥补国际收支赤字，还是通过调节来消除赤字，或是寻求弥补与调节的某种适当的组合。前者是指当局通过借款或动用外汇储备向外汇市场提供外汇，以弥补外汇市场的供求缺口；后者是指当局通过各种调节政策来消除外汇市场的供求缺口。其次，如果确定用调节手段，则在确定调整程度后，当局必须决定是用支出变更政策还是用支出转换政策来达到增加外汇收入，减少外汇支出的目的。前者是指改变支出的水平，后者是指改变支出的结构，即改变支出在外国产品与本国产品之间的比重。最后，转换政策可以通过贬值或贸易政策得以实现，即通过提高外币的价格来诱使进口数量的减少、出口数量的增加，或通过外汇管制和进口配额等来直接限制进口的数量，通过出口补贴、出口退税等措施来奖励出口。因此，一国在实施支出转换时，还必须在这两类手段之间进行权衡。

具体来说，一国政府所能采取的政策性调节措施主要有外汇缓冲政策、财政和货币政策、汇率政策、直接管制、国际经济技术合作、国际借贷等。

（1）外汇缓冲政策。外汇缓冲政策是指一国政府通过动用官方储备（被视为缓冲体），或者使用国际信贷便利，来消除国际收支不平衡所形成的外汇供求缺口，从而使国际收支不平衡所产生的影响仅限于外汇储备的增减。它是解决一次性或季节性、临时性国际收支失衡简便而有利的政策措施。

一国国际收支失衡往往会导致该国国际储备的增减，进而影响国内经济和金融。因此，当一国国际收支发生逆差或顺差时，中央银行可利用外汇平准基金，在外汇市场上买卖外汇，调节外汇供求，使国际收支失衡产生的消极影响止于国际储备，避免汇率上下剧烈动荡，而保持国内经济和金融的稳定。但是动用国际储备，实施外汇缓冲政策不能用于解决持续性的长期国际收支逆差，因为一国储备毕竟有限，长期性逆差势必会耗竭一国所拥有的国际储备而难以达到缓冲的最终政策，特别是当一国货币币值不稳定，使人们对该国货币的信心动摇，因而引起大规模资金外逃时，外汇缓冲政策更难达到预期效果。

（2）财政和货币政策

①财政政策，是指一个国家通过扩大或缩小政府财政开支，提高或降低税率的办法来平衡国际收支。

如果国际收支发生逆差，第一，可削减政府财政预算、压缩财政支出，由于支出乘数的作用，国民收入减少，国内社会总需求下降，物价下跌，增强出口商品的国际竞争力，进口需求减少，从而改善国际收支逆差；第二，提高税率，国内投资利润下降，个人可支配收入减少，导致国内投资和消费需求降低，在税赋乘数作用下，国民收入倍减，迫使国内物价下降，扩大商品出口，减少进口，从而缩小逆差。

可见，通过财政政策来调节国际收支失衡主要是通过调节社会总需求、国民收入的水平来起作用的，这一过程的最中心环节是社会企业和个人的"需求伸缩"，它在不同的体制背景下作用的机制和反应的快捷程度是不一致的，这取决于其产权制约关系的状况。

②货币政策，主要是通过调整利率来达到政策实施目标的。调整利率是指调整中央银行贴现率，进而影响市场利率，以抑制或刺激需求，影响本国的商品进出口，达到国际收支平衡的目的。当国际收支产生逆差时，政府可实行紧缩的货币政策，即提高中央银行贴现率，使市场利率上升，以抑制社会总需求，迫使物价下跌，出口增加，进口减少，资本也大量流入本国，从而逆差逐渐消除，国际收支恢复平衡；相反，国际收支产生顺差，则可实行扩张的货币政策，即通过降低中央银行贴现率来刺激社会总需求，迫使物价上升，出口减少，进口增加，资本外流，从而顺差逐渐减少，国际收支恢复平衡。

上述财政政策和货币政策作用的机理都是通过改变社会总需求或国民经济中支出总水平来调节国际收支的，故这类政策被统称为支出增减型政策（或称支出变更政策）。支出增减型政策就是通过改变社会总需求或总支出水平，来改变对外国商品、劳务和金融资产的需求，以此来调节国际收支失衡的一种政策。然而，这类政策的局限性在于，国际收支的改善是以牺牲国内经济为代价的，往往与国内经济目标发生冲突。紧缩性政策在减少进口支出的同时也抑制了本国居民对国内产品的需求，由此会导致失业和生产能力过剩。如果所造成的负担主要落在投资上，还会影响长期的经济增长。因此，特别是在本国经济不振、失业已经严重的情况下，国际收支赤字的出现，常常使当局的宏观经济政策陷入左右为难的境地。只有在国际收支赤字是因总需求大于充分就业条件下的总供给引起的情况下，采取紧缩性经济政策才不至于牺牲国内经济目标。因此，这类政策适于用来纠正国际收支的周期性赤字。

（3）汇率政策。汇率政策是指一个国家通过调整汇率改变外汇的供求关系，影响进出口商品的价格和资本流出入的实际收益，进而达到调节国际收支失衡的一种政策。这里所谓的"调整汇率"是指一国货币金融当局公开宣布的货币法定升值与法定贬值，而不包括金融市场上一般性的汇率变动。

汇率政策同财政和货币政策不同，它不是通过改变社会总需求和总支出，而是通过改变需求和支出的方向来调节国际收支的，因而也被称为支出转换政策。一般说来，当国际收支出现逆差时实行货币贬值，该国出口商品和劳务价格相对下降，出口竞争力提高，出口增加；同时会使进口商品和劳务的价格相对上升，从而使居民将一部分支出转移到购买进口替代品上，进口减少，国际收支因此改善。相反，当国际收支出现顺差时实行货币升值，则会起到扩大进口、抑制出口的作用，减少国际收支顺差。

在不同的汇率制度下，各国制定汇率政策的方式是不一样的。在固定汇率制度下，政府通过直接制定汇率水平来实施其汇率政策，并采用货币法定贬值或升值的方法来调节国际收支。在浮动汇率制度下，汇率是由外汇市场的供求关系决定的，政府的汇率政策是通过对外汇市场进行干预实现的，一般是建立外汇平准基金进行公开市场业务，人为地促使本国货币下浮或上浮来平衡国际收支。

汇率调整政策同上述财政政策、货币政策相比较而言，对国际收支的调节无论是表现在经常项目、资本项目还是储备项目上都更为直接、更为迅速。因为汇率是各国间货币交换和经济贸易的尺度，同国际收支的贸易往来、资本往来的"敏感系数"较大；同时，汇率调整也会给一国经济发展带来多方面的副作用。比如，贬值容易给一国带来通货膨胀压力，从而陷入"贬值→通货膨胀→贬值"的恶性循环。它还可能导致其他国家采取报复性措施，从而不利于国际关系的发展等。因此，一般只有当财政、货币政策不能调节国际收支失衡时，才使用汇率手段。

汇率调整政策有时对国际收支失衡的调节不一定能起到立竿见影的效果，因为其调节效果还取决于现实的经济和非经济因素：第一，汇率变动对贸易收支的调节受进出口商品价格弹性和时间滞后的影响。第二，汇率变动对资本收支的影响不一定有效，其影响要看外汇市场情况而定。如果一国汇率下跌引起一般人预测汇率还会继续下跌，则国内资金将会外逃，资本收支将会恶化，并且资本输出入主要还是要看一国的利率政策、融资环境等，这些都无法随汇率的变化而变化。第三，汇率变动对国际收支的调节还受制于各国对国际经济的管制和干预程度。这些管制和干预包括贸易壁垒的设置、外汇管制政策的松严等。

（4）直接管制。直接管制是指政府直接对国际经济交易进行行政干预，以使国际收支达到平衡的政策措施，主要包括外汇管制和贸易管制。①外汇管制是指国家通过颁布外汇管理法令、法规和条例，对外汇买卖、国际结算、资本流动和外汇汇率等直接加以管制，以控制外汇供给或需求，维持本国货币汇率的稳定，以调节国际收支。当一国国际收支发生长期逆差时，一般要加强外汇管制，使逆差减少；当一国国际收支发生长期顺差时，则放松外汇管制，使顺差减少。常用的外汇管制一般包括限制私人持有和购买外汇，限制资本输出输入、实行复汇率等。②贸易管制是指一国政府通过实行"奖出限入"政策，对商品输出输入实行管制，旨在增加外汇收入，限制外汇支出，改善国际收支。常采用的限制进口的手段有：进口配额制、进口许可证制、苛刻的进口技术标准、歧视性的采购政策与税收政策等。

直接管制和汇率政策一样，也属于支出转换政策。实施直接管制措施调节国际收支失衡见效快，同时选择性强，对局部性的国际收支失衡可以采取有针对性的措施直接加以调节，不必涉及整体经济。例如，国际收支失衡是由于出口减少造成的，就可直接施以鼓励出口的各种措施加以调节。但直接管制会导致一系列行政弊端，如行政费用过大，官僚、贿赂之风盛行等，同时，管制政策的实行容易引起他国报复，导致贸易伙伴国之间的"贸易战"，使管制措施不能达到预期效果。所以，在实施直接管制以调节国际收支失衡时，各国一般都比较谨慎。

（5）国际经济合作。根据本国的利益采取的调节政策和管制政策措施，有可能引起国家之间的利益冲突和矛盾。因此，除了实施上述调节措施以外，有关国家还试图通过加强国际经济、金融合作的方式，从根本上解决国际收支失衡的问题。如通过国际金融机构等国际经济组织来协调各国的经济政策，最终实现平衡国际收支的目的。例如，建立国际结算制度实现国际间债务清算自由化、建立世界贸易组织、建立国际货币基金组织和一些区域性的经济合作组织（APEC、东盟等）来调节国际收支。

（6）国际借贷。国际借贷就是通过国际金融市场、国际金融机构和政府间贷款的方式，弥补国际收支失衡。国际收支逆差严重而又发生支付危机的国家，常常采取国际借贷的方式暂缓国际收支危机。但在这种情况下的借贷条件一般比较苛刻，这又势必增加将来还本付息的负担，使国际收支状况恶化，因此运用国际借贷方法调节国际收支失衡仅仅是一种权宜之计。

总之，调节国际收支失衡的政策是多样化的，每一种政策都有其各自的特色与调节功效，因此，一国可根据具体情况予以取舍。其基本原则是：第一，应根据国际收支失衡的具体原因选择调节政策；第二，应多通过政策搭配方式来调节国际收支；第三，选择调节手段时，应尽量不与国内经济发生冲突或尽量减少来自他国的压力，以免影响国际间正常的经济秩序。

【知识小结】

本任务通过 KVB 昆仑国际公司分析中国的国际收支平衡表，引出基础知识：分析国际收支平衡表的用途、国际收支平衡表分析的方法、国际收支失衡的类型和原因以及国际收支不平衡的调节方法，通过学习掌握国际收支平衡表分析的基础知识及调节知识，并能进行实际应用。

【思考题】

若一国的综合收支顺差持续过高导致储备资产持续增加，则对其经济会产生什么不利的影响？

【课后训练】

上网查询 2016 年国际收支平衡表并进行静态分析，写出分析报告。

【知识链接】

双顺差

"双顺差"通常指贸易顺差和资本项目顺差的同时存在。严格地说，"双顺差"应该是指国际收支表中同时出现经常项目顺差和资本与金融项目顺差。

外资的流入主要采取借债和引进外国直接投资（FDI）两种方式，而发展中经济体引资的主要目的应该是利用外国资源（储蓄）以弥补本国资源（储蓄）的不足。一国经常项目逆差的存在意味着外国资源的流入或外国储蓄的利用。而外国资源之所以会流入是因为外资对该国的经济发展前景有信心，愿意将资源借给这个国家，以此实现本国的储蓄意愿。由于外国资金的源源流入，发展中经济体得以在相当长的时间内保持经常项目逆差。而中国一度不但有大量的资本项目顺差，而且有大量的经常项目顺差。根据国家外汇管理局 2011 年上半年的国际收支报告，我国国际收支总顺差为 2 717 亿美元。其中，经常项目顺差 878 亿美元，资本和金融项目顺差 1 839 亿美元。而自 1990 年以来，我国在二十多年的时间内，除 1993 年外，都保持了资本与金融项目和经常项目的双顺差。存在经常项目顺差这一事实表明，尽管是世界第三大外国直接投资流入国，中国不但没有利用外国资源以弥补本国储蓄的不足，反而大量输出了资源。这些资源被美国和其他发达国家用于弥补它们国内储蓄的不足。"双顺差"导致了外汇储备的增加。自 2005 年以来，汇率机制改革的相对缓滞导致"双顺差"的长期延续。而 2015 年"8·11"汇改强化了人民币汇率的双向波动，深化了资本市场的双向开放，从而消除了"双顺差"的机制基础。展望未来，"双顺差"时代一去不返，"小波动加剧，大趋势稳健"将成为中国国际收支的新特征。

【专业词汇】

自主性交易 Autonomous Transactions　调节性交易 Accommodating Transactions
国际收支顺差 Balance of Payments Surplus　国际收支逆差 Balance of Payments Deficit

任务 4-3　分析我国的国际储备变化对人民币汇率的影响

【案例引入】

2016 年以来，中国国际储备随着资本流出的增加不断发生变化，离岸市场的人民币无本金交割远期（NDF）汇率也发生了大幅波动。KVB 昆仑国际公司经理要求外汇交易分析员张宏查询中国目前国际储备情况，并分析国际储备的变化对人民币汇率走势的影响，形成简要报告汇报给经理。

【学习任务】

一、认识国际储备

（一）国际储备的概念

1. 什么是国际储备。国际储备（International Reserve）也称"官方储备"，有广义和狭义之分，通常所讲的国际储备是狭义的国际储备，即自有储备，从这个意义上来说，国际储备是一国货币当局持有的，能随时用于国际支付、平衡国际收支和维持本国货币汇率稳定以及用于应付紧急支付、作为对外偿债的信用保证的国际间可以接受的一切资产。

各国际性金融组织对国际储备作出的解释也是基于狭义的国际储备含义。如世界银行对国际储备所下的定义为："国家货币当局占有的那些在国际收支出现逆差时可以直接或通过有保障的机制兑换成其他资产以稳定该国汇率的资产。"再如，国际货币基金组织（IMF）给国际储备所下的定义为："中央当局实际直接有效控制的那些资产"，"储备资产是由黄金、特别提款权、在基金组织的储备头寸、使用该组织的信贷和非居民现有的债权组成"。

国际储备是战后国际货币制度改革的重要问题之一，它不仅关系各国调节国际收支和稳定汇率的能力，而且会影响世界物价水平和国际贸易的发展。

国际储备主要的也是最基本的作用，是作为国际商品交换的媒介，充当国际流通手段和支付手段，同时也是国际收支周转的重要手段和平衡国际间债权债务关系的重要工具。在典型的金本位制度下，世界市场上流通的是金币，因此黄金是主要的国际储备资产。由于英镑是当时国际贸易计价和支付结算的主要手段，因此由英镑代替黄金行使国际货币的职能。

第二次世界大战后，随着布雷顿森林体系的建立，美元取得了与黄金等同的地位，成为最主要的储备货币。在这个体系中，黄金仍是重要的国际储备资产，但随着国际经济交易的恢复与迅速发展，美元成为最主要的储备资产。这是因为，一方面，当时世界黄金产量增加缓慢，黄金供给无法满足世界贸易和资本流动对国际清偿手段的需求；另一方面，黄金储备在各国的持有量比例失衡，美国持有了黄金储备总量的75%以上，其他国家的持有比例则相对较小。因此，在各国国际储备中，黄金储备逐渐下降，而美元在国际储备体系中的比例却逐渐超过了黄金而成为最重要的国际储备资产。因此，从总体上看，这一时期各国的外汇储备仍是美元独尊的一元化体系。

在布雷顿森林货币体系崩溃后，国际储备体系发生了质的变化。这表现在国际储备体系完成了从长期的单一化向多元化的过渡，最终打破了某一货币（如美元）一统天下的局面，形成了以黄金、外汇、特别提款权、在IMF的储备头寸等多种国际储备资产构成的一种多元化的国际储备体系。其特点是国际储备受多种硬货币支配，多种硬货币相互补充，共同充当国际间的流通手段、支付手段和储备手段。

2. 国际储备与国际清偿力。我们还常常能够看到国际清偿力（International Liquidity），它是和国际储备既有联系又有区别的概念。国际清偿力是一个国家具有的现实的对外清偿能力和可能拥有的对外清偿能力的总和，是广义上的国际储备，由自有储备和借入储备构成，不仅包括货币当局所持有的各种国际储备，而且包括该国从外国政府或中央银行、国际金融组织和商业银行等筹借资金的能力。而我们通常所说的国际储备是指狭义的国际储备，仅指自有储备而言。国际清偿力常常被理论学界和外汇市场交易者视作一国货币金融当局维持其汇率水平能力的重要依据。

国际清偿力主要由以下四部分构成：（1）货币当局持有的储备资产，即一国的自有储备，包括黄金储备、外汇储备、在IMF的储备头寸、特别提款权。（2）一国从国际金融机构、国际资本市场融资的能力，如备用信贷、互惠信贷、支付协议等。（3）本国商业银行持有的对外短期可兑换货币资产。（4）其他国家希望持有这个国家资产的愿望等。

不同国家的国际清偿力有很大差别。一般来说，发达国家比发展中国家的国际清偿力强，因为发展中国家进入国际金融市场进行应急性筹资的能力有限，其国际清偿力基本上等于国际储备。

国际储备与国际清偿力关系如表4-3所示。

表4-3　　　　　　　　　　　　国际储备与国际清偿力

国际清偿力	自有储备	1. 黄金储备 2. 外汇储备 3. 在IMF的储备头寸 4. 特别提款权	国际储备
	借入储备	1. 备用信贷 2. 互惠信贷 3. 支付协议 4. 商业银行的对外短期可兑换货币资产 5. 其他类似的安排	

（二）国际储备的特点

一种资产能够成为国际储备必须具备如下几个特点。

1. 官方持有性。官方持有性是指作为国际储备的资产必须是货币当局（中央银行）直接掌握并予以使用的，这种直接"掌握"与"使用"可以看成是一国货币当局的一种"特权"。非官方金融机构、企业和私人持有的黄金、外汇等资产，不能算作国际储备。该特点使国际储备被称为官方储备，也使国际储备与国际清偿力区分开来。

2. 普遍接受性。普遍接受性是指作为国际储备的资产必须可以自由地与其他金融资产相交换，必须能够为世界各国普遍认同与接受、使用。缺乏普遍接受性，储备资产的价值就无法实现，也就无法用于弥补国际收支逆差及发挥其他作用。如果一种金融资产仅在小范围或区域内被接受、使用，尽管它也具备可兑换性和充分流动性，仍不能称为国际储备资产。

3. 充分流动性。充分流动性是指作为国际储备的资产必须是随时都能够动用、变现的资产，例如存放在银行里的活期外汇存款、有价证券等。当一国国际收支失衡或汇率波动过大时，货币当局就可以动用这些资产来平衡国际收支或干预外汇市场来维持本国货币汇率的稳定。

当然，国际储备资产还有一些其他的特性，如稳定性（储备资产的内在价值必须相对稳定）、适应性（储备资产的数量必须能适应国际经济活动和国际贸易发展的要求）等，但上述三点是国际储备最基本的特征。

（三）国际储备的作用

目前，世界各国的央行都持有一定量的国际储备资产，以达到如下目的。

1. 清算国际收支差额，维持对外支付能力。当一国发生国际收支困难时，政府需采取措施加以调整和纠正。如果国际收支困难是暂时性的，则可通过使用国际储备予以解决，而不必采取财政政策和货币政策来调节，因为调整政策可能会以牺牲国内经济目标为代价，来换取外部的平衡。如果国际收支困难是长期的、巨额的，或根本性的，则动用国际储备也可以起到一种缓冲作用，它使政府可以渐进地推进其财政政策和货币政策，避免因猛烈的调节措施给社会造成震荡。

2. 干预外汇市场，调节本国货币的汇率。当本国货币汇率在外汇市场上发生剧烈波动时，尤其是因为某些非稳定性投机因素引起本国货币汇率波动时，政府可动用外汇储备来缓和汇率的波动，甚至改变其波动的方向。例如，当本币贬值压力较大时，央行可以通过出售储备购入本币，来增加外币的供给和本币的需求，以达到阻止本币汇率贬值的目的；反之，当本币汇率升值时，央行可以通过购入储备抛出本币，来增加市场上本币的供给和外币的需求，从而抑制本币的升值。由于各国货币当局持有的国际储备总是有限的，因而外汇市场干预只能对汇率产生短期的影响。但是，汇率的波动在很多情况下是由短期因素引起的，故外汇市场干预能对稳定汇率乃至稳定整个宏观金融和经济秩序起到一定的积极作用。

3. 信用保证。国际储备的信用保证作用，包含两层意思：一是国际储备可以作为一国政府向外借款的保证；二是国际储备可以用来支持对本国货币价值稳定性的信心。简言之，充足的国际储备有助于提高一国的主权信用等级和货币稳定性的信心。

4. 赢得竞争利益。一国持有比较充分的国际储备，政府就有能力高估或低估其本币

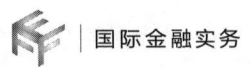

币值，以争取国际竞争的优势。如果是储备货币的发行国家，更可以利用其储备货币的地位，以较低的成本来弥补其国际收支的逆差。

【案例阅读】

为什么美国不需要外汇储备？

目前，按外汇储备依存度，世界货币可分三类：一是霸主货币，二是储备货币，三是普通货币。霸主货币对于外汇储备的依存度为零，普通货币对外汇储备的依存度为一，储备货币对于外汇储备的依存度介于零与一之间。

美国之所以没有外汇储备，因为美元是霸主货币。欧元、日元、英镑等是储备货币。国际经济的发展史表明，一种货币在国际货币体系中的位置重要，经济实力强，币值稳定性好，外汇储备的依存度就低，反之就高。美国不需要外汇储备的一个重要原因，就是它作为国际储备货币可以直接用于对外支付，无须用外汇储备调节国际收支、调节外汇市场和进行国际支付。

二、国际储备的构成

（一）黄金储备

黄金储备（Gold Reserves），是指一国货币当局持有的货币性黄金（Monetary Gold）。所谓货币性黄金是指一国货币当局持有的作为金融资产的黄金，而工业用途的黄金和民间所持有的黄金不计算在内。

黄金是世界货币，黄金储备"天然"地具备国际储备的主要特点，因而是最早也是最重要的实际储备资产。在国际金本位制度下，黄金是最主要的储备资产，是充当世界货币和平衡国际收支的最后手段。二战后，随着以美元为中心的国际货币制度的建立，美元、英镑和西方其他自由兑换货币相继成为各国储备的主要对象，从而导致黄金在各国储备资产中所占的比重不断下降。但在布雷顿森林体系时期，黄金与美元共同作为国际货币体系的基础，仍是重要的国际储备资产。

布雷顿森林体系崩溃后，IMF 于 1976 年实行黄金非货币化政策，黄金储备的地位显著下降。各国货币与黄金脱离联系，黄金不再作为货币制度的基础，也不再用于各国政府间及各国与基金组织之间的结算支付手段，货币当局将其持有的黄金拍卖，换成可用于国际支付的货币，而使货币用途的黄金转为非货币用途的黄金。但是，由于黄金的贵金属特性及良好的保值功能，没有一个国家愿意完全放弃和废除黄金储备，甚至世界黄金储备的实物量都没有明显的变化，黄金储备在各国的国际储备中仍占有一席之地。然而，按价值计算，目前黄金储备在国际货币基金组织会员国国际储备总额中不足 5%，已降到二线储备的地位。

尽管黄金作为货币的职能已大大降低了，但不可否认的一个事实是，黄金仍是一国最后的支付手段，以黄金作为储备资产仍具有它的优越性，因此黄金在各国国际储备中仍占有相当重要的地位。黄金的优越性体现在以下三个方面。

1. 稳定一国的政治经济。黄金储备作为一国的经济保障，在一国的经济中发挥着极其重要的作用，对稳定国家经济、保持币值稳定有重要的积极作用。而且黄金是一项独特的资产，它不受任何国家的货币政策和财政政策的直接影响。当发生通货膨胀时，黄金不会贬值，因此持有黄金等实物资产可以达到保值避险的目的。

2. 黄金是一种战略储备。过去许多国家实行了外汇管制，有时甚至会冻结全部外汇资产，这些措施往往对由外国证券构成的储备产生了很大的影响。而当储备中持有一定比例的黄金时，这种影响就会减弱。在紧急状态下（如战争时期），各国可能都会需要一定量的流动资产，而黄金具有一定的流动性，是各国普遍接受的支付手段，不受任何超国家权力的干预，安全性较好。

3. 黄金不易毁损，不易贬值。黄金是一种贵金属，具有内在价值，不易毁损，不易贬值，因此一国政府持有黄金会增强公众的信心。

货币当局运用黄金储备的形式主要分为三种：

（1）直接营运。一国货币当局直接或通过经纪人参与国际黄金市场的交易活动。

（2）间接周转。一国货币当局通过制售金币，开展黄金租赁，办理黄金借贷等业务，间接地实现黄金储备增值、保值的目的。

（3）资产组合。一国货币当局将一定的黄金储备按照流动性、收益性的原则，及时转换成收益性高、流动性比较强的外汇储备，并根据市场汇率的变动情况，再进行适当调整。

货币当局在利用黄金储备弥补国际收支逆差时，应先将黄金储备在国际黄金市场上出售，换成相应的外汇，然后利用外汇来弥补国际收支的赤字。从这个意义上来说，黄金是一种间接的储备资产。

【案例阅读】

据世界黄金协会（WGC）更新的数据显示，截至 2017 年 1 月，全球官方黄金储备共计 33 248.5 公吨，2016 年 12 月为 33 181.3 公吨。

其中，欧元区（包括欧洲央行）共计 10 785.9 公吨，占总外汇储备比重的 54.5%，2016 年 12 月为 10 786.0 公吨，占比 56.2%；央行售金协议（CBGA）签约国共计 11 951.7 公吨，占总外汇储备比重的 30.4%，2016 年 12 月为 11 951.7 公吨，占比 31.7%。

世界黄金协会周四（2017 年 1 月 5 日）在官网更新的 2017 年 1 月世界各国官方黄金储备排名列表如表 4 - 4 所示。

表 4 - 4　　　　世界官方黄金储备一览表（储备数量前十位）

国家和地区	单位（吨）	黄金占外汇储备的比例（%）
1. 美国	8 133.5	74.2
2. 德国	3 377.9	68.1
3. 国际货币基金组织	2 814.0	n/a
4. 意大利	2 451.8	67.2
5. 法国	2 435.8	63.9
6. 中国	1 842.6	2.2
7. 俄罗斯	1 615.2	15.6
8. 瑞士	1 040.0	5.8
9. 日本	765.2	2.4
10. 荷兰	612.5	63.1

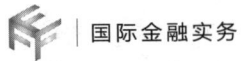

（二）外汇储备

外汇储备（Foreign Exchange Reserves），是指一国政府所持有的国际储备资产中的外汇部分，即货币当局持有的以外币计价的资产，其主要形式包括外币现钞、国外银行存款、国外有价证券等。

能够成为外汇储备的货币称为储备货币。一国货币要成为储备货币，必须符合以下条件：（1）为可兑换货币，即不受任何限制，可随时与其他货币相兑换。（2）在国际货币体系中占有重要地位，为各国普遍接受，能随时转换成其他国家的购买力，或偿付国际债务。（3）其汇率或货币购买力相对稳定，中央银行和贸易商对之具有信心。（4）供给数量能同国际贸易、国际投资乃至世界经济的发展相适应。在历史上被最广泛地用作储备货币的是英镑和美元，20 世纪 70 年代后，储备货币走向多样化。目前，世界上主要的储备货币有美元、欧元、日元、英镑、瑞士法郎等。

外汇储备现已成为世界各国国际储备中最重要的组成部分，是当今各国国际储备的主体。20 世纪 70 年代以来，无论从其增长额来看，还是从其占国际储备总额的比例来看，外汇储备在国际储备中均居主导地位。可以说，国际储备日趋"外汇储备化"。这首先是由于外汇储备的金额远远超过其他类型的储备；其次是由于外汇储备在实际中使用的频率最高、规模最大，黄金储备几乎很少使用，而在 IMF 的储备头寸和特别提款权因其自身的性质和规模，作用也远远小于外汇储备。

【案例阅读】

2016 年全年中国外汇储备减少近 10%

中国人民银行 2017 年 1 月 7 日公布的最新数据显示，2016 年 12 月末我国外汇储备规模为 30 105.17 亿美元，较 11 月底下降 410.81 亿美元，降幅为 1.3%。这是自 2016 年 7 月以来，外汇储备连续六个月缩水，但并未跌破 3 万亿美元关口。另外，2016 年外汇储备全年下降 3 198.44 亿美元，下降幅度为 9.6%，不过，全年下降规模较上年同期少降了 1 928.12 亿美元。

国家外汇管理局负责人表示，从 12 月的情况看，央行向市场提供外汇资金以调节外汇供需平衡、非美元货币对美元总体贬值等多重因素综合作用，影响外汇储备规模出现下降。外汇局负责人还表示，从全年的情况来看，央行稳定人民币汇率是外汇储备规模下降的最主要原因。另外，非美元对美元总体贬值和资产价格变化也对外汇储备规模造成了一定影响。

从影响外汇储备规模变动的因素看，主要包括央行在外汇市场的操作；外汇储备投资资产的价格波动；由于美元作为外汇储备的计量货币，其他各种货币相对美元的汇率变动可能导致外汇储备规模的变化；根据国际货币基金组织关于外汇储备的定义，外汇储备在支持"走出去"等方面的资金运用记账时，会从外汇储备规模内调整至规模外，反之亦然。

知名外汇专家韩会师在接受《经济参考报》记者采访时表示，人民币贬值预期是去年外汇储备规模继续缩水最主要的原因。反过来，外汇储备不断缩水也会相应地加剧贬值预期，形成一种彼此强化的关系。韩会师说，为避免资本外流失控，一方面，仍需对不符合"实需"原则的跨境资本流动进行监控，另一方面，央行则需加强对市场情绪的引导，令市场重建人民币将在中长期基本稳定的信心。从 2017 年开始，一系列针对个人结售汇监管法规的再次明确，目的之一就是遏制不合规的个人资本项目下的资金外流。

资料来源：凤凰财经，http：//finance. ifeng. com/a/20170109/15130884 _ 0. shtml。

（三）在国际货币基金组织的储备头寸

在国际货币基金组织的储备头寸（Reserve Position in the Fund），是指成员国在基金组织的普通提款权（General Drawing Rights）账户中的债权头寸，是成员国可以自由提取和使用的资产。主要包括：

（1）会员国向 IMF 认缴份额中 25% 的黄金或可兑换货币部分；

（2）IMF 为满足会员国借款需要而使用的本国货币部分；

（3）IMF 向该国借款的净额，即该会员国对 IMF 的债权。

当成员国发生国际收支困难时，有权向基金组织申请可兑换货币贷款，即成员国拥有普通提款权。贷款最高限额可达成员国所缴份额的 125%，分为五档，每档 25%。第一档由于是成员国认缴的可兑换货币，因此条件较宽松，成员国只要提出申请便可提用，是一种无条件贷款，这一档称为储备部分提款权。其余四档使用条件逐渐严格，称为信用提款权，是成员国以本国货币为抵押的形式，在国际货币基金组织可能的借入储备。储备头寸等于成员国以可兑换外汇资产向国际货币基金组织认缴其份额的 25% 的部分而产生的对国际货币基金组织的债权，再加上国际货币基金组织用去的本国货币持有量部分而产生的对国际货币基金组织的债权。

（四）特别提款权

特别提款权（Special Drawing Rights，SDR）也称纸黄金，是相对于普通提款权而言的，它是国际货币基金组织创造的一种储备资产和记账单位，是会员国在基金组织特别提款权账户中的贷方余额。作为会员国的账面资产，特别提款权是会员国原有普通提款权以外的又一种使用资金（可兑换货币）的权利。

特别提款权只能用于国际货币基金组织会员国政府之间的结算，可同黄金、外汇一起作为国际储备，并可用于会员国向其他会员国换取可兑换货币外汇、支付国际收支差额、偿还国际货币基金组织的贷款，但由于其只是一种记账单位，不是真正的货币，使用时必须先换成其他货币，不能直接用于贸易或非贸易的支付。因为它是国际货币基金组织对原有的普通提款权的一种补充，所以称为特别提款权。

特别提款权同上述三种储备资产相比，有以下四个特点。

（1）它是一种没有任何物质基础的记账单位，虽创设时也规定含金量，但实际上不像黄金那样具有内在价值，同时也不像美元等储备货币有一国的政治和经济实力作后盾。

（2）成员国可无条件享有它的分配额，无须偿还。它与成员国原先享有的提款权不同，后者必须在规定期限内偿还给基金组织，而特别提款权则 70% 无须偿还，可以继续使用下去，但必须先换成其他货币。

（3）主要用于弥补成员国国际收支逆差或者偿还基金组织的贷款，任何私人和企业均不得持有和使用，也不能用于贸易或非贸易支付，更不能用它兑换黄金。

（4）不受任何一国政策的影响而贬值，因此是一种比较稳定的储备资产。

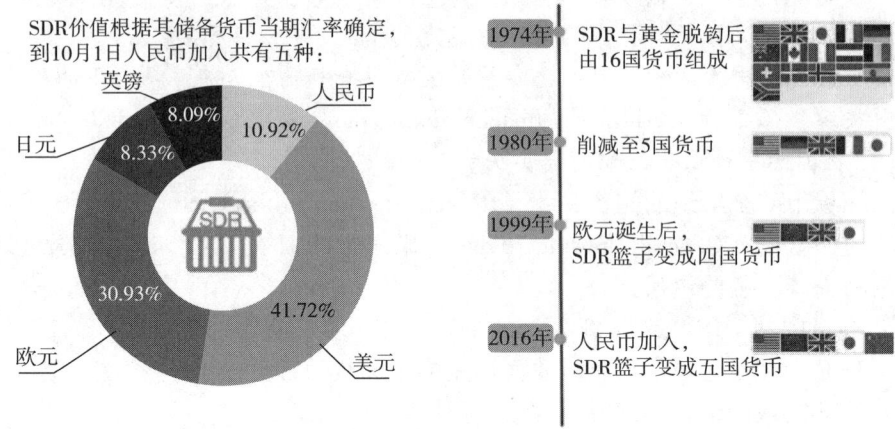

图 4 – 9 SDR 储备的构成

特别提款权采用一揽子货币的定值方法。货币篮子每五年复审一次，以确保篮子中的货币是国际交易中所使用的那些具有代表性的货币，各货币所占的权重反映了其在国际贸易和金融体系中的重要程度。每种货币在特别提款权货币篮子中所占的比重依据以下两个因素：（1）会员国或货币联盟的商品和劳务出口额；（2）各个会员国的货币被国际货币基金其他会员国所持有（作为储备资产）的数量。2016 年 10 月 1 日，人民币正式加入（SDR）。特别提款权的价值是由美元、欧元、人民币、日元、英镑五种货币所构成的一揽子货币的当期汇率确定，所占权重分别为 41.73%、30.93%、10.92%、8.33% 和 8.09%。以 IMF 网站 2016 年 12 月 1 日 SDR 定价表计算，1SDR = 1.353327 美元。

当 IMF 会员国发生国际收支逆差时即可动用特别提款权。使用特别提款权时需通过国际货币基金组织，向其指定的会员国兑换所需的外汇，主要是美元、欧元、日元和英镑。会员国还可以直接用特别提款权偿付国际货币基金组织的贷款和支付利息费用，如果会员国双方同意，也可直接使用特别提款权提供和偿还贷款，进行赠予，以及用于远期交易和借款担保等各项金融业务。

除自有储备外，一国政府还可以通过各种途径获得借入储备，主要包括以下三项。

（1）备用信贷。这是成员国在国际收支发生困难时同基金组织签订的一种备用借款协议，其主要内容包括可借用款项的额度、使用期限、利率、分阶段使用的规定、币种等，成员国在需要时无须办理新的手续便可提用。而未使用部分的款项，需缴纳约 1% 的年管理费。凡按规定可随时使用但未使用的部分，计入借入储备。

（2）互惠信贷协议，又称互换货币安排和支付协议，是指两个国家签订的使用对方货币的协议。当其中一国发生国际收支困难时，便可按协议规定的条件（如最高限额和最长使用期限）自动使用对方的货币，然后在规定的期限内偿还。这种协议同备用信贷一样，从中获得的储备资产是借入的，可以随时使用。两者的区别是：互惠信贷协议不是多边的，而是双边的，它只能用来解决协议国之间的收支差额，而不能用来清算同第三国的收支差额。

（3）本国商业银行对外短期可兑换货币资产，尤其是离岸金融市场上的资产，虽然这种资产不属于政府所有，也未被政府借入，但其流动性和投机性很强，对政策的反映特别敏感，政府可以通过政策的、新闻的、道义的手段来诱导其流动方向，从而间接地达到调节国际收支的目的。因此这类资产又称为诱导性储备资产。

自有储备和借入储备共同构成一国的国际清偿能力，或称广义的国际储备。

三、国际储备的来源

国际储备的来源是指国际储备的供给。一个国家的国际储备水平，不仅取决于它对国际储备的需要量，而且还取决于它的国际储备的供给数量。黄金储备、外汇储备、普通提款权和特别提款权这四种储备形式中，后面两项是一国不能主动增减的，因为它们都和会员国缴纳给国际货币基金组织的份额密切相关，份额又以该国的经济实力为基础，在其经济实力无明显变化或国际货币基金组织未调整份额的情况下，该国持有的普通提款权和特别提款权就不会增减。因此，一国国际储备的增减，主要取决于其黄金储备与外汇储备的增减。

（一）增加黄金储备

一国黄金储备的增加，主要是通过黄金的国内外交易来实现的。中央银行以本国货币在国内收购黄金并集中至中央银行手中，即所谓的"黄金货币化"，可增加一国的国际储备总量。但由于私人手中持有黄金数量有限，加上黄金产量也有限，依靠国内收购黄金来增加国际储备不是一条稳定的渠道。

一国中央银行通过在国际金融市场上购买黄金也可增加黄金储备，但如果本国货币是储备货币，则可直接用本币在国际市场购买黄金，该国的国际储备可随之扩大；但非储备货币发行国只能用其外汇储备在国际市场购买黄金，其结果是外汇储备减少，黄金储备增加，只能改变该国国际储备的构成，而不能扩大其国际储备规模。

（二）增加外汇储备

一国增加外汇储备有以下四个渠道。

1. 国际收支顺差。一般来说，国际收支顺差会增加一国的国际储备，逆差则会减少一国的国际储备。但是国际收支顺差也包括两方面：一是国际收支中经常项目的顺差，它是国际储备的最可靠、最主要来源，因为它反映了一国商品和服务在国际市场上有较强的竞争力；二是国际收支中资本项目的顺差，它是国际储备的重要补充来源。目前国际资本流动频繁且规模巨大，当借贷资本流入大于借贷资本流出时，就形成资本项目顺差。但是，资本项目的顺差具有不稳定性和暂时性，当前的顺差在未来会以利息、股息、利润、红利的形式流出，如发生国外资本抽回投资，还可能使顺差消失，甚至变为逆差。

2. 中央银行干预外汇市场取得的外汇。中央银行干预外汇市场的结果也可取得一定的外汇，从而增加国际储备。当一国的货币汇率升值时，该国的中央银行会在外汇市场上抛售本币，购进外汇，从而增加本国的国际储备；反之，当一国的货币汇率贬值时，该国的中央银行就会购进本币，抛售外汇，从而减少本国的国际储备。

3. 政府或中央银行向国外借款。一国政府或央行向外国政府或国际金融机构借款，也可增加该国的外汇储备。另外，储备货币的发行国之间还可以通过互换货币协定来相互提供外汇储备。

4. 储备资产的收益和溢价。持有储备资产可以获得一定的收益和溢价。例如，外汇存款可以获得利息收益，外国债券也可定期获得利息，由于汇率变动使得外汇储备折算成美元的价值增加，由于黄金价格上涨使得黄金总量没变但黄金折算成美元的价值增加等。如果储备资产投资得当，每年可以获得一定的收益，这也是增加国际储备的一条渠道。

四、国际储备管理

（一）国际储备管理的目标和原则

1. 国际储备管理的目标。国际储备管理的总体目标是服务于一国的宏观经济发展战略需要，即在国际储备资产的积累水平、构成配置和使用方式上，有利于经济的适度增长和国际收支的平衡。

国际储备管理的具体目标在早期国际储备理论中突出强调国际储备资产的"务实"功能，即达到以"真金白银"或外汇去满足进口、支付债务和干预外汇市场的目的。一般认为，在这种观念下，适当的外汇储备规模应能满足以下三方面的需求：一是在没有任何外汇收入的情况下，现存外汇储备足以支付一定时期的进口；二是在没有任何外汇收入的情况下，足以让当局有能力支付短期债务；三是当汇率出现波动时，能有足够的外汇用来干预汇率，使其保持稳定。金融全球化的迅速发展使传统国际储备管理指导思想发生了重大变化。2001 年，国际货币基金组织通过了名为《国际储备管理指导》的文件，对于国际储备的新实践做出了总结。在该文件中，国际储备管理目标是：（1）有充分的外汇储备来达到一系列被定义的目标；（2）用谨慎原则来管理国际储备的流动性风险、市场风险和信用风险；（3）在流动性风险和其他风险的约束条件下，通过将国际储备投资于中长期金融工具而获得一个合理收入。

针对第一点需要进一步说明，外汇储备被定义的目标主要有：（1）支持货币政策与汇率管理政策的信心；（2）通过吸收货币危机的冲击以及缓和外部融资渠道的阻塞，来限制一国经济的外部脆弱性；（3）提供一国能够偿还外债的市场信心；（4）支持对国内货币的信心；（5）支持政府偿还外部债务与使用外汇的需要；（6）应付灾难和突发事件。

从上述具体目标的表述可以看出，当今国际储备管理目标的重心在于"保持信心"。

2. 国际储备管理的原则。一国政府对国际储备尤其是外汇储备进行管理时，一般要遵循以下原则。

第一，储备资产的安全性，即储备资产本身价值稳定、存放可靠、风险性小。

第二，储备资产的流动性，即储备资产要容易变现，可以灵活调用和稳定地供给使用。

第三，储备资产的盈利性，即储备资产在保值的基础上有较高的收益。

以上三项原则是统一的，即对国际储备资产要做到既安全又能保证随时调用以应付国际收支逆差，还能获得较高的盈利，这样才实现了国际储备管理的最终目标。但是这一点是很难做到的，因为三者之间相互排斥。例如，外币活期存款的流动性强于外币有价证券，但其盈利性不如后者；黄金储备从长期来看有较强的保值功能，但是持有黄金不能获取利息收入。可以看出当要提高安全性时，必然要侧重于流动性大的短期存款，这样收益较小；当强调盈利时，就要将资产做长期的投资，这样流动性降低，风险较大。所以，国际储备资产的管理一定要综合权衡、统筹考虑。其总的原则是储备资产的规模应当能满足国际经济交易的需要，储备资产的存放方式应在确保安全性和保持适度流动性的前提下，尽可能地提高收益性。

在不同经济环境下，三种属性的相对重要性会有所不同。例如，在国际收支逆差严重时，该国需要大量动用储备资产，保持储备资产的流动性具有较为重要的意义；在通货膨胀恶性传散时期，保证储备资产的安全性具有较为重要的意义；在国际收支大体平衡或出现顺差的时期，相对重视储备资产的盈利性可以使该国获取更大的资产增值收益。

（二）国际储备的规模管理

国际储备规模，是指一国在一定时期持有的国际储备总量或水平，一般表现为国际储备额同一些经济指标的对比关系。国际储备规模管理是指对国际储备规模进行确定和调整，使一国的国际储备数量保持在适度的水平上。适度的国际储备规模，应当既能满足国家经济增长和对外支付的需要，又不因储备过多而形成积压浪费。

1. 确定适度国际储备规模的参照指标。一国持有的国际储备并非越多越好。国际储备数量过多会造成资源的浪费。持有国际储备具有一定的机会成本（Opportunity Cost），即该国放弃了将它转化为进口生产资料等实际资源而可能获得的收益，而且采取特定政策片面追求高储备的过程中可能出现一些消极影响。

一国持有的国际储备量过少意味着资源配置的扭曲，因为国际储备量过少，就是持有国际储备的边际收益高于储备增量的机会成本。同时，政府缺乏足够的外汇平准基金，本币汇率难以稳定，增加了国际贸易与金融活动的风险，该国也可能面临偿债困难和支付危机，在利用外资时，缺乏国际信誉。此时如果该国受到各种冲击时由于国际储备过少，国际清偿能力不足，可能会付出格外沉重的代价。

因此，一国国际储备的适度规模应介于经常储备量和保险储备量之间。所谓经常储备量是指保证一国正常经济增长所必需的进口，不致因储备不足而受影响的储备量，它是一国国际储备的下限；所谓保险储备量是指一国既能满足国际收支逆差的弥补，又能保证国内经济增长所需的实际资源投入的储备量，这是一国国际储备的上限。各国货币当局根据本国的具体情况在这一区间内进行灵活管理，优化配置。确定适度国际储备规模的参照指标主要有以下三种。

（1）国际储备对进口额之比（或国际储备能支付进口的月数）美国经济学家罗伯特·特里芬教授（Robert Triffin）提出了"特里芬适度标准"，现成为大多数国家确定适度储备量的重要参考指标。他认为可以用储备与进口的比率来决定一国的储备需求水平。根据他的验证，一国的国际储备与进口额的比例一般以40%为合理，低于30%就需要采取调节措施，20%为最低限。一般认为，一国的国际储备应能满足3个月进口用汇需要为宜，也称为"3个月进口说"，或者按全年储备对进口额的比例计算，约为25%。

从世界范围来看，"3个月进口说"大体符合各国确定适度国际储备量的标准。但是，发达国家与发展中国家的适度储备水平存在明显差异，即发达国家倾向于选择较低的国际储备水平，而发展中国家倾向于选择较高的国际储备水平，这主要是由于发达国家有较强的借款能力，尽管其国际储备不能支付3个月进口，但其国际清偿能力并不低

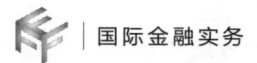

于发展中国家，而且往往高于发展中国家。

但是这一指标也有缺陷，它只是从外汇支出的角度来分析国际储备量，而忽略了外汇收入和资本流动，因而是不全面的。在实践中，这种曾经被看作是"理想定额"的国际通行标准也被证明是不科学的。例如，1997年亚洲金融危机前，泰国、马来西亚、菲律宾和印度尼西亚等国的国际储备分别相当于该国上年度5.12个月、4.07个月、3.44个月和5.68个月的进口额，这些国家的国际储备均高于"特里芬适度标准"，然而在国际投机资本的冲击下，这些国家都发生了金融危机。

（2）国际储备对外债的比率。国际储备对外债总额之比。一国国际储备占外债总额的比例是衡量一国资信和对外清偿力的重要指标，经验表明，一国的国际储备应相当于该国对外债务总额的1/2为宜。

这一比例的缺陷在于，它忽略了一个国家对外债的偿付额往往是不均衡的，只注意了外债总额，而没有注意外债总额中短期债务与中长期债务的比例、债务本息期的分布，特别是即将到期的债务偿还额的情况。如果一国短期外债比重大，短期内还本付息所需的外汇就多，国际储备就应多些；如果中长期债务比重大，则短期内国际储备量就较少，例如，马来西亚、泰国等低负债国在20世纪80年代中期前这一指标不足20%；印度、印度尼西亚、巴基斯坦和土耳其等中等负债国在20世纪80年代这一比率均未达到20%，但20世纪80年代这些国家均未发生偿债困难。

（3）国际储备对国民生产总值之比。国际储备对国民生产总值之比。两者之比基本上成正比例变化关系。一般情况下，发达国家较低，而发展中国家较高。因为各国的经济发展程度不一，所以在世界范围内没有关于这一比例的统一标准，各国应根据本国的经济发展状况找出两者的最适当比例。一般认为，随着一国国民生产总值的增长，相应地会增加对进口商品和服务的需求，因此需要持有更多的国际储备以满足进口支付的需要。

2. 维持适度储备规模的措施。当一国国际储备量超过适度标准时，该国货币当局可以采取措施使其数量下降，维持在适度水平上，如减少出口、增加进口等。当一国国际储备量不足时，要增加储备量，使其达到适度水平则比较困难和复杂。

发达国家解决储备不足的主要措施是向国外借款。发展中国家在国际储备不足时，通常采取以下国际收支调节措施：

（1）通过出口退税、出口担保、外汇留成和复汇率制等手段鼓励出口；

（2）以各种贸易和非贸易壁垒限制进口；

（3）以外汇管制和延期支付等办法限制资本外流；

（4）本币对外贬值。

（三）国际储备的结构管理

国际储备结构管理是指一国如何最佳地配置国际储备资产，以及如何使外汇储备的各种储备货币保持合适的比例。

1. 储备资产基本形式的结构管理。各项储备资产结构管理的目标，是确保流动性和收益性的恰当结合。然而在实际的经济生活中，流动性和收益性互相排斥，这就需要在流动性与收益性之间进行权衡，兼顾二者。由于国际储备的主要作用是弥补国际收支逆差，因而各国货币当局更重视流动性。按照流动性的高低，储备资产划分为三级：

一级储备资产，富有流动性，但收益性较低，它包括活期存款、短期存款和短期政府债券，平均期限为 3 个月。

二级储备资产，收益性高于一级储备，但流动性低于一级储备，如 2～5 年期的中期政府债券。

三级储备资产，收益性高于二级储备，但流动性低于二级储备，如长期公债券，平均期限为 4～10 年。

普通提款权，由于会员国能随时从 IMF 提取和使用，所以类似一级储备。特别提款权，由于它只能用于其他方面的支付，需向 IMF 提出申请，并由 IMF 指定参与特别提款权账户的国家提供申请国所需货币。显然，这个过程需要一定时日才能完成。因此，特别提款权可视为二级储备。而黄金储备，由于各国货币当局一般只在黄金市价对其有利时，才会转为储备货币，可视为三级储备。

各国在安排储备资产时，应拥有足够的一级储备，作为货币当局随时、直接用于弥补国际收支逆差和干预外汇市场的储备资产，即作为交易性储备；其余的储备资产主要在二级和三级储备间进行投资组合。二级储备可用作补充性的流动资产。三级储备主要用于扩大储备资产的收益性。一国应当合理安排这三级储备资产的结构，以做到在保持一定流动性的前提条件下，获取尽可能多的收益。

在 IMF 的储备头寸和特别提款权的持有量主要取决于 IMF 的政策，各国政府只能把重点放在调整黄金和外汇储备的比例上。一般认为，黄金储备和外汇储备的比例关系为 2:8 比较适当。

2. 外汇储备的币种结构管理

对外汇储备的结构管理主要是储备货币的币种选择，即合理地确定各种储备货币在一国外汇储备中所占的比重。确定外汇储备币种结构的基本原则如下。

（1）排除单一货币结构，实行以坚挺的货币为主的多元化货币结构。外汇储备中多元化货币结构，可以保持外汇储备购买力相对稳定，以求在这些货币汇率有升有跌的情况下，大体保持平衡，做到在一些货币贬值时遭受的损失，能从另一些货币升值带来的好处中得到补偿，提高外汇资产的保值和增值能力。在外汇头寸上应尽可能多地持有汇价坚挺的硬货币储备，而尽可能少地持有汇价疲软的软货币储备，并要根据软硬货币的走势，及时调整和重新安排币种结构。

（2）储备货币的币种和数量要与对外支付的币种和数量保持大体一致。外汇储备币种结构应当与该国对外汇的需求结构保持一致，或者说取决于该国对外贸易支付所使用的货币、当前还本付息总额的币种结构和干预外汇市场所需要的外汇，这样可以降低外汇风险。

（3）采取积极的外汇风险管理策略，安排预防性储备货币。如果一国货币当局有很强的汇率预测能力，那么它可以根据无抛补利率平价（预期汇率变动率等于两国利率差）来安排预防性储备的币种结构。例如，若利率差大于高利率货币的预期贬值率，则持有高利率货币可增强储备资产的盈利性；若利率差小于高利率货币的预期贬值率，则持有低利率货币有利于增强储备资产的盈利性。

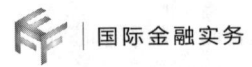

【案例阅读】

外汇储备应发挥平衡国际收支和维护汇率稳定的功能

截至 2016 年 11 月末，中国外汇储备达 3.05 万亿美元，较 2015 年初下降 7 914 亿美元。外汇储备持续缩减引发市场高度关注。有观点认为，消耗大量外汇储备来维护汇率稳定会造成财富损失，这种做法并不可取。我们不认同这一观点。外汇储备是由一国货币当局持有的、可随时运用的对外资产。外汇储备的主要功能是满足潜在的国际收支需要、维持汇率稳定和缓冲外部流动性。历次国际金融危机的经验表明，充足的外汇储备是新兴经济体抵御外部冲击、防范危机和减少危机冲击最重要的安全垫。

中国巨额外汇储备主要是被动积累起来的。前几年，由于欧美等发达国家实施量化宽松政策，导致资本大量流入，人民币面临升值压力，为了维持人民币汇率稳定，央行不得不大举买入美元，使中国的外汇储备快速增长。既然前几年人民币升值压力较大时，央行在外汇市场上投放人民币以避免人民币过度升值，从而形成巨额外汇储备"蓄水池"，那么当前人民币面临贬值压力时的应对思路也是类似的，即在外汇市场上投放外汇以防止人民币过度贬值，因而消耗一定规模的外汇储备也是正常的。而从减轻贬值预期及打击投机活动来看，外汇储备的消耗也是不可避免的。

对于目前市场普遍担忧的外汇储备消耗过快问题，我们认为大可不必担心。中国外汇储备大幅下降是由多重因素导致的，包括央行在外汇市场的操作、非美元货币贬值、市场主体资产负债结构调整及储备支持"走出去"的资金运用等，如果通过消耗一定数量的外汇储备可以有效减弱贬值预期，稳定人民币汇率，为中国的结构性改革及经济触底回升赢得时间，那么，消耗一定数量的外汇储备可谓正当其时。当然要警惕短期内外汇储备消耗过快可能会影响人民币的信心，但如果人民币出现持续大幅贬值，资本持续大规模外逃，引发系统性金融风险，那持有再多的外汇储备也毫无意义。

目前，中国的外汇储备充裕，可运作空间较大。除了官方的外汇储备之外，中国的主权财富基金、货币当局旗下的投资公司以及金融机构、企业等还拥有 2 万亿美元以上的外汇资产，这其中的一部分资产从广义上看也是一种潜在的外汇资产（国际清偿力）。中国的资本和金融账户尚未完全开放。综合考虑，维持 2 万亿美元左右的官方外汇储备基本上是适度的。当然，究竟多少外汇储备才算合适并没有标准的答案，但从各国对中国经济增长的信心、人民币的国际化程度及央行对资本流动的引导和管理能力等综合来看，目前中国的外汇储备仍是比较充裕的。

人民币国际化稳步推进，在一定程度上已可作为对外结算货币，央行已与 30 多个国家签订货币互换协议，人民币已正式纳入 SDR 货币篮子，人民币的储备货币地位将持续上升，海外机构增持人民币资产意愿将持续增强，这都将在一定程度上降低外汇储备的消耗。因此，对于外汇储备的减少，不必过度恐慌。外汇储备的增减最终将是宏观经济运行的结果。长期来看，随着中国经济企稳、美联储加息靴子落地、人民币汇率趋于均衡合理水平，国际资本将呈现有进有出的双向波动态势，外汇储备有增有减也将成为常态。

资料来源：搜狐财经，http://business.sohu.com/20170222/n481372281.shtml。

【知识小结】

本任务以 KVB 昆仑国际外汇交易分析员张宏查询、分析中国国际储备数据，引出国际储备的基础知识：国际储备概念、国际储备构成与来源、国际储备管理的原则和方法相关知识。通过学习掌握国际储备数据来源的查询、分析国际储备的方法和国际储备管理的基本知识，并能够根据实时数据对一国货币汇率走势进行相应的判断和分析。

【思考题】

如果一个国家的国际收支多年连续顺差，该国是否有必要持有特里芬规定的储备数量？

【课后训练】

上网查询中国 2016 年末的国际储备资料，并简要说明我国国际储备的构成。

【知识链接】

SDR 的前世今生

特别提款权（Special Drawing Rights，SDR），是 IMF 成员国对可自由使用货币配额的潜在债权，也是 IMF 在 1969 年创设的补充性国际储备资产。SDR 并不是真正货币，它仅限于在 IMF 成员国之间交换，可以在成员国的货币流动性不足时，成员国能获取篮子中的任一货币，以满足国际收支平衡、补充官方储备之需，它也被称"纸黄金"。

原本 SDR 是用来支撑布雷顿森林体系的固定汇率制度，虽然国际金融秩序后来转变为浮动汇率制度，但 SDR 仍是重要的国际支付手段，主要用来补充成员国的国际储备资产。二战后，世界上的货币经由布雷顿森林体系与美元挂钩，直到 20 世纪 60 年代，美元出现危机。为了确保世界贸易发展和国际流通顺畅，当时经过各国协商建立了一个以 SDR 为储备货币的新的货币体系。最初，SDR 的价值确定为相当于 0.888671 克纯金，当时也相当于 1 美元，随后在布雷顿森林体系于 1973 年 3 月崩溃后，其价值被重新定义为一个货币篮子。

IMF 每五年评估一次 SDR 货币篮子，下次评估将于 2021 年 9 月 30 日召开。一般来说，它会调整篮子中的货币权重，并考虑纳入其他货币，依据宗旨是长期提升 SDR 作为储备资产的地位。在人民币纳入 SDR 货币篮子之前，篮子中仅有的一次货币替换出现在 1999 年，当时是用欧元取代了德国马克和法国法郎。

2009 年，中国开始"试水"SDR，尽管时任法国总统萨科齐公开表示希望将人民币加入 SDR 货币篮子，但在 2010 年，人民币并未能被纳入 SDR，因为 IMF 认为中国已满足贸易出口指标的前提条件，但人民币未达到"可自由使用"的要求。

2015 年 3 月，IMF 总裁拉加德称，人民币纳入 SDR 不是是与否的问题，而是将于何时纳入的问题。为了冲刺 SDR，中国做出了很多努力，包括"811"汇改，银行间债券市场及外汇市场对境外主权类机构完全开放等。

2015 年 11 月 30 日，IMF 宣布将人民币纳入 SDR 货币篮子。2016 年 10 月 1 日，人

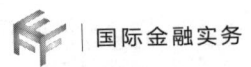
民币正式加入 SDR 货币篮子。

【专业词汇】

特别提款权 Special Drawing Rights，SDR
国际货币基金组织的储备头寸 Reserve Position in the Fund
普通提款权 General Drawing Rights　黄金储备 Gold Reserves
国际储备 International Reserve　外汇储备 Foreign Exchange Reserves

任务 4-4　分析预测美元汇率走势

【案例引入】

2014 年 10 月，美联储宣布退出量化宽松（QE）以来，美元走强，美元对非美货币汇率波动加大，外汇交易风险增加。特别是美联储 2015 年 12 月 16 日宣布加息，将联邦基金利率上调到 0.25% ~ 0.5% 的水平，外汇交易风险进一步加大。为了更好地进行投资决策，降低外汇交易风险，KVB 昆仑国际公司外汇交易经理要求外汇交易分析员张宏研究美元汇率中短期走势预测，并定期提交报告。

【学习任务】

影响美元汇率走势的主要因素有以下几个方面。

（一）美联储（Federal Reserve Bank，FED）的货币政策

外汇交易归根结底是两种货币的交换，因此供求关系对美元汇率走势的影响格外明显。当美联储实行宽松的货币政策时，美元的供给增加，美元指数会走强；反之则美元供给会减少，美元指数会走弱。

联邦公开市场委员会（Federal Open Market Committee，FOMC）负责制定货币政策，其每年召开 8 次议息会议，制定的关键利率调整公告是美联储货币政策的风向标。联邦公开市场委员会召开的议息会议具体时间不是很固定，但是会提前给出一年度的会议时间表，2017 年美联储议息会议时间表如下：

1—2 月会议日期为 1 月 31 日至 2 月 1 日。

3 月会议日期为 3 月 14 日至 15 日，本次会后将公布经济预期，美联储主席也将举行新闻发布会。

5 月会议日期为 5 月 2 日至 3 日。

6 月会议日期为 6 月 13 日至 14 日，本次会后将公布经济预期，美联储主席也将举行新闻发布会。

7 月会议日期为 7 月 25 日至 26 日。

9 月会议日期为 9 月 19 日至 20 日，本次会后将公布经济预期，美联储主席也将举行新闻发布会。

10—11 月会议日期为 10 月 31 日至 11 月 1 日。

12 月会议日期为 12 月 12 日至 13 日，本次会后将公布经济预期，美联储主席也将举行新闻发布会。

美国联邦公开市场委员会在公开市场委员会会议结束2个月之后，公开市场委员会对外发表会议记录。会议记录包括上次会议讨论的主要内容和问题以及结论，还包括参加会议的人员名单以及有表决权人员对一些问题的态度。

美联储货币政策指标中，联邦基金利率（Fed Funds Rate）是最为重要的利率指标，是储蓄机构之间相互贷款的隔夜贷款利率，它的预期及其变化是货币政策最明显的风向标。当美联储希望向市场表达明确的货币政策信号时，会宣布新的利率水平即联邦基金利率。如果美联储提高联邦基金利率，则意味着实行紧缩的货币政策，反之则认为实行宽松的货币政策。很多时候，公开市场委员会议息会议后，并没有改变联邦基金利率，但市场对美联储议息会议纪要的解读，会形成对货币政策的宽松或紧缩的预期，进而影响美元汇率。但市场的反应有时是相反的，比如美联储宣布加息，美元指数短线反而会走弱，很大程度上的原因可能是这次加息的预期已经体现在美元指数前期的上涨中，当靴子落地时，反而起到相反的效应。

【案例阅读】

美联储暗示加息提前汇市开启巨震模式

在美国2017年3月加息之门半开半掩之际，备受关注的美联储会议纪要终于在本周揭开帷幕。这份纪要显示，美联储下次加息时机可能要比市场原本预计的来得更早。不过，这份纪要也明确提及美元走强会带来美国经济下行风险，市场很快转而关注纪要提及的包括美元、通胀下行等一系列风险。美联储会议纪要公布之后，金融市场开启巨震模式。

美联储公布的1月31日至2月1日的会议纪要显示，在有投票权和没有投票权的美联储官员中，许多委员认为，如果就业和通胀数据符合预期，"很快"加息可能是合适的。多数委员认为，如果美国经济保持在正轨上，加息进程将会相对较快。不过，会议纪要明确指出，美元升值也带来美国经济下行风险。特朗普政府新经济计划缺乏细节，给美联储的政策带来不确定性。美联储在此次会议上决定维持利率不变。许多与会委员表达了这样的观点，即如果之后公布的就业市场和通胀数据符合或强于目前的预期，很快再度上调联邦基金利率可能会是合适的。上周，美联储主席耶伦也表示，等太久才再加息可能是"不明智的"，这是美联储仍可能考虑在夏季前再度加息的强烈暗示。

这份会议纪要还指出，许多美联储决策者认为美国通胀压力大幅上升的风险不大，如果出现通胀压力，美联储有"足够时间"应对。针对资产负债表，美联储官员普遍同意，需要在之后的会议上开启关于资产负债表的讨论。此外，美联储将在3月货币政策会议记录中首次发布政策制定者预估不确定性水准的扇形图。

最新的美国联邦基金利率显示，美联储3月加息概率为34%，6月加息概率为74.6%，9月加息概率为87.4%。

美元指数短线发生了一定程度的下调。从日线图上看，均线系统的压制位已被升破，101.00的道氏高点被顺利升破。再看4小时图，低位反弹的主趋势已经形成，汇价即将挑战前方高点101.70的阻力，升破后方可打开进一步的上行空间。短线并没有良好的调整节奏，在升破上述高点之前，看涨美元指数。

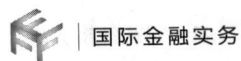

资料来源：经济参考报，http：//dz. jjckB. cn/www/pages/webpage2009/html/2017 - 02/24/content _ 28924. htm。

（二）美国财政部的政策

美国财政部负责发行政府债券，决定财政预算。美国财政部对货币政策没有发言权，但是它对美元的评论对美元汇率有影响。在外汇市场干预方面，由于美国联储银行和财政部都有外汇账户，因此，两者意见一致时，美联储才进行外汇市场干预。

【案例阅读】

新任财长讲话美元呈现颓势

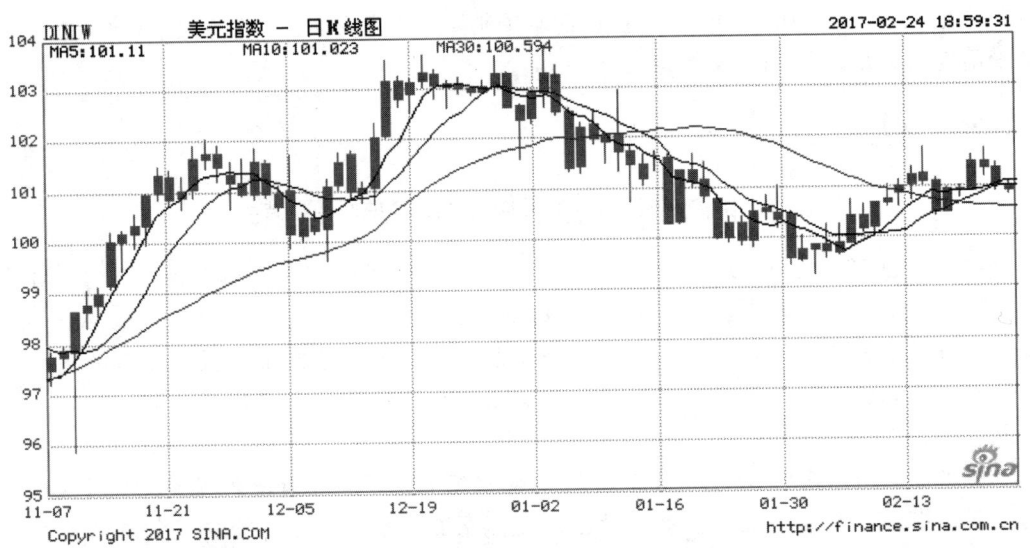

图 4 - 10　美元走势图

2017 年 2 月 23 日美国总统特朗普和新任财政部长努钦的言论奠定了美元日内波动的基调。新上任的努钦在就职后初次接受电视采访时首先提到了万众瞩目的税收计划，他指出此次税改规模十分庞大，是对经济增长而言最重要的事情，将争取在 8 月国会休会前完成。针对美联储的加息步伐，努钦并没有予以置评，只是表示美元和美股的走势反映了市场对美国经济有信心，低利率或许会维持较长一段时间，而他本人也期待与美联储主席的定期会面。此外努钦还谈到美国债务问题，他强调债务是个长期而非短期问题，或将督促国会提高债务上限。由于在讲话中流露出对强势美元的担忧，努钦讲话后美元指数一路下滑，加上日内公布的当周初请失业金人数多于预期，美元指数最低探至 100.8 一线，而一揽子货币中英镑、欧元以及日元等纷纷上涨。美元指数的跌势在美市尾盘有所收缩，不过依旧位于 101 水位下方。

资料来源：新浪财经，http：//finance. sin a. com. cn/money/forex/forexfxyc/2017 - 02 - 24/doc - ifyavvsk3017447. shtml？cre = financepagepc&mod = f&loc = 10&r = 9&doct = 0&rfunc = 16。

（三）美国公布的经济数据

对美元短期走势影响最大的经济数据包括：非农就业数据、ISM 制造业数据、成屋销售、初请失业金人数等。

1. 非农就业数据（Nonfarm Payrolls）。美国非农就业数据是非农业就业人数、就业率与失业率这三个数值，是非常敏感的月度经济指标，由美国劳工部统计局在每月第一个星期五，美国东部时间 8:30，也就是北京时间星期五 20:30 发布前一个月的数据。到目前为止，该数据是美国经济指标中最重要的指标之一，是影响汇市波动最大的经济数据，可以极大地影响货币市场的美元价值。非农就业报告通常被誉为外汇市场能够做出反应的所有经济指标中的"皇冠上的宝石"。

美国非农就业指数反映出制造行业和服务行业的发展及其增长，数字减少便代表企业减低生产，经济步入萧条；在没有发生恶性通胀的情况下，如数字大幅增加，显示一个健康的经济状况，理论上对汇率应当有利，并可能预示着将提高利率，而利率提高将对美元指数有正面影响。非农就业指数若增加，反映出经济发展的上升，反之则下降。强劲的非农就业情况表明了一个健康的经济状况，并可能预示着更高的利率，而潜在的高利率促使外汇市场更多地推动该国货币价值，反之则相反。对于非农数据的影响更大概率上来说，有如下规律：

非农数据好于预期——美国经济好转——美元上涨

非农数据差于预期——美国经济恶化——美元下跌

但是任何的规律都不是在所有时期都适用，2008 年国际金融危机之后经常出现非农就业数据差于预期和低于前值而美元与黄金同时上涨的情况。这样的走势体现了美元的另外一个功能，就是避险。具体走势需要视数据公布美国和世界的经济情况而定。季调后非农就业人口变动如图 4 – 11 所示。

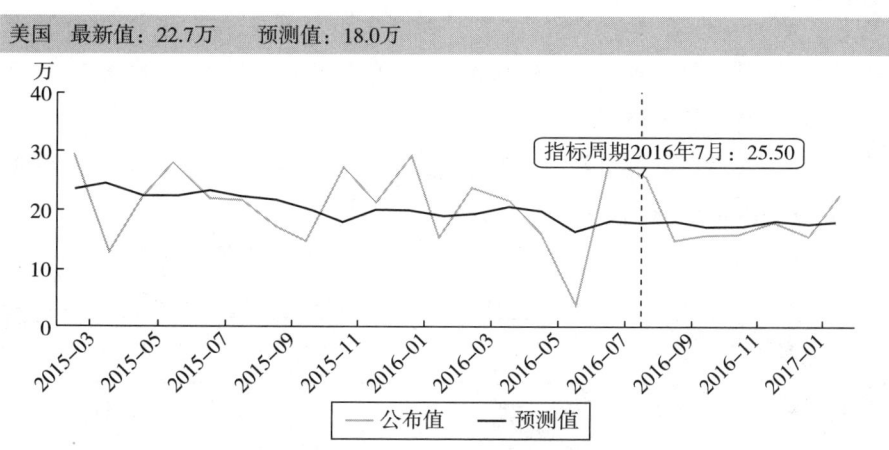

说明：横坐标代表指标公布时间（不适用于新增的对比线），节点显示的是指标周期。

数据影响：实际值＞预期值＝利好货币　　数据公布机构：美国劳动统计局
发布频率：每月　　　　　　　　　　　　下次公布时间：3月10日21:30

图 4 – 11　美国季调后非农就业人口变动

2. ISM 制造业指数（Institute of Supply Management Manufacturing Index）。ISM 制造业指数是首份以制造业为焦点的月度经济报告，通过调查执行者对未来生产、新订单、库存、就业和交货预期来评估美国经济状态。尽管制造业占 GDP 中很小的一部分，但是制造业的波动对 GDP 的变化有着重要作用。因此，制造业的发展通常先于整体经济，令 ISM 制造业数据成为经济反转的领先指标。经过一段时期的衰退后，对制造业产品需求的加速，即 ISM 数据上涨，很可能暗示经济将转向上行；反之，在经济扩张时期，制造业订单和生产放缓，暗示经济减速。指数高于 50 一般表明扩张，指数低于 50 表明衰退，指数为 50 时代表没有变化。该指数在相应月份结束后第一个工作日上午 10 点整（美国东部时间）发布，每月一次。

ISM 制造业指数的市场敏感度非常高，如果经济基本健康，通货膨胀处于控制之中，那么 ISM 制造业指数超过 50 时美元汇率可能走强；相反，假如 ISM 指数低于 50 意味着经济走向衰退，美国以外的人可能会抛售部分与美元挂钩的资本，从而降低美元相对于其他主要货币的价值，即美元汇率走低。

3. 成屋销售（Existing Home Sales）。美国房地产行业协会研究部每月接收 650 多个房地产经纪人组织和协会及全国多元报价系统关于单一家庭成屋销售情况的数据。

【案例阅读】

美国 1 月成屋销售创 10 年新高　美元指数反应平淡

美国全国房地产经纪人协会 2017 年 2 月 22 日公布，美国 1 月成屋销售总数年化 569 万户，创 2007 年 2 月以来新高，且远高于预期的 554 万户，前值由 549 万户修正为 551 万户。

美国 1 月成屋销售总数年化环比上升 3.3%，预期上升 0.9%，前值由下降 2.8% 修正为下降 1.6%。

有分析称，美国成屋销售创 10 年新高，购房者对房价上涨和抵押贷款利率上扬不屑一顾，表明对美国经济的信心越来越高。数据公布后，美元指数反应平淡，现报 101.57，涨 12 点，涨幅 0.12%。

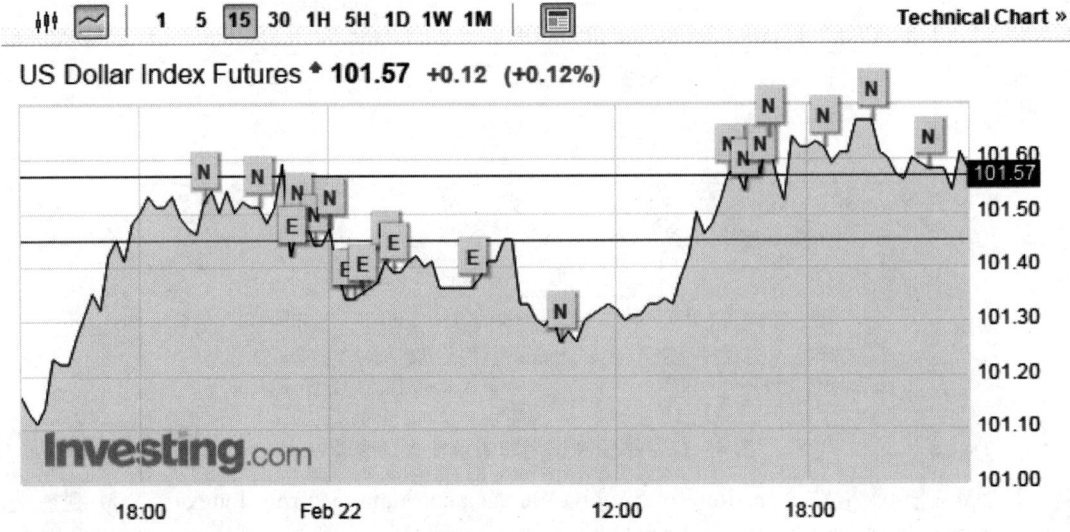

图 4-12　美元走势图

资料来源：新浪财经，http：//finance. sina. com. cn/roll/2017 - 02 - 23/doc - if-yavwcv 8542470. shtml。

4. 初请失业金人数。初请失业金人数反映的是美国各州失业救助机构前排队申领失业保险金的人的多少。这个指标同样是市场上最令人瞩目的经济指标之一。因为就业是涉及未来的经济发展动力，所以这个是一个前瞻性的指标。目前美国是个完全消费型的社会，消费意愿是经济的最大动力所在，如果每周都有不少美国人丢掉工作而申请失业救济的话，会严重抑制消费信心，相对美元是利空；而该项数据越低，说明劳动力市场改善，对经济增长的前景乐观，利多美元。由于数据每周都公布，是投资市场的焦点所在，失业人数的大幅增加，美国政府的财政压力也就随之增大。

【知识小结】

本任务以 KVB 昆仑国际公司外汇交易分析员张宏分析美元中短期走势，引出对美元汇率有直接影响的主要因素：美联储的货币政策，美国财政部的政策以及重要的美国经济数据（非农就业数据、ISM 制造业指数、成屋销售和初请失业金数据）。通过学习掌握对美元汇率走势的分析方法，并能够根据实时数据进行相应的分析。

【思考题】

你认为美联储宣布加息后，美元汇率一定会上涨吗？为什么？

【课后训练】

上网查询还有哪些影响美元的重要因素，并进行整理说明是如何影响美元走势的。

【知识链接】

影响欧元汇率的因素有哪些?

1. 欧洲中央银行动向。欧洲中央银行控制着欧元区 12 国的货币政策，其主要政策目标是保持价格稳定。欧洲中央银行的货币政策有两个支柱，第一个是价格变化及其对价格稳定影响的展望。价格稳定定义为协调的消费者价格指数（HICP）上涨低于 2%。第二个支柱是以 M3 表示的货币增长率，欧洲中央银行的参考数值是 M3 增长率为 4.5%。

欧洲中央银行每隔一周的星期四召开一次理事会来讨论利率事宜。在每个月的第一次会议上，欧洲中央银行举行一次新闻发布会，发布其对货币政策和整体经济的展望报告。很显然，欧洲中央银行对欧元汇率走势的评论或对外汇市场的干预，都会对欧元/美元汇率产生一定的影响。

2. 短期利率走势。短期利率走势的影响主要应该从以下两方面来看。

(1) 再融资利率。欧洲中央银行的再融资利率是银行进行流动性管理的关键短期利率。再融资利率与美国联邦基金利率的差异是判断欧元/美元汇率的一个较好的指标。

(2) 3 个月的欧元存款利率。在欧元区之外 3 个月的欧元存款利率是判断利率差异的有价值的基准，有助于对汇率进行评估。欧元存款利率相对于美元越高，欧元/美元越有可能升值。当然，也有时候由于其他因素的影响，这种关系并不能成立。

3. 10 年期政府债券收益率差异。影响欧元/美元汇率的另一个重要因素是 10 年期政府债券收益率的差异。德国政府 10 年期债券通常作为欧元区的基准债券。由于德国 10 年期债券的收益率低于美国同期国债的收益率，收益差异的缩小（德国国债收益上升或者美国国债收益下降）一般认为有利于欧元/美元汇率走高，而如果收益率差异扩大，则对欧元汇率走势会产生不利的影响。两个地区收益率差异数据通常比其绝对数值更重要。当然，利率差异通常与两个地区的经济增长前景相关，这也是影响欧元/美元汇率的一个基本因素。

4. 一些经济数据的影响。由于德国是欧元区中最大的经济体，因此最重要的经济数据当然是德国的，整个欧元区的经济数据同样不可忽视。

关键的经济数据通常是 GDP、通胀率（CPI 和 HICP）、工业生产和失业方面的指标。从德国的角度来看，一个最为关键的数据是 IFO 调查，它通常被认为是商业信心的重要指标。同样重要的是成员国的预算赤字，根据《稳定与增长法案》，成员国预算赤字必须控制在 3% 以下。成员国也有进一步削减预算赤字的目标，如果没有实现这些目标将有可能对欧元汇率产生伤害。

5. 交叉汇率效应。欧元/美元汇率有时还要受到非美元汇率的影响，如欧元/日元。如果日本发布正面影响的新闻，欧元/美元汇率就有可能下跌，而由于欧元/日元汇率的下跌，欧元所出现的弱势自然也将会导致欧元/美元汇率的下跌。

6. 3 个月欧元期货合约的效应。期货合约反映了市场对 3 个月欧元区外的欧元存款利率的预期。3 个月欧洲美元期货合约与欧元存款期货合约利率的差异是决定欧元/美元预期的一个基本因素。

7. 政治因素。还有一个不可忽视的因素是，欧元/美元汇率容易受到政治不稳定的影响，如法国、德国或者意大利联合政府出现不稳定的趋势，欧元/美元汇率受到的影响就更大。俄罗斯政治或者金融不稳定也影响到欧元/美元汇率，因为德国在俄罗斯有大量的投资。

8. 其他因素。欧元/美元汇率与美元/瑞士法郎汇率之间存在较强的负相关，反映了欧元与瑞士法郎之间的关系。这是因为瑞士经济主要依赖于欧元区经济。在多数情况下，欧元/美元汇率的上升会伴随着欧元/瑞士法郎的下跌，相反也是这样。有时候这种关系并不成立，当经济数据或者影响因素只对其中一种货币有影响时尤其如此。

资料来源：中国经济网。

【专业词汇】

美联储　Federal Reserve Bank，FED
联邦公开市场委员会　Federal Open Market Committee，FOMC
联邦基金利率　Fed Funds Rate　非农就业数据　Nonfarm Payrolls
ISM 制造业指数　Institute of Supply Management Manufacturing Index
成屋销售 Existing Home Sales　初请失业金人数　Initial Jobless Claims

【项目测试题】

一、单项选择题

1. 发展中国家初级产品出口为主的贸易格局所引起的国际收支顺差属于（　　）。

A. 结构性失衡　　　B. 收入性失衡　　　C. 周期性失衡　　　D. 货币性失衡

2. 国际收支的长期性失衡是指（　　　）。

A. 偶然性失衡　　　B. 结构性失衡　　　C. 货币性失衡　　　D. 周期性失衡

E. 收入性失衡

3. 若在国际收支平衡表中，储备资产项目为 –100 亿美元，则表示该国（　　　）。

A. 增加了 100 亿美元的储备　　　　　B. 减少了 100 亿美元的储备

C. 人为的账面平衡，不说明问题　　　D. 无法判断

4. 国际货币基金组织规定，在国际收支平衡表的统计过程中进出口贸易额的计价方式是（　　　）。

A. 离岸价　　　　　　　　　　　　　B. 到岸价

C. 进口按到岸价，出口按离岸价　　　D. 各国自行决定

5. 国际收支全面反映一国的对外（　　　）。

A. 政治关系　　　B. 经济关系　　　C. 军事关系　　　D. 文化科技关系

6. 国际收支是一个（　　　）。

A. 流量概念　　　B. 变量概念　　　C. 存量概念　　　D. 等量概念

7. 国际收支平衡表进行统计记录的记账原理是（　　　）。

A. 单式记账　　　B. 复式记账　　　C. 增减记账　　　D. 收付记账

8. 易货贸易属于（　　　）。

A. 转移收支　　　B. 外汇收支　　　C. 广义国际收支　　　D. 狭义国际收支

9. 由于国内生产结构不能和国际市场相适应，造成的国际收支逆差是（　　　）。

A. 结构性不平衡　　　B. 收入性不平衡　　　C. 周期性不平衡　　　D. 货币性不平衡

10. 在国际收支平衡表中，投资收益被记入（　　　）。

A. 贸易收支　　　B. 经常项目　　　C. 资本项目　　　D. 官方储备

11. 国际储备不包括（　　　）。

A. 商业银行储备　　　　　　　　　　B. 外汇储备

C. 在国际货币基金组织的储备头寸　　D. 特别提款权

12. 国际储备运营管理的三个基本原则是（　　　）。

A. 安全、流动、盈利　　　　　　　　B. 安全、固定、保值

C. 安全、固定、盈利　　　　　　　　D. 流动、保值、增值

13. 三级国际储备资产（　　　）。

A. 包括特别提款权　　　　　　　　　B. 包括普通提款权

C. 包括长期债券　　　　　　　　　　D. 收益性低于一级国际储备资产

14. 国际储备的最基本作用为（　　　）。

A. 干预外汇市场　　　　　　　　　　B. 充当支付手段

C. 弥补国际收支逆差　　　　　　　　D. 作为偿还外债的保证

15. SDR 是（　　　）。

A. 欧洲经济货币联盟创设的货币

B. 欧洲货币体系的中心货币

C. 国际货币基金组织创设的储备资产和记账单位

D. 世界银行创设的一种特别使用资金的权利

16. 我国国际储备管理的重点是（　　　）。

A. 外汇储备　　　　　B. 特别提款权　　　　C. 黄金　　　　　　D. 普通提款权

17. 对某国若干连续时期的国际收支平衡表进行分析的方法为（　　　）。

A. 静态分析法　　　　B. 动态分析法　　　　C. 比较分析法　　　D. 纵向分析法

18. 特别提款权是一种（　　　）。

A. 实际资产　　　　　B. 账面资产　　　　　C. 流动资产　　　　D. 固定资产

19. 下列关于几种差额说法不正确的是（　　　）。

A. 经常项目差额是商品、劳务、投资收益和单方面转移差额的合计

B. 基本差额是经常项目差额与长期资本项目差额之和

C. 总差额是经常项目差额与资本项目和错误与遗漏的差额之和

D. 基本差额是经常项目差额与资本项目差额的合计

20. 在国际储备中，（　　　）曾在历史上占有极其重要的地位，但从 50 年代开始以来，它在国际储备总额中所占的比重趋于下降。

A. 黄金　　　　　　　B. 普通提款权　　　　C. 外汇储备　　　　D. 特别提款权

21. 下列关于国际收支平衡表记账法则正确的说法为（　　　）。

A. 凡引起外汇流入的项目，记入借方

B. 凡引起外汇流出项目，记入贷方

C. 凡引起本国负债增加的项目，记入借方

D. 凡引起本国负债增加的项目，记入贷方

22. 按照国际货币基金组织的规定，登录国际收支平衡表时所依据的日期为（　　　）。

A. 生产日期　　　　　　　　　　　　B. 销售日期

C. 所有权变更日期　　　　　　　　　D. 购买日期

23. 一国国际收支平衡表中最基本、最重要的项目为（　　　）。

A. 资本项目　　　　　B. 经常项目　　　　　C. 平衡项目　　　　D. 资本账户

24. 经常项目中最重要的项目为（　　　）。

A. 商品的进出口　　　B. 劳务　　　　　　　C. 投资收益　　　　D. 单方面转移

25. 下列项目中应记入劳务的为（　　　）。

A. 财产继承款　　　　B. 广告宣传费　　　　C. 年金　　　　　　D. 养老金

26. 下列关于资本项目的各种说法中正确的为（　　　）。

A. 资本的流出记入贷方　　　　　　　B. 长期资本与短期资本以 1 年为分界

C. 资本的流入记入借方　　　　　　　D. 证券投资可获得管理控制权

27. 在国际间移动的规模大，对某些国家的国际收支状况发生重要影响的为（　　　）。

A. 国际贸易　　　　　B. 长期资本　　　　　C. 短期资本　　　　D. 官方储备

28. 人为设立的一个项目是（　　　）。

A. 官方储备　　　　　B. 特别提款权　　　　C. 短期资本　　　　D. 错误与遗漏

29. 下列关于资本项目和官方储备项目的记账方法正确的是（　　　）。

A. 资本的流入记贷方，官方储备的增加记借方

B. 资本的流出记借方，官方储备的减少记借方

C. 资本的流出记贷方，官方储备的减少记贷方

D. 资本的流入记借方，官方储备的增加记借方

30. 分析各个项目的差额形成的原因与对总差额的影响国际收支总差额形成的原因，这种分析方法为（　　）。

A. 静态分析法　　　　B. 动态分析法　　　　C. 比较分析法　　　　D. 水平分析法

二、多项选择题

1. 调节国际收支的政策有（　　）。

A. 财政政策　　　　B. 产业政策　　　　C. 汇率政策　　　　D. 货币政策

E. 融资政策

2. 下列项目应记入贷方的有（　　）。

A. 反映进口实际资源的经常项目

B. 反映出口实际资源的经常项目

C. 反映资产增加或负债减少的金融项目

D. 反映资产减少或负债增加的金融项目

3. 记入国际收支经常项目的交易有（　　）。

A. 出口　　　　B. 旅游　　　　C. 证券投资　　　　D. 直接投资

E. 储备变动

4. 以下哪些交易属于国际收支的范畴（　　）。

A. 物物交换　　　　　　　　　　B. 商品和劳务的交易

C. 金融资产之间的交易　　　　　D. 无偿的商品劳务转移

E. 无偿的金融资产转移

5. 下列关注调节国际收支调节的主体有（　　）。

A. 国际货币基金组织　　　　　　B. 国际清算银行

C. 世界银行　　　　　　　　　　D. 各国政府

E. 世界贸易组织

6. 记入国际收支平衡表贷方的交易有（　　）。

A. 进口　　　　B. 出口　　　　C. 资本流入　　　　D. 资本流出

7. 国际收支差额通常包括（　　）。

A. 贸易差额　　　　　　　　　　B. 经常差额

C. 资本与金融差额　　　　　　　D. 综合差额

8. 净误差和遗漏发生的原因包括（　　）。

A. 人为隐瞒　　　　B. 资本外逃　　　　C. 时间差异　　　　D. 重复计算

E. 漏算

9. 当一国出现国内通货膨胀、国际收支顺差时，合理的政策搭配有（　　）。

A. 松的财政政策　　　　B. 紧的财政政策　　　　C. 松的货币政策　　　　D. 紧的货币政策

E. 鼓励资本流出

10. 记入国际收支经常项目的交易有（　　）。

A. 劳务收支　　　　B. 证券投资　　　　C. 直接投资收益　　　　D. 储备减少

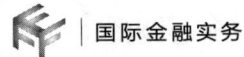

11. 影响一国国际清偿力大小的主要因素有（　　　）。

A. 国际储备　　　　　　　　　　　　B. 借入储备

C. 本国商业银行短期外汇债权　　　　D. 吸引外资的能力

E. 持有一国资产的意愿

12. 国际储备主要包括（　　　）。

A. 黄金储备　　　　B. 外汇储备　　　　C. 土地基金　　　　D. 普通提款权

E. SDR

13. 关于特别提款权，下面说法正确的有（　　　）。

A. 是一种实际发行的货币　　　　　　B. 可以充当流通手段

C. 是一种账面资产　　　　　　　　　D. 具有严格限定的用途

E. 不具有内在价值的资产

14. 在以下影响一国国际储备需求的因素中，与一国国际储备需求负相关的因素有
（　　　）。

A. 持有国际储备的成本　　　　　　　B. 外汇管制的程度

C. 国际筹资的能力　　　　　　　　　D. 一国经济的对外开放程度

E. 实行浮动汇率制

15. 充当国际储备货币必须具备（　　　）特征。

A. 自由兑换　　　　　　　　　　　　B. 在国际货币体系中占重要地位

C. 将来肯定会升值　　　　　　　　　D. 内在价值稳定

E. 该国长期保持国际收支顺差

16. 国际收支状况对（　　　）都有重大影响。

A. 利率　　　　　　B. 汇率　　　　　　C. 国际储备资产　　　D. 货物兑换

E. 国民经济

17. 国际收支调节是（　　　）关注的核心问题之一。

A. 国际货币基金组织　　　　　　　　B. 国际金融组织

C. 世界银行　　　　　　　　　　　　D. 各国政府

E. 世界贸易组织

18. 国际收支平衡表系统地表示一国的国际收支（　　　）状况。

A. 债权　　　　　　B. 债务　　　　　　C. 总量　　　　　　D. 结构

E. 差额

19. 国际收支差额通常包括（　　　）差额。

A. 贸易　　　　　　B. 经常　　　　　　C. 基本　　　　　　D. 官方结算

E. 综合

20. 下面交易应记入国际收支平衡表的贷方的是（　　　）。

A. 出口　　　　　　　　　　　　　　B. 进口

C. 本国对外国的直接投资　　　　　　D. 本国居民向海外汇款

21. 在市场经济调节机制发生作用的过程中，（　　　）等变量的变化可能给一国经济
带来消极影响。

A. 工资　　　　　　B. 就业　　　　　　C. 价格　　　　　　D. 利率

E. 汇率

22. 各国政府可以选择的国际收支调节手段包括（　　）等措施。

A. 外汇缓冲政策　　　　B. 财政政策　　　　C. 货币政策　　　　D. 汇率政策

E. 直接管制

23. 贸易管制包括（　　）等非关税壁垒。

A. 关税政策　　　　B. 进口配额　　　　C. 进口许可证　　　　D. 卫生

E. 包装

24. 国际储备制约着各国的（　　）。

A. 物价水平　　　　B. 充分就业　　　　C. 国际贸易　　　　D. 国际金融

E. 国际收支

25. 目前国际货币主要为美元，此外还有（　　）。

A. 欧元　　　　B. 日元　　　　C. 英镑　　　　D. 法郎

E. 里拉

26. 一国政府调整国际储备结构的基本原则是统筹兼顾各种储备资产的（　　）性。

A. 安全　　　　B. 流动　　　　C. 盈利　　　　D. 效益

E. 稳定

27. 国际储备应满足三个条件（　　）。

A. 盈利性　　　　B. 安全性　　　　C. 官方持有性　　　　D. 普通接受性

E. 流动性

28. 储备的盈利性是指储备资产给持有者带来（　　）等收益的属性。

A. 利润　　　　B. 利息　　　　C. 红利　　　　D. 债息

E. 股息

29. 引起一国外汇需求的主要经济活动包括（　　）。

A. 商品进口　　　　　　　　　　　B. 无形商品进口

C. 向外国提供援助　　　　　　　　D. 外国对本国的单方转移

E. 增加外汇储备　　　　　　　　　F. 外国向本国进行短期贷款

30. 一国外汇供给的主要来源有（　　）。

A. 商品出口　　　　　　　　　　　B. 将外币兑换成本国货币

C. 增加外汇储备　　　　　　　　　D. 服务出口

E. 外国向本国进行长期投资　　　　F. 本国对外国的单方转移

三、判断题

1. 国际收支是一个存量概念。　　　　　　　　　　　　　　　　（　　　）

2. 外国跨国公司在国外设立的子公司是该国的居民。　　　　　　（　　　）

3. 狭义上的国际收支仅指发生外汇收支的国际经济交易。　　　　（　　　）

4. 经常项目包括货物、服务和收益三大项目。　　　　　　　　　（　　　）

5. 储备资产是储备及相关项目的简称。　　　　　　　　　　　　（　　　）

6. 净误差与遗漏是为了使国际收支平衡表总额相等而人为设置的项目。（　　　）

7. 国际收支失衡不会引起其他经济变量的变化。　　　　　　　　（　　　）

8. 市场调节机制具有在一定程度上自发调节国际收支的功能。　　　　（　　　）

9. 在浮动汇率制下，国际收支市场调节机制主要表现为国际收支汇率调节机制。

（　　　）

10. 一国持有的国际储备越多越好。　　　　　　　　　　　　　　　　（　　　）

11. 特别提款权是国际货币基金组织创设的一种账面资产。　　　　　　（　　　）

12. 国际储备多元化是指储备货币种类的多元化。　　　　　　　　　　（　　　）

13. 一国收支差额在相当大的程度上取决于该国国内经济发展状况。　　（　　　）

14. 储备货币发行国经常可以用本国货币偿还国际债务。　　　　　　　（　　　）

15. 一国政府与他国进行政策协调，可以减少国际收支失衡程度。　　　（　　　）

16. 记账外汇可以对第三国进行支付。　　　　　　　　　　　　　　　（　　　）

17. 对于美国这样进口数额巨大的国家需要巨额的外汇储备。　　　　　（　　　）

18. 在浮动汇率制下，一国需要持有大量的外汇储备。　　　　　　　　（　　　）

19. 一国的国际清偿力是由自有储备和借入储备构成的。　　　　　　　（　　　）

20. 国际收支所反映的内容是经济交易。　　　　　　　　　　　　　　（　　　）

21. 国际金融市场具有调节国际收支的作用。　　　　　　　　　　　　（　　　）

22. 凡是与国外发生经济交易，无论是现金还是非现金支付，都必须记入国际收支平衡表中。　　　　　　　　　　　　　　　　　　　　　　　　　　　　（　　　）

23. 特别提款权也是国际储备的一种形式。　　　　　　　　　　　　　（　　　）

24. 国际储备的多少是衡量一国对外资信的重要标志之一。　　　　　　（　　　）

25. 在浮动汇率制下，各国货币的汇率每时都在发生变化，而且变动的幅度和方向通常一致。　　　　　　　　　　　　　　　　　　　　　　　　　　　　　（　　　）

26. 国际收支是特定时期的统计报表。　　　　　　　　　　　　　　　（　　　）

27. 尽管国际收支平衡表的贷方总额和借方总额相等，但就某个项目而言，其借贷两方却不相等。　　　　　　　　　　　　　　　　　　　　　　　　　　　　（　　　）

28. 居民和非居民之间的经济交易才是国际经济交易。　　　　　　　　（　　　）

29. 收益项目包括职工报酬和投资收支两部分。　　　　　　　　　　　（　　　）

30. 狭义上的国际收支仅指发生外汇收支的国际经济交易。　　　　　　（　　　）

四、填空题

1. 资本和金融项目是对资产所有权在国际间的流动行为进行记录的账户，它由_____项目和_____项目两部分组成。

2. 经常项目包括_____、收益、_____三个项目。

3. 狭义的国际收支是指一个国家或者地区在一定时期内（通常为 1 年），同其他国家为清算到期_____所发生的外汇收支总和。

4. 广义的国际收支是指一个国家或者地区内居民与非居民之间发生的所有经济活动的_____之和。

5. 国际收支平衡表的记账原则是会计上"有借必有贷，借贷必相等"的_____原理。

6. 经常项目包括_____、_____、收益和经常性转移收支，前两项构成经常项目收支的主体。

7. 国际收支顺差也称国际收支盈余，是指某一国在国际收支上_____大于_____。

8. 国际收支平衡表的分析方法有_____、_____和比较分析三种。

9. 分析官方储备项目，重点分析_____变动的方向，因为这些反映了一国对付各种意外冲击能力的变化。

10. 在国际收支平衡表上的各个项目可以划分为两种类型：一种是_____，或称事前交易，它是经济实体或个人出自某种经济动机和目的如追求利润、资产保值、逃税避税、逃避管制或投机等而独立自主地进行的交易活动。

五、名词解释

1. 国际收支
2. 贸易收支
3. 劳务收支
4. 单方面转移
5. 经常项目
6. 资本项目
7. 国际收支平衡表

六、简答题

1. 简述国际收支逆差的三种情况。
2. 国际收支失衡的原因有哪些？
3. 简述外汇缓冲政策。
4. 简述国际储备与国际清偿力的区别。
5. 简述国际储备的作用。

七、综合案例分析

2 月美联储纪要的暗号：5 月加息难逃 美元重回升轨

北京时间 2017 年 2 月 23 日凌晨公布的美联储 2 月会议纪要显示，美联储官员们比意料的还要鹰派。

2 月 2 日议息会议后，美联储宣布维持利率区间不变（0.5% ~0.75%），符合预期。声明中并未显露任何"鹰派"表态，也并未对加息路径给出任何信号，因此市场看淡加息前景。然而，2 月 15 日，美联储主席耶伦在参议院金融委员会发表半年度货币政策证词中明确表示"等候太久才加息是不明智的，如果条件成熟，未来的每一次会议都可能是加息窗口"，令市场对 3 月加息预期"刮目相看"。

今日公布的会议纪要则显示，很多投票委员认为，如果劳动力市场和通胀数据符合预期，则应该尽快提升联邦基金利率。

"如果未来数据显示劳动力市场的增长良好，以及通胀控制在预期或者好于预期的

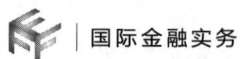

范围内，或者经济过热风险增加，那么加息会很快到来。甚至有可能考虑最快于 3 月 14 日至 15 日的会议上加息"。KVB 昆仑国际公司全球交易首席分析师魏巍对第一财经记者表示。

之所以说美联储态度较为强硬，是因为 2 月的会议纪要中显示，投票委员中，有很多认为，如果未来的劳动力市场和通胀数据符合预期或强于当前预期，那么很快提升联邦基金利率是合适的；有一些认为，及时地在未来会议上收紧货币政策将使美联储在未来拥有更多应对变化的灵活性；几位委员则认为，长期名义失业率超调的可能性很大，尤其是在经济增速可能快于当前预期的情况下。

美联储也表示，特朗普政府的财政刺激政策为其预测带来了不确定性，但大部分政策使通胀预期存在上行风险。

魏巍对第一财经记者表示，不看会议纪要的内容，从近期我们持续看到的美联储多位高官关于偏重加息必要性增加的态度，以及近期美元的走势，早已猜测到美国利率政策和纪要的大致方向和市场的真实反映。

总体而言，特朗普扩张性财政政策的两大核心主张是减税和基建。减税主要包括下调个人所得税税率和企业所得税税率、投资税率。市场憧憬扩张性财政政策将使得美国经济增长加速，并且拉动消费、投资和商品价格，实现"再通胀"，进而迫使美联储加息提速。

资料来源：一财网，http：//www.cs.com.cn/xwzx/hwxx/201702/t20170223_5186065.html。

思考：

1. 根据上述材料，说明影响美元汇率的因素有哪些？

2. 对上述材料中提及的影响美元的因素进行说明如何影响美元汇率走势。

【实训活动】

以小组为单位上网查询最新的数据，分析预测 EUR/USD 走势，并形成报告。

标准：（1）格式正确，结构完整（包括：主要参考宏观经济数据及影响程度的判断；宏观经济政策；政治经济事件）（2）字数：不少于 2 000 字。

【参考资料】

［1］赵海荣. 国际金融实务［M］. 北京：中国金融出版社，2012.

［2］刘瑛，孟庆海. 国际金融（第三版）［M］. 大连：东北财经大学出版社，2014.

［3］姜波克. 国际金融新编（第五版）［M］. 上海：复旦大学出版社，2012.

［4］蓝发钦，岳华，冉生欣等. 国际金融［M］. 上海：华东师范大学出版社，2015.

［5］（2012 年 11 月 1 日）非农数据对原油价格的影响. 巴中在线原油频道，2016 - 05 - 11.

［6］美国非农数据的重要性. 和讯网，2013 - 01 - 30.